UTB **2485**

Eine Arbeitsgemeinschaft der Verlage

Beltz Verlag Weinheim · Basel
Böhlau Verlag Köln · Weimar · Wien
Wilhelm Fink Verlag München
A. Francke Verlag Tübingen und Basel
Haupt Verlag Bern · Stuttgart · Wien
Verlag Leske + Budrich Opladen
Lucius & Lucius Verlagsgesellschaft Stuttgart
Mohr Siebeck Tübingen
C. F. Müller Verlag Heidelberg
Ernst Reinhardt Verlag München und Basel
Ferdinand Schöningh Verlag Paderborn · München · Wien · Zürich
Eugen Ulmer Verlag Stuttgart
UVK Verlagsgesellschaft Konstanz
Vandenhoeck & Ruprecht Göttingen
Verlag Recht und Wirtschaft Heidelberg
WUV Facultas Wien

Uwe Spörl

Basislexikon
Literaturwissenschaft

Ferdinand Schöningh

Paderborn · München · Wien · Zürich

Dr. Uwe Spörl, Jahrgang 1965. Studium der Neueren Deutschen Literaturwissenschaft, Philosophie und Klassischen Philologie in Erlangen und Göttingen. Promotion über ‚Gottlose Mystik in der deutschen Literatur um die Jahrhundertwende‘. Nach einer Assistenz am Lehrgebiet ‚Europäische Literatur der Neuzeit‘ an der Fernuniversität in Hagen lehrt er zur Zeit als Wissenschaftlicher Mitarbeiter an der Universität Bremen.

Bibliografische Information der Deutschen Bibliothek

Die Deutsche Bibliothek verzeichnet diese Publikation in der Deutschen Nationalbibliografie; detaillierte bibliografische Daten sind im Internet über http://dnb.ddb.de abrufbar.

Gedruckt auf umweltfreundlichem, chlorfrei gebleichtem und alterungsbeständigem Papier mit 50% Altpapieranteil.

© 2004 Verlag Ferdinand Schöningh, Paderborn
(Verlag Ferdinand Schöningh GmbH, Jühenplatz 1, D-33098 Paderborn)
Internet: www.schoeningh.de

ISBN 3-506-99003-9

Printed in Germany
Herstellung: Ferdinand Schöningh, Paderborn
Einbandgestaltung: Atelier Reichert, Stuttgart

UTB-Bestellnummer: ISBN 3-8252-2485-6

Inhaltsverzeichnis

Einleitung

Allgemeines

Das Basislexikon zur literaturwissenschaftlichen Terminologie dient dem flankierenden Einsatz in Ihrem Studium der (neueren deutschen) Literaturwissenschaft. Es ist gleichermaßen als eigenständige *Einführung* in die Fachsprache und damit in die Grundlagen dieser Disziplin(en) zu benutzen wie als *Lexikon* für diese Fachsprache.

Das Basislexikon ist aus einem Proseminar im Sommersemester 1996 an der Universität Erlangen zum gleichen Thema hervorgegangen. Ausgangspunkt für die Auswahl der hier einzuführenden und zu erläuternden literaturwissenschaftlichen Grundbegriffe war dementsprechend eine Liste, die die Professoren Gunther Witting und Theodor Verweyen für die Studierenden der neueren deutschen Literaturwissenschaft in Erlangen als prüfungsrelevantes Basiswissen herausgegeben hatten. Diese geringfügig veränderte und erweiterte Auswahl ist insofern ebenso kontingent wie bewährt.

Das Basislexikon ist ursprünglich auf eine Benutzung im Internet hin entwickelt worden. Die Online-Version des Basislexikons ist – ebenso wie eine Offline-Version zum 'Download' – unter der folgenden Adresse im World Wide Web zu erreichen:

http://www.fernuni-hagen.de/EUROL/termini/welcome.html

Die Buchfassung kann dementsprechend verschiedene Zugriffsweisen, die das World Wide Web erlaubt (insbesondere Hyperlinks), nur simulieren.

Zur Benutzung

In der Online-Version des Lexikons sind drei Arten von Zugriffen auf die einzelnen Begriffseinführungen vorgesehen:

1. *Zugriff über eine alphabetische Liste*: Dieser Zugriffsmodus entspricht gewöhnlichen Lexika bzw. Handbuchregistern und kann ohne Verluste in der Buchfassung über das *Register* am Ende des Bandes nachgeahmt werden. In dieser Hinsicht unterscheidet einzig die un-

gewöhnliche Seitennummerierung dieses Lexikon von anderen. Die bis zu vierstellige Seitencodierung entspricht den einzelnen Seiten der Online-Version und repräsentiert zugleich den jeweiligen systematischen Ort des betreffenden Eintrags.

Die alphabetische Liste im Register führt alle hier eingeführten Begriffe auf. Sie ist deshalb umfangreicher als das Inhaltsverzeichnis, weil sie nicht nur die (*kursiv* gedruckten) Überschriften der einzelnen Erläuterungen umfaßt, sondern auch (a) die (ebenfalls *kursiv* gedruckten) Einzelkomponenten von komplexen Überschriften sowie (b) alle diejenigen (dann recte gedruckten) Begriffe, die implizit innerhalb eines anders benannten Einzelartikels eingeführt werden.

Die Unterscheidung von *explizit* und *implizit* eingeführten Begriffen ist im Druckbild markiert:

(1) Bzgl. der *Begriffseinführung* selbst: Explizit eingeführte Begriffe haben entweder eine eigene codierte Nummer und dementsprechend eine Überschrift – oder sie sind Teil einer solchen. Dieser Überschrift folgen im allgemeinen eine Definition, Erläuterungen und Beispiele. Implizite Begriffseinführungen sind hingegen nur durch „→" markiert.

(2) Bzgl. textinterner *Querverweise*: Auf explizit eingeführte Begriffe wird mit „→" + *Kursiv*druck verwiesen, auf implizit eingeführte nur mit „→".

2. *Zugriff über den systematischen Ort*: Dieser Zugriffsweise, die in der Online-Version durch eine Art 'Menüstruktur' realisiert wird, entspricht kein üblicher Modus gewöhnlicher Lexika oder Handbücher. Er entspricht aber in besonderer Weise dem Gegenstand dieses Basislexikons, den literaturwissenschaftlichen Grundbegrifflichkeiten. Denn diese sind selten völlig unabhängig voneinander zu bestimmen, im Gegenteil: Die meisten Begriffe zeichnen sich gerade dadurch aus, daß sie – insbesondere dann, wenn sie terminologisch exakt gefaßt werden –

(1) in verschiedenen (etwa analogen oder kontrastiven) Beziehungen zu anderen Begriffen stehen und

(2) innerhalb solcher Begriffsfamilien, -hierarchien oder gar ganzer Theorien an einem bestimmten systematischen Ort stehen.

Dieser Ort wird hier durch die jeweilige Stellung der betreffenden Begrifferläuterung innerhalb des Basislexikons und eine entsprechende Seitencodierung repräsentiert. Der Ort enthält also ebenfalls Informationen zu dem betreffenden Begriff, zeigt er doch dessen Stellung innerhalb seines Begriffskontextes an. Die entsprechende Übersicht liefert das *Inhaltsverzeichnis* gleich im Anschluß an diese Einleitung.

Hinzu kommt, daß alle diejenigen Erläuterungen, die nicht auf der systematisch niedrigsten Stufe stehen, natürlich jeweils grundlegende und übergeordnete Informationen über alle diejenigen Begriffe enthalten, die ihnen systematisch nachgeordnet sind. Demzufolge ist es auch sinnvoll, dieses Basislexikon wie ein *Lehrbuch* von vorne nach hinten zu lesen und zu studieren.

3. *Zugriff über 'Hyperlinks'*: Diese für das Internet so typische Zugriffsweise ist natürlich auf bedrucktem Papier, das immer eine bestimmte Reihenfolge von Seiten, Abschnitten oder Paragraphen festlegt, nicht einholbar. In der Online-Version 'klicken' Sie zu diesem Zweck einfach auf den entsprechenden 'Link'. In der Buchversion kann dies nur durch das *Register* am Ende des Bandes und durch die mit „→" markierten Querverweise nachgeahmt werden.

Begriff – Terminus

Ein Wort noch zum Verhältnis von 'Begriff' und 'Terminus': Im Prinzip sollten wir es in der Literaturwissenschaft qua Wissenschaft vor allem mit Termini zu tun haben, also mit geregelten und allgemeinen verbindlichen Wortverwendungsweisen für wohldefinierte Begriffe. De facto haben wir es aber in der Literaturwissenschaft und vor allem in der Literaturgeschichte häufig gerade nicht mit solchen Termini zu tun, sondern mit entweder ungeregelten bzw. schwach geregelten und/oder nicht allgemein verbindlichen Wortverwendungsweisen für zum Teil ebenfalls nicht eben wohldefinierte Begriffe. Dies schuldet unsere Wissenschaft wohl ihren Gegenständen, die sich einer fixierten terminologischen Erfassung immer wieder zu entziehen scheinen.

Ich habe in diesem Basislexikon versucht, immer auch klar zu machen, welcher Status dem jeweils erläuterten Begriff zukommt. Manchmal handelt es sich – zumindest innerhalb eines gewissen Rahmens theoretischer Vorannahmen – bei dem zugehörigen Ausdruck tatsächlich um einen Terminus, oft aber nur um den Ausdruck für einen oder mehrere mehr oder minder deutlich umrissene Begriffe. Auch dies wird in den jeweiligen Erläuterungen immer mitthematisiert. Demzufolge spreche ich aber immer nur von Begriffen (bzw. über die zugehörigen Ausdrücke).

Typologie der Einträge

Die einzelnen Einträge haben zum Teil unterschiedlichen Charakter. Es sind wohl drei Typen zu unterscheiden:

(1) Die *eigentlichen Begriffserläuterungen*: Diese Seiten befinden sich üblicherweise auf der dritten Hierarchie-Ebene. Sie enthalten in der Überschrift den bzw. die entsprechenden Begriffsausdrücke (mitunter mit etymologischen Erläuterungen), eine knappe Definition und – daran anschließend – weitere Erläuterungen. Zumeist schließt sich an diese Seiten eine (oder mehrere) Beispielseite(n) an.

(2) Die *Beispiele dazu*: Diese Seiten – im direkten Anschluß an die Begriffserläuterung – enthalten erläuterte Beispiele für den im vorgeordneten Eintrag erläuterten Begriff.

(3) Die *Kapitel- und Unterkapiteleinträge*: Diese kurzen Artikel auf der ersten und zweiten Hierarchie-Ebene führen allgemein in die betreffende Gruppe oder Familie von Begriffen ein, die dann auf den zu- bzw. untergeordneten Seiten erläutert werden. Diese sind dort auch – wie in einem 'Verteiler' – als Querverweise markiert.

Ich danke Britta Kalitzki und Sandra Rudolph für ihre Unterstützung bei der Fertigstellung der Artikel.

1 Figurenlehre und Stilistik

In diesem Kapitel werden, auf der Grundlage der rhetorischen Lehre vom →*ornatus*, zahlreiche →*rhetorische Figuren* vorgestellt und einige elementare Kategorien der (rhetorischen) →*Stilistik* eingeführt.

1.1 Rhetorische Figuren

Modi des rhetorischen ornatus

Wortfigur: eine (bewußt herbeigeführte und lizensierte) →*Abweichung* von der sprachlichen Normalform, die auf der Ebene der Syntax als Hinzufügen (*adiectio*), Wegnehmen (*detractio*) oder Vertauschen (*transmutatio*) beschrieben werden kann

Gedankenfigur: eine entsprechende Abweichung nicht auf der verbalen, sondern auf der gedanklichen oder sachlichen Ebene

Die Unterscheidung zwischen Wort- und Gedankenfiguren entspricht der universellen Trennung in der Rhetorik zwischen Worten (→*verba*) auf der einen und Gedanken bzw. Sachverhalten (→*res*) auf der anderen Seite. (Wenn man also den phonetischen Aspekt der Sprache gesondert betrachtet, kann man außerdem von Klangfiguren sprechen.)

Die rhetorische Figurenlehre ist innerhalb des Gesamtsystems der Rhetorik der kunstvollen Ausarbeitung der Rede (→*elocutio*) zugeordnet, und dort vor allem dem Aspekt des Kunstvollen, des Schmucks der Rede (→*ornatus*).

Im Unterschied zu den →*Tropen* betreffen die Figuren nicht einzelne Wörter oder Satzglieder in ihrer semantischen Dimension, sondern immer Kombinationen von Elementen in ihrer syntaktischen Dimension.

Hier werden explizit erläutert:
→ *Alliteration*
→ *Anakoluth*
→ *Anapher*
→ *Apostrophe*
→ *Asyndeton*
→ *Chiasmus*
→ *Inversion*
→ *Klimax*
→ *Oxymoron*
→ *Parallelismus*
→ *Vergleich*

und implizit erläutert:
→ Anadiplose
→ Antiklimax
→ Antithese
→ Aposiopese
→ aversio
→ digressio
→ Epipher
→ Gleichnis
→ gradatio
→ Homoioprophoron
→ Homoioteleuton
→ Hysteron-Proteron
→ Polysyndeton
→ sermocinatio
→ Stabreim

1.1.1 Alliteration

Klangfigur: gleicher Anlaut aufeinanderfolgender Wörter

Der Ursprung der Alliteration liegt wahrscheinlich im magisch-religiösen Bereich der Beschwörungs- und Gebetsformeln.

Sie ist vor allem in Sprachen mit Wortakzent (z.B. altgermanischen Sprachen) verbreitet, und zwar als → Stabreim (d.i. Anlautidentität benachbarter, betonter und bedeutungstragender Wörter). Der Stabreim ist jedoch keine Figur, sondern ein allgemeines Vers- bzw. Textstrukturierungsprinzip.

Der Ausdruck *Alliteration* ist erst in der Neuzeit üblich. Die antike rhetorische Tradition nennt diese Klangfigur → Homoioprophoron (das, was das Gleiche vor sich her trägt).

Funktions- und Wirkungspotential der Alliteration liegen auf der Hand:

Sie kann zusammengehörige Ausdrücke, meist zwei Substantive oder ein Substantiv mit einem *Epitheton*, einem fest angebundenen Beiwort, verknüpfen.

Sie kann den Text zusätzlich auf der phonologischen und musikalischen Ebene strukturieren. Das kann bis zur Lautmalerei gehen.

Beispiel 1

In der *Zwillingsformel* der Umgangssprache sind Substantive per Alliteration miteinander verbunden:

> Kind und Kegel
>
> Land und Leute

Ähnliches gibt es aber auch in der Kombination Substantiv plus epithetisches Adjektiv:

> rote Rosen

Nichtumgangssprachliche Bildungen dieser Art sind natürlich in Dichtung und Literatur aller Art weit verbreitet:

> heiliges Herz (Hölderlin)

oder

> der Frauen Liebe und Leben (Benn)

Beispiel 2

Die zusätzliche Textstrukturierung der Alliteration bewirkt in Literatur und funktionalen Texten (etwa in Werbetexten) vor allem eine größere Einprägsamkeit:

> Komm Kühle, komm küsse den Kummer,
> Süß säuselnd von sinnender Stirn. (Brentano)
>
> Mars macht mobil!
>
> Veni, vidi, vici. (Caesar)

Vor allem in der Dichtung der klassischen Moderne kann dabei auch ein semantisches Potential freigesetzt werden:

> Der Rabe Ralf (Morgenstern)

> Ich wälze Welt. Ich röchle Raub.
> Und nächtens nackte ich im Glück. (Benn)

1.1.2 Anakoluth

(griech.: *an-akólouthon* = nicht folgerichtig)

Wortfigur: grammatikalisch nicht folgerichtige Konstruktion eines Satzes

Das Anakoluth stellt einen grammatischen Fehler dar, einen Verstoß gegen das Gebot der sprachlichen Korrektheit, der – als Figur – zur Erreichung bestimmter Zwecke rhetorisch oder literarisch gerechtfertigt sein kann.

Üblicherweise handelt es sich um eine falsche oder veränderte Fortführung eines begonnenen Satzgefüges bzw. um die Störung des syntaktischen Gefüges, nicht aber um den vollständigen Abbruch eines begonnenen Satzgefüges (= →Aposiopese).

Somit stimmt die Figur des Anakoluths natürlich mit allseits bekannten Phänomenen der gesprochenen Umgangssprache überein.

Das Anakoluth dient vor allem der Charakterisierung einer sozial determinierten oder emotional bestimmten Redeweise.

Beispiel

Durch die Verwendung des Anakoluths kann sich ein Redner (kalkuliert) z.B. aufgeregt, verwirrt oder empört geben:

> Dann Varenus, derjenige, der von den Leuten des Ancharius getötet worden ist – darauf, Richter, ich bitte: achtet sorgfältig! (Cicero)

So kann aber auch ein Autor eine Figur in einer bestimmten emotionalen Situation präsentieren:

> Der Prinz von Homburg, unser tapfrer Vetter, [/.../] Befehl
> ward ihm von Dir. (Kleist)

Oder als zu einer bestimmten sozialen Schicht gehörig:

> Daß hier was fehl'n sollte an'n Gewichte [...] (Hauptmann)

Derlei kann darüber hinaus die 'Natürlichkeit' der Darstellung steigern:

> – Wart mal! Wart mal! Der Briefträger? Flinsberg, alter
> Junge! Keinen Schilling mehr, auf's Wort! ... Geld! Geld!
> (Holz/Schlaf)

1.1.3 Anapher

(griech.: *ana-phorá* = Wieder-Aufnahme)

Wortfigur: Wiederholung eines Wortes oder einer Wortgruppe am Anfang mehrerer aufeinanderfolgender Sätze, Satzteile, Textabschnitte oder Verse

Die Anapher dient vor allem der Strukturierung, Rhythmisierung von sprachlichen Einheiten, die durch diese zusätzliche Organisation als bedeutsam hervorgehoben werden.

Eng mit der Anapher verwandt ist die →Epipher (= die Wiederholung am Ende eines Textabschnitts). Anapher und Epipher sind natürlich auch kombinierbar.

Die Wörtlichkeit der Wiederholung kann auch eingeschränkt werden: Derart variierte Wiederholungsglieder erregen dann natürlich besondere Aufmerksamkeit.

Beispiel

Das wiederholte Textglied wird durch seine mehrmalige Verwendung hervorgehoben, ebenso die ganze Textpassage:

> Bewegte sich langsam und mühevoll – bewegte sich in so merkwürdiger Art (Harte)

Die Kombination Anapher – Epipher steigert diesen Effekt natürlich noch:

> Ich liebe den, welcher lebt, damit er erkenne, und welcher erkennen will, damit einst der Übermensch lebe. Und so will er seinen Untergang.

> Ich liebe den, welcher arbeitet und erfindet, daß er dem Übermenschen das Haus baue und zu ihm Erde, Tier und Pflanze vorbereite: denn so will er seinen Untergang.

> Ich liebe den [...] (Nietzsche)

Durch Kombination mit anderen Wiederholungsfiguren sind natürlich ebenfalls solche Effekte möglich:

> Wer nie sein Brot mit Tränen aß,
> Wer nie die kummervollen Nächte
> Auf seinem Bette weinend saß [...] (Goethe)

> Pfui über allen Tod! Durch Schwert, durch Feuer,
> Durch Gift, durch Strick, durch Pfeil! Pfui allem Tod!
> (Grillparzer)

Wiederholungsfiguren wie die Anapher finden sich aber auch in religiösen und rituellen Texten:

> sôse bênrenki, sôse bluotrenkî, sôse lidirenki (Merseburger Zaubersprüche)

1.1.4 Apostrophe

(griech.: *apo-strophé* = Ab-Wendung)

Gedankenfigur: Abwendung vom ursprünglichen Publikum, demonstrative Hinwendung zu einem (eventuell auch abwesenden oder fiktiven) Zweit-Publikum

Die Apostrophe ist eine Form der →aversio (= Änderung der Perspektive des Redevorgangs hinsichtlich der drei Bestandteile der Redesituation: Redner, Redegegenstand oder Publikum):

In der →sermocinatio wechselt der Sprecher in eine Rolle, in der →digressio wendet er sich in einem Exkurs einem anderen Gegenstand zu.

Im allgemeinen wird die Gedankenfigur der Apostrophe in Form einer Frage, einer Anrufung, eines Schwurs, eines Gebets oder ähnlichem realisiert.

In der Rede, dem zentralen Gegenstand der Rhetorik, liegt eine Apostrophe insbesondere dann vor, wenn sich der Redner dem Parteigegner, dem Angeklagten, bestimmten Zuhörergruppen oder als anwesend vorgestellten abwesenden, transzendenten (etwa Gottheiten) oder fiktiven Personen (etwa Personifikationen) zuwendet. Die Apostrophe hinterläßt den Eindruck, der Redner sei stark erregt, zumal die Apostrophe meist pathetisch und kurz ist. So kann sie der (intendierten) Beeinflussung des Publikums dienen.

In der Literatur gibt es analoge Fälle: Im Drama spricht eine Person plötzlich nicht mehr ihr Gegenüber an, sondern andere Personen oder Instanzen, etwa das Publikum (in der sogenannten →Parabase der alten griechischen Komödie). In einem Erzähltext spricht der Erzähler plötzlich den Leser an. In lyrischen Texten wird eine fiktive Person angerufen. Solche Fälle werden zum Teil auch als Apostrophen bezeichnet, vor allem dann, wenn sie auf eine bestimmte Wirkung beim Rezipienten abzielen.

Beispiel 1

Die Apostrophe in der Rede, vor allem der Gerichtsrede, ist zumeist
kurz und wird pathetisch vorgebracht. Der Redner wendet sich vom
Hauptpublikum, den Richtern bzw. der Versammlung, ab
und *anwesenden* Personen zu, z.B dem Gegner:

> Wie lange noch wirst du [Catilina] dieses üble Spiel treiben?
> (Cicero)

oder *abwesenden* Personen zu, z.B. überirdischen Wesen, etwa wenn
der Pfarrer in der Predigt emphatisch Gott anspricht, oder personifi-
zierten Abstrakta, etwa wenn die Nation angerufen wird.

Beispiel 2

Der Standardfall der Apostrophe in der Literatur ist die →*topische*
Anrufung der Musen oder Götter in der antiken Literatur, vor allem
zur Einleitung von Oden und Epen:

> Besinge mir, Gottheit, den Zorn des Peliden Achilleus [...]
> (Homer)

In ähnlicher Weise können natürlich auch personifizierte Abstrakta
oder andere Personifikationen direkt angerufen werden:

> O wild West Wind, thou breath of Autumn's being,
> Thou from whose unseen presence the leaves dead
> Are driven like ghosts from an enchanter flying [...] (Shelley)

Wenn eine Dramenfigur nicht anwesende, nur vorgestellte Personen
oder Personifikationen anruft, liegt ebenfalls eine Apostrophe vor:

> O du Stadt der Väter im Lande Theben
> und ihr Götter vor uns,
> getrieben werde ich und zögere nicht mehr [...]
> (Antigone bei Sophokles)

Einen Sonderfall stellt schließlich die Leseranrede in (auktorialen)
Erzähltexten dar, da sie – im Gegensatz zu den üblichen Fällen der

Apostrophe – nicht (unbedingt) an eine pathetisch-affektive Sprech-situation geknüpft ist. Die Leseranrede ist also strukturell, aber nicht funktional ähnlich:

> Ich bitte die Leser hier, den Geist der Sanftmut jedem Laute
> – weil unsere Worte mehr als unsere Taten die Menschen er-
> zürnen –, aber mehr noch jedem Blatte einzublasen.
> (Jean Paul)

1.1.5 Asyndeton

(griech.: *a-sýndeton* = nicht verbunden)

Wortfigur: unverbundene Aneinanderreihung koordinierter Satzglieder

Das Asyndeton reiht ohne Verknüpfung (mehr als zwei) gleichartige Satzglieder aneinander. Sowohl die asyndetische Reihung von Einzelwörtern und kleineren Wortgruppen als auch die ganzer (gleichartiger) Satzteile ist möglich.

Das Asyndeton kann mehrere Funktionen übernehmen. Vor allem aber stärkt es Kürze und Prägnanz der asyndetisch vorgebrachten Passage. Es kann leicht mit anderen Figuren (etwa →*Klimax* oder →*Antithese*) verknüpft werden.

Beim →*Polysyndeton* (griech.: vielfach verbunden) handelt es sich um das Gegenstück zum Asyndeton und eine Sonderform der →*Anapher*: Gleichartige Satzglieder (Einzelwörter, Wortgruppen, Satzteile) werden durch gleiche Konjunktionen reihend verbunden.

Beispiel 1

Berühmtestes Beispiel eines Asyndeton ist wohl:

> Veni, vidi, vici. (Caesar)

Ähnlich auch:

> Alles rennet, rettet, flüchtet. (Schiller)

Auch kleinere Wortgruppen können asyndetisch gereiht werden, hier z.B. in Kombination mit einer Klimax:

> Es muß auf unser Fragen ein Vieh, ein Baum, ein Bild, ein Marmor Antwort sagen. (Gryphius)

Bis hin zu ganzen Satzteilen, hier z.B. in antithetischer Gegenüberstellung:

> Der Wahn ist kurz, die Reu ist lang. (Schiller)

Beispiel 2

Das Polysyndeton verknüpft gleichartige Satzglieder bewußt mit Konjunktionen:

> Und es wallet und siedet und brauset und zischt. (Schiller)

Werden Zeilen- und Satzgliedlänge koordiniert, entspricht das Polysyndeton einer →*Anapher* (oder →*Epipher*) mit der Konjunktion als wiederholtem Textbestandteil:

> Und klappten und lärmten
> Und rupften
> Und zupften
> Und hüpften und trabten
> Und putzten und schabten (Kopisch)

1.1.6 Chiasmus

(lat.: Überkreuzstellung, nach dem griech. Buchstaben *X* (Chi))

Wortfigur: symmetrische Überkreuzstellung syntaktisch entsprechender Satzglieder

Bei den relevanten Satzgliedern handelt es sich entweder um einander entsprechende Einzelwörter in einander entsprechenden Wortgruppen oder um einander entsprechende Satzteile oder Sätze in Sätzen oder Satzperioden.

Der Chiasmus dient im allgemeinen der sprachlichen Veranschaulichung einer →Antithese (= Gegenüberstellung (semantisch) gegensätzlicher Worte oder Wortgruppen).

Pendant zum Chiasmus ist der →*Parallelismus*, wo syntaktisch entsprechende Satzglieder nicht überkreuzt, sondern eben parallel zueinander stehen.

(Durch eine bestimmte Kombination lassen sich Parallelismus und Chiasmus durch Wechseln der Ebenen von Syntax und Semantik zu komplexeren Figuren dieser Art verknüpfen, indem entweder ein syntaktischer Parallelismus mit einem semantischen Chiasmus oder ein semantischer Parallelismus mit einem syntaktischen Chiasmus verknüpft wird.)

Beispiel 1

Einzelne Wörter können einander chiastisch gegenübergestellt werden, indem syntaktisch einander entsprechende Wörter in zwei Wortgruppen die Position wechseln:

> Wo ich bin, seid ihr auch. (Johannes-Evangelium)

Für gewöhnlich wird damit allerdings ein Gegensatz formuliert, in dem die semantische Opposition durch die der Wortstellung unterstützt wird:

> Eng ist die Welt und das Gehirn ist weit. (Schiller)

Ähnliches ist auch mit ganzen Sätzen (innerhalb ganzer Satzperioden) oder Satzteilen (innerhalb ganzer Sätze) möglich:

> Man möchte die gnadenvolle Tatsache, daß aus dem Bösen das Gute kommen kann, Gott zuschreiben. Daß aus dem Guten so oft das Böse kommt, ist offenbar der Beitrag des anderen. (Th. Mann)

Beispiel 2

Die Kombination 'Syntaktischer Parallelismus – Semantischer Chiasmus' ist natürlich (per definitionem) ein Parallelismus. Dennoch erweckt es den Eindruck einer chiastischen Struktur, wenn die syntaktisch einander entsprechenden Glieder semantisch opponieren:

> Ihr Leben ist dein Tod! Ihr Tod dein Leben! (Schiller)

oder ihre Satzfunktion vertauschen:

> Weder sah ich Odysseus noch jener mich! (Homer)

> Deutsche leben, um zu arbeiten, andere arbeiten, um zu leben.

Die Kombination 'Semantischer Parallelismus – Syntaktischer Chiasmus' ist dementsprechend ein echter Chiasmus, der aber aufgrund seines semantischen Materials nicht antithetisch wirkt, im Gegenteil:

> Lord, I confess my sin is great;
> Great is my sin. (Herbert)

Es gibt natürlich – durch Verschachtelung – noch kompliziertere Varianten dieses Figurentyps, z.B. in literaturwissenschaftlichen Texten:

> indem entweder ein syntaktischer Parallelismus mit einem semantischen Chiasmus oder ein semantischer Parallelismus mit einem syntaktischen Chiasmus verknüpft wird (Spörl)

1.1.7 Inversion

(lat.: *inversio* = Umkehrung)

Wortfigur: Vertauschung von syntaktischen Elementen

Die Inversion oder *Ana-strophé* (griech.: Vertauschung) verändert die übliche Reihenfolge der Satzglieder in einem Satz oder Satzteil. So weicht die Wortstellung vom Gewohnten oder Normierten der Normalsprache mehr oder minder auffällig ab.

Dadurch vermindert sich zwar im allgemeinen die Klarheit des Ausdrucks, seine Einprägsamkeit wird gleichwohl für gewöhnlich erhöht, insbesondere dann, wenn die neue Reihenfolge archaisch oder sehr emphatisch wirkt.

Im Deutschen sind folgende Typen der Inversion besonders häufig: Nachstellung des Adjektiv-Attributs, Voranstellung des Genetiv-Attributs, Voranstellung des Objekts sowie die Umkehrung der Subjekt-Prädikat-Folge.

Als →*Gedankenfigur* entspricht der Inversion das →Hysteron-Proteron (griech.: Späteres-Früheres): Hier wird nicht die syntaktische, sondern die sachliche oder inhaltliche Ordnung (in der Zeit) vertauscht: Zuerst wird das Spätere, dann das Frühere formuliert. Die Merkwürdigkeit solcher Äußerungen kann vielfältig wirken.

Beispiel 1

Die Nachstellung des Adjektiv-Attributs gegenüber der gewohnten Reihenfolge wirkt oft archaisch:

> Vater unser im Himmel

> Röslein rot (Goethe)

Die Voranstellung des Genetiv-Attributs gegenüber der üblichen Reihenfolge wirkt ebenfalls archaisch oder emphatisch:

> der sündigen Menschen Erlösung (Klopstock)

Die Voranstellung des Objekts betont vor allem dieses:

> Den liebsten aller Gäste
> Bewirtet nun die Braut. (Goethe)

Die Umkehrung der üblichen Subjekt-Prädikat-Folge schließlich erweckt die Aufmerksamkeit des Rezipienten in besonderem Maße:

> Sah ein Knab' ein Röslein stehn. (Goethe)

Beispiel 2

Besonders schöne, weil paradox wirkende Beispiele für das Hysteron-Proteron sind:

> Ihr Mann ist tot und läßt sie grüßen. (Goethe)

> Wir wollen sterben und uns mitten in die Schlacht werfen. (Vergil)

1.1.8 Klimax

(griech.: *klímax* = Leiter)

1. (im engeren rhetorischen Sinn):
Wortfigur: mehrfache Wiederaufnahme eines Ausdrucks am Ende eines Satzes oder Satzteiles am Anfang des folgenden mit gradueller Steigerung

Diese Figur heißt in der Rhetorik auch →gradatio (Steigerung) und stellt eine Wiederholung der →Anadiplose (Wiederaufnahme eines Ausdrucks am Ende eines Satzes oder Satzteiles am Anfang des folgenden) dar, wobei die aufeinanderfolgenden Glieder der Kette (chronologisch, genealogisch, argumentativ, logisch, vor allem aber inhaltlich) aufeinander abfolgen und sich so steigern, ohne daß die vorderen Teilglieder an Bedeutung verlieren.

2. (im davon abgeleiteten weiteren allgemeinen Sinn):
Wortfigur: reihende und sich steigernde Anordnung (mindestens dreier) syntaktisch äquivalenter Satzglieder

Die Steigerung betrifft vor allem den Inhalt oder die Aussagekraft der aneinandergereihten Elemente. Diese selbst können (selten) Einzelwörter, Wortgruppen, Teilsätze oder ganze Sätze sein, wobei es häufig vorkommt, daß die Ausdrücke synonym sind.

Fällt die Reihe (inhaltlich oder die Emphase betreffend) deutlich ab, liegt eine →Antiklimax vor.

Beispiel 1

Die einfache Anadiplose wiederholt einen Ausdruck vom Ende eines Satzes, Satzteiles oder Verses am Anfang von dessen Nachfolger:

> Der Mensch macht die Religion, die Religion macht nicht den Menschen. (Marx)

Berühmt ist das folgende, onomatopoetische (lautmalerische) und deshalb in Originalsprache wiedergegebene Beispiel:

> Quamvis sint sub aqua, sub aqua maledicere temptant. (Ovid)

Die Klimax oder gradatio wiederholt dieses Verfahren und bildet so z.B. argumentative Ketten:

> Dieweil wir wissen, daß Trübsal Geduld bringt; Geduld aber bringt Erfahrung; Erfahrung aber bringt Hoffnung. (Römer 5)

oder eben inhaltliche Steigerungen:

> Gut verlorn, unverdorben; Mut verlorn, halb verdorben; Ehr' verlorn, gar verdorben. (Franck)

Beispiel 2

Die Klimax im allgemeinen Sinne reiht entweder synonyme Ausdrücke aneinander, die sich von ihrem Ausdrucksgehalt her deutlich steigern:

> Wie habe ich ihn nicht gebeten, gefleht, beschworen [...] (Lessing)

oder bedeutungsverschiedene Ausdrücke, die aber sachlich zusammengehören, und einer deutlichen inhaltlichen Steigerung unterliegen, etwa das berühmte →*asyndetische*:

> Veni, vidi, vici. (Caesar)

Die Antiklimax reiht hingegen in die andere Richtung:

> Urahne, Großmutter, Mutter und Kind (Schwab)

1.1.9 Oxymoron

(griech.: *oxýs* = scharf + *môros* = dumm: scharf(sinnig)e Dummheit)

Wortfigur: Verbindung von einander ausschließenden Einzelgliedern zu einem paradoxen Ganzen

Das Oxymoron stellt insofern eine besondere Form der →*Antithese* dar, als die Verbindung zum einen sehr eng ist und dadurch zum anderen die verbundenen Glieder, die zueinander in einem Widerspruchs- oder Ausschließungsverhältnis stehen, paradox (also dem Anschein, der allgemeinen Meinung widersprechend) erscheinen.

Die übliche Form des Oxymorons ist die einer *contradictio in adiecto* (Widerspruch im Beiwort). In dieser Hinsicht hat das (als Figur, also syntaktisch definierte) Oxymoron natürlich strukturelle Ähnlichkeit mit der (als Trope, also semantisch definierten) →*Metapher*.

Aber auch durch die Kombination sich ausschließender Attribute oder Prädikate sind Oxymora möglich.

Das durch das Oxymoron formulierte Paradoxon erregt natürlich beim Rezipienten gesteigerte Aufmerksamkeit sowie den Versuch, dem scheinbaren Unsinn doch Sinn abzugewinnen. Der unsinnige Ausdruck wird gerne zur Kennzeichnung einer emphatischen Ausdrucksweise verwendet.

Beispiel

In der contradictio in adiecto sind entweder ein Substantiv und ein Attribut (scheinbar) widersprüchlich miteinander verknüpft:

> O loving hate (Shakespeare)
>
> schwarze Milch der Frühe (Celan)
>
> felix culpa („frohe Schuldanerkenntnis")

Beide Fälle stellen natürlich auch Metaphern dar, da sie nach einer Deutung verlangen, die die Annahme einer uneigentlichen Wortbedeutung für mindesten eines der Glieder voraussetzt.

Aber auch verbale Ausdrücke können mit Adverbien oxymorisch verknüpft werden:

> Eile mit Weile!

Die Kombination zweier Attribute zu einem Oxymoron verknüpft die beiden sich (scheinbar) ausschließenden Ausdrücke extrem eng, oft sogar zu einem Wort:

> du übersinnlich-sinnlicher Freier (Goethe)
>
> traurigfroh (Hölderlin)

Dies ist bei einander (scheinbar) widersprechenden Verbalausdrücken zwar nicht möglich, der paradoxe (Un-)Sinn kann aber auch so generiert werden:

> Auch wenn sie schweigen, sagen sie genug. (Cicero)

1.1.10 Parallelismus

Wortfigur: Parallelstellung syntaktisch entsprechender Satzglieder

Bei den relevanten Satzgliedern handelt es sich entweder um einander entsprechende Einzelwörter in einander entsprechenden Wortgruppen oder um einander entsprechende Satzteile oder Sätze in Sätzen oder Satzperioden.

Der Parallelismus stimmt weitgehend mit dem *Isó-kolon* (= gleich-teilig) der traditionellen Rhetorik überein.

Immer verstärkt der Parallelismus die Strukturierung und somit die Prägnanz des Gesagten. Mit dem Parallelismus lassen sich gleichwohl Identisches, Gegensätzliches, Reihendes und sich Steigerndes ausdrücken. Letzteres geschieht vor allem mit dem dreigliedrigen Parallelismus, dem sogenannten *Trí-kolon* (=drei-teilig).

Der syntaktisch definierte Parallelismus ist natürlich mit Wiederholungsfiguren kombinierbar, die auf einer andersartigen Äquivalenz basieren, so z.B. mit dem phonetisch bestimmten →Homoioteleuton

(= gleich endend), das eine Endungsgleichheit entsprechender Satzglieder vorsieht, oder mit dem →*Reim* in der Versrede.

Pendant zum Parallelismus ist der →*Chiasmus*, wo syntaktisch
entsprechende Satzglieder nicht parallel, sondern überkreuz zueinander stehen.

(Durch eine bestimmte Kombination lassen sich Parallelismus
und Chiasmus durch Wechseln der Ebenen von Syntax und Semantik
zu komplexeren Figuren dieser Art verknüpfen, indem entweder ein
syntaktischer Parallelismus mit einem semantischen Chiasmus oder
ein syntaktischer Chiasmus mit einem semantischen Parallelismus
verknüpft wird.)

Beispiel 1

Identisches oder Ähnliches kann durch die Parallelstellung der entsprechenden Satzglieder verstärkt werden. Dies gilt für Wortgruppen:

> So muß ich dich verlassen, von dir scheiden. (Schiller)

Dies gilt aber auch für ganze Sätze oder Satzteile:

> Ich bin entdeckt, ich bin durchschaut. (Schiller)

Aber auch Gegensätze können als Parallelismen formuliert werden:

> Sie fordert's als eine Gunst, gewähr' es ihr als Strafe.
> (Schiller)

Ebenso natürlich Reihungen oder Steigerungen ähnlicher, aber diffe-
rierender Bedeutungseinheiten. Dies geschieht vor allem durch drei-
oder mehrgliedrige Parallelismen:

> den Mund aufmachen, der Vernunft reden und die Verleum-
> der beim Namen nennen (Grass)

Beispiel 2

Die Kombination 'Syntaktischer Parallelismus – Semantischer Chiasmus' ist natürlich (per definitionem) ein Parallelismus. Dennoch erweckt es den Eindruck einer chiastischen Struktur, wenn die syntaktisch einander entsprechenden Glieder semantisch opponieren:

> Ihr Leben ist dein Tod! Ihr Tod dein Leben! (Schiller)

oder ihre Satzfunktion vertauschen:

> Weder sah ich Odysseus noch jener mich! (Homer)

> Deutsche leben, um zu arbeiten, andere arbeiten, um zu leben.

Die Kombination 'Semantischer Parallelismus – Syntaktischer Chiasmus' ist dementsprechend ein echter Chiasmus, der aber aufgrund seines semantischen Materials nicht antithetisch wirkt, im Gegenteil:

> Lord, I confess my sin is great;
> Great is my sin. (Herbert)

Es gibt natürlich – durch Verschachtelung – noch kompliziertere Varianten dieses Figurentyps, z.B. in literaturwissenschaftlichen Texten:

> indem entweder ein syntaktischer Parallelismus mit einem semantischen Chiasmus oder ein syntaktischer Chiasmus mit einem semantischen Parallelismus verknüpft wird (Spörl)

1.1.11 Vergleich

(Gedanken-)Figur (oder ähnliche Struktur): Bestimmung eines Gegenstandes durch einen ihm ähnlichen Gegenstand

Zur näheren Bestimmung, zur Veranschaulichung und zum Beleg, vor allem auch zur Ausschmückung und Steigerung bestimmter Gegenstände, Momente, Handlungen, Aspekte und dergleichen, können diese mit anderen Gegenständen etc. verglichen werden, die ersteren in einer gewissen Hinsicht ähnlich oder ihnen analog sind – oder als solche aufgefaßt werden können. Ähnlichkeit meint dabei ein gemeinsames Merkmal, Analogie eine gemeinsame Relation der beiden Vergleichsbilder.

Im Unterschied zur →*Metapher* nennt der Vergleich (lat. auch: *comparatio, similitudo*) aber beide Vergleichsglieder explizit und nebeneinander; und er verbindet sie durch eine Vergleichspartikel (im Deutschen vor allem das „wie"). Außerdem kann das Vergleichskriterium, der Aspekt, unter dem verglichen wird, ebenfalls explizit genannt werden: das sogenannte *tertium comparationis* (lat.: das Dritte des Vergleichs). Der Vergleich hat also die folgende Struktur: a wie b (unter dem tertium c).

Sind a, b (und c) dabei syntaktisch nicht mehr beschränkt (auf einen Satz oder Satzteil), wird der Vergleich also über längere Text passagen hin ausgedehnt (meist mit einer „so... wie..."-Formulierung), so spricht man von einem →*Gleichnis*.

Beispiel

Vergleiche sind in der Literatur fast durchgängig gerne verwendet worden, aber sie gehören auch fast wesentlich zu vielen anderen Sprachverwendungsweisen (etwa im Alltag oder in der Wissenschaft).

Literarische Vergleiche (zumindest die guten) zeichnen sich im allgemeinen dadurch aus, daß sie neuartig sind, also bisher noch nicht miteinander Verglichenes vergleichen:

> Eine Frau ohne Mann ist wie ein Fisch ohne Fahrrad.

So lautet ein (auf einer witzigen Analogie beruhender) Button-Spruch aus den achtziger Jahren, der gerne von ‘frechen’ jungen Frauen getragen wurde.

Jean Pauls Schulmeisterlein Wutz

> schlichtete seine Schreibbücher so lange, bis ihre Rücken so bleirecht aufeinander lagen wie eine preußische Fronte

wobei der Erzähler mit dem Ausdruck „bleirecht" das tertium dieses Vergleiches zumindest andeutet.

Das folgende →*Epigramm* Lessings führt das tertium noch weiter aus:

> Der Vater reimt und suchet allen,
> Nicht wenig Kennern, zu gefallen.
> Die Tochter buhlt: o! straft sie nicht!
> Das gute Kind will allen,
> Wie ihres Vaters Reim, gefallen.

Seltener sind natürlich Gleichnisse, die wir vor allem aus dem antiken →*Epos* und der Bibel kennen. So finden sich in den Epen Homers zahlreiche sogenannte *homerische* →Gleichnisse, bekannter sind aber vielleicht noch Jesu Gleichnisse aus dem Neuen Testament, etwa das vom verlorenen Schaf (Lukas 15, 4-7):

> Wenn einer von euch hundert Schafe hat und eins davon verliert, läßt er dann nicht die neunundneunzig in der Steppe zurück und geht dem verlorenen nach, bis er es findet?
> Und wenn er es gefunden hat, nimmt er es voll Freude auf die Schultern, und wenn er nach Hause kommt, ruft er seine Freunde und Nachbarn zusammen und sagt zu ihnen: Freut euch mit mir; ich habe mein Schaf wiedergefunden, das verloren war.
> Ich sage euch: Ebenso wird auch im Himmel mehr Freude herrschen über einen einzigen Sünder, der umkehrt, als über neunundneunzig Gerechte, die es nicht nötig haben umzukehren.

1.2 Stilistik

Die rhetorische Stilistik ist traditionell – wie die Figurenlehre – der →*elocutio* zugeordnet, hat sich aber auch unabhängig von der Rhetorik behaupten können.

Der Stil (einer Textpassage, eines Werkes, eines Autors usw.) betrifft – entsprechend der rhetorischen Unterscheidung von →*res* und

→*verba* – die (erkennbar) spezifische und gewollte sprachliche Gestaltung eines Textes auf der Ebene der verba.

Traditionelle Grundlage der Unterscheidung von Stilen ist die Befolgung bestimmter Stilebenen oder Stilprinzipien, während in jüngerer Zeit eher individuelle Besonderheiten und Auffälligkeiten die Stilbetrachtung dominieren.

Zur Sprache kommen hier nur

- die Lehre von den drei →*genera dicendi*, d.i. die Stilebenen-Unterscheidung der traditionellen Rhetorik, und
- die Dichotomie von →*Parataxe* und →*Hypotaxe*, d.i. eines der wesentlichen Stilprinzipien.

1.2.1 Die drei genera dicendi

(lat.: die drei Grundarten der Rede)

Die →*elocutio* der traditionellen Rhetorik unterscheidet drei Stilebenen, wobei – gemäß der rhetorischen →*aptum*- oder Angemessenheitslehre – ein Stilniveau, d.h. vor allem eine mehr oder minder eingeschränkte Lizenz für funktionale *Abweichungen* von der natürlichen Sprache in Figuren und Tropen, mit einer bestimmten Äußerungsabsicht verknüpft ist.

Üblicherweise werden unterschieden:

→*genus humile*

→*genus medium*

→*genus grande*

Eine Rede kann dabei durchaus zwischen den verschiedenen Stilebenen hin- und herwechseln, je nach der Absicht, die mit der jeweiligen Textpassage verbunden wird. Bestimmte Redetypen (mit bestimmten Absichten) sind jedoch weitgehend fix mit einem Stilideal verbunden, so etwa die Lobrede mit dem genus grande.

Doch vor allem die Poesie wurde im Verlauf der Rezeption klassisch antiker Rhetorik und Poetik (von der Spätantike bis ins 18. Jahrhundert) gemäß bzw. in Analogie zu den drei Stilebenen unterteilt. Dabei gesellte sich – per aptum-Lehre – zu der jeweiligen Stilebene auch das entsprechende Figurenpersonal, so daß beides für bestimmte Gattungen normativ festgelegt war.

1.2.1.1 genus humile

(lat.: einfache, niedrige Art (des Stils))

Stilebene: einfaches Stilniveau zur Vermittlung von Sachverhalten

Das genus humile (oder auch: *genus tenue, genus subtile, stilus simplex*) dient der Informationsvermittlung (→*docere* = Belehrung), insbesondere der Vermittlung von Beweisen und Argumenten (*probare* = Beweisen). Dementsprechend verlangt es eine einfache, nüchterne (*puritas* = Einfachheit/Reinheit) und deutliche (*perspicuitas* = Deutlichkeit) Sprache, die die Sache, von der die Rede ist, in den Vordergrund treten läßt. Auf →*Figuren* und →*Tropen*, insbesondere auf alle pathetischen Stilmittel muß deshalb verzichtet werden.

In klassischen Reden wird deshalb das genus humile immer dann verwendet, wenn (scheinbar) ohne rhetorischen Aufwand 'die Sache für sich sprechen' kann, wenn also die (juristische) Beweisführung oder die (politische) Argumentation im Vordergrund steht.

1.2.1.2 genus medium

(lat.: mittlere Art (des Stils))

Stilebene: mittleres Stilniveau zur Erregung sanfter, 'ethischer' Affekte, vornehmlich zur Erfreuung des Publikums

Das genus medium (oder auch: *genus mediocre*) dient vor allem der Erfreuung des Publikums (→*delectare* = erfreuen, ergötzen), zum Teil auch, um das Publikum dem Redner günstig zu stimmen (*captatio benevolentiae*). Dementsprechend verlangt es einen angenehmen, durchaus kunstvollen, aber nicht im Übermaß von der Umgangssprache abweichenden Ausdruck. Figuren und Tropen sind als erfreulicher Redeschmuck (→*ornatus*) in Maßen erwünscht. Zu vermeiden ist allein ein Übermaß an rhetorischem Aufwand sowie alles Pathetische, auf das zugunsten sanfterer Affekte (griech. Terminus der Rhetorik: *éthos* = sanfter Erregungsgrad) verzichtet wird.

In klassischen Reden wird deshalb das genus medium immer dann verwendet, wenn der Redner sein Publikum vor allem unterhalten will (wie etwa in Festreden) oder wenn er sich – etwa zu Beginn einer Ansprache – selbst als sympathisch und glaubwürdig präsentieren möchte.

1.2.1.3 genus grande

(lat.: hohe, große, erhabene Art (des Stils))

Stilebene: hohes Stilniveau zur Erregung starker, pathetischer Affekte

Das genus grande (oder auch: *genus sublime*, *genus vehemens*) dient der Erregung starker, pathetischer Affekte beim Publikum (→*movere* = bewegen, bzw. *flectere* = beugen). Dementsprechend unterliegt es weder von der Sache her noch bezüglich der erlaubten rhetorischen Techniken irgendeiner Einschränkung, da es ausschließlich auf seine Funktion der Erregung starker Affekte ausgerichtet ist. Sowohl extensive Abweichungen von der Umgangssprache als auch pathetische Stilmittel und Ausdrücke sind erlaubt.

In klassischen Reden findet das genus grande immer dann Verwendung, wenn das Publikum im Interesse des Redners oder seiner Partei unabhängig von dem Bestehen irgendwelcher Sachverhalte (mehr oder minder offen) manipuliert werden soll.

1.2.2 Hypotaxe – Parataxe

(griech.: *hýpo* = Unter- bzw. *pará* = Bei-Ordnung)

Stilprinzipien, die Anordnung der einzelnen Satzglieder betreffend:

Hypotaxe: syntaktisch-hierarchische Unterordnung von Satzgliedern

Parataxe: syntaktisch-hierarchielose Reihung von Satzgliedern

Die Hypotaxe ist vor allem durch die (kunstvolle) Einbindung oder Verschachtelung von Nebensätzen und deren Konjunktionen wie 'weil', 'obwohl' usw. in den Gesamtsatz erkennbar. Sie dient somit vornehmlich dem Ausdruck komplexer, oft argumentativer Gedankengänge und gilt gerne als Indiz für Ausdrucksstärke und Stilwille.

Die Parataxe ist hingegen eher durch verbindende Satzpartikel wie 'und', 'oder' usw. oder das Fehlen von Konjunktionen überhaupt zu erkennen, so daß der ungegliederte Hauptsatz dominiert. Sie dient vornehmlich dem Tatsachenbericht oder der Thesenformulierung und gibt sich schmuck- und kunstlos.

2 Metrik, Verse, Reime, Strophen

In diesem Kapitel werden mit den wichtigsten →*Versfüßen*, →*Versmaßen*, →*Strophen- und Gedichtmaßen*, einer Reihe →*metrischer Grundbegriffe* und einigen grundlegenden Bestimmungen der →*Reimlehre* die zentralen (formalen) Elemente der Vers- und Strophenlehre vorgestellt.

2.1 Versfuß

die kleinste strukturierte Einheit des Verses

Der Versfuß ist insofern strukturiert, als er eine bestimmte Anzahl von Silben mit jeweils bestimmter Wertigkeit in einer bestimmten Reihenfolge umfaßt.

Die Verteilung der Wertigkeiten orientiert sich an dem (der jeweiligen Dichtungssprache) zugrundeliegenden Prinzip. Sie ist →*akzentuierend* oder →*quantitierend*.

Dementsprechend spricht man von Längen und Kürzen bzw. Hebungen und Senkungen (der Betonung). Die Längen / Hebungen werden üblicherweise durch — markiert, die Kürzen / Senkungen durch ∨ oder ∪. Silben, deren Wertigkeit nicht festgelegt ist, werden mit x gekennzeichnet.

Einzelne Verse bzw. das ihnen zugrundeliegende Wertigkeitsmuster, das Versmaß, bestehen aus mehreren Versfüßen, selten aus nur einem Versfuß. Oft wird dabei ein und derselbe Versfuß wiederholt, insbesondere in antiker Dichtung werden aber auch verschiedene Versfüße zu einem Versmaß kombiniert. In vielen Fällen gibt es für bestimmte Wertigkeiten gewisse Lizenzen, so daß etwa ∪ ∪ durch — oder ∪ durch x ersetzt werden kann.

Hier werden die meistgebrauchten Versfüße näher vorgestellt. Dies sind

→*Anapäst*   →*Spondeus*
→*Daktylus*   →*Trochäus*
→*Iambus*

2.1.1 Anapäst

(griech.: *anápaistos* = umgekehrt(er Daktylus))

Versfuß: eine Hebung / Länge nach zwei Senkungen / Kürzen:
∪ ∪ —

Umgekehrt wie der →*Daktylus* (— ∪ ∪) organisiert, ist der Anapäst ebenso wie dieser und alle übrigen hier vorgestellten ein Versfuß antiken Ursprungs. Beide, Daktylus und Anapäst, tragen außerdem eselsbrückentauglich ihre Betonungssignatur im Namen.

In ganzen Versen werden die beiden Kürzen häufig durch eine Länge (und der Anapäst so durch einen →*Spondeus* (— —)) ersetzt.

Der Anapäst mit seiner langsamen, leicht holpernden Rhythmik diente in antiker und antikisierender Dichtung vor allem für die metrische Gestaltung von Marsch- und Spottliedern. In neuerer Dichtung ist er ausgesprochen selten.

2.1.2 Daktylus

(griech.: *dáktylos* = Finger, Zehe)

Versfuß: eine Hebung / Länge vor zwei Senkungen / Kürzen:
— ∪ ∪

Umgekehrt wie der →*Anapäst* (∪ ∪ —) organisiert, ist der Daktylus ebenso wie dieser und alle übrigen hier vorgestellten ein Versfuß antiken Ursprungs. Beide, Anapäst und Daktylus, tragen außerdem eselsbrückentauglich ihre Betonungssignatur im Namen.

In ganzen Versen werden die beiden Kürzen häufig durch eine Länge (und der Daktylus so durch einen →*Spondeus* (— —)) ersetzt.

Der Daktylus mit seinem dem Walzer verwandten Rhythmus galt in der Antike als hochwertiger Versfuß und war dementsprechend beliebt, insbesondere dann, wenn sechs Daktylen zum Versmaß des →*Hexameters* vereint wurden. In der gleichförmigen Abfolge dient er vor allem als rhythmischer Untergrund eines gleichbleibenden Erzählflusses.

Die neueren Dichtungen hatten aufgrund ihrer Orientierung an den natürlichen Wortbetonungen hingegen eher Schwierigkeiten, den Versfuß häufig einzusetzen.

2.1.3 Iambus / Jambus

Versfuß: eine Hebung / Länge nach einer Senkung / Kürze: ∪ —

Umgekehrt wie der →*Trochäus* (— ∪) organisiert, ist der Iambus oder Jambus ebenso wie dieser und alle übrigen hier vorgestellten ein Versfuß antiken Ursprungs.

(In antiker Dichtung bilden Iambus und Trochäus (als vergleichsweise kurze Versfüße) im Unterschied zu →*Anapäst*, →*Daktylus*, →*Spondeus* und anderen, hier nicht thematisierten Füßen nur als *Dipodien* (= zwei Füße), d.h. als Verbindung von zwei Versfüßen, eine metrische Einheit. Die in der Antike als Sprechverse gebräuchlichen Versmaße des iambischen *Trimeter* und (seltener) *Tetrameter* (= bestehend aus drei bzw. vier Metren) umfassen dementsprechend sechs bzw. acht Versfüße.)

In der Antike war der alternierende, also die Wertigkeiten abwechselnde Iambus vor allem als Versfuß von Sprechversen (im Drama und in gesprochener, nicht gesungener Lyrik) gebräuchlich.

In neuerer Dichtung setzte sich dies fort, der Iambus konnte – wohl durch seine besondere Eignung für die natürliche (alternierende) Wortbetonung und seinen einleitenden 'Auftakt' – sogar noch an Bedeutung gewinnen, zumal zwei der wichtigsten Versmaße neuerer Dichtung, →*Blankvers* und →*Alexandriner*, auf dem Iambus basieren.

2.1.4 Spondeus

Versfuß: zwei aufeinander folgende Hebungen / Längen: —— ——

Im Vers zumeist als 'Ersatz' für den →*Daktylus* oder den →*Anapäst* verwendet (durch Ersetzung von ∪ ∪ durch ——), ist der Spondeus wie alle übrigen hier vorgestellten ein Versfuß antiken Ursprungs.

In der Antike wurde er vor allem in (gesungener) Lyrik und eben als metrisch notwendiger 'Ersatz'-Versfuß gebraucht.

In der neueren Dichtung, die – wegen ihrer Orientierung an der Wortbetonung – zwei Betonungen in Folge nur sehr bedingt zuläßt, ist der Spondeus aber weitgehend ungebräuchlich geworden.

2.1.5 Trochäus

(griech.: *trochaîos* = Läufer)

Versfuß: eine Hebung / Länge vor einer Senkung / Kürze: —— ∪

Umgekehrt wie der →*Iambus* (∪ ——) organisiert, ist der Trochäus ebenso wie dieser und alle übrigen hier vorgestellten ein Versfuß antiken Ursprungs.

(In antiker Dichtung bilden Iambus und Trochäus (als vergleichsweise kurze Versfüße) im Unterschied zu →*Anapäst*, →*Daktylus*, →*Spondeus* und anderen, hier nicht thematisierten Füßen nur als *Dipodien* (= zwei Füße), d.h. als Verbindung von zwei Versfüßen, eine metrische Einheit. Das in der Antike als Sprechvers gebräuchliche Versmaß des trochäischen *Tetrameter* (= bestehend aus vier Metren) umfaßt dementsprechend acht Versfüße.)

In der Antike war der Trochäus vor allem als Versfuß von dramatischen Sprechversen und in der Lyrik gebräuchlich.

In neuerer Dichtung konnte sich dies nicht fortsetzen, da der Trochäus – obgleich er ebenso wie der Iambus alternierend ist, also die Wertigkeiten abwechselt – mit einer (der natürlichen Wortbetonung oft zuwiderlaufenden) betonten Silbe einsetzt.

2.2 Metrische Grundbegriffe

Neben den Versfüßen und -maßen, den Vers-, Reim-, Strophen- und Gedichtformen sollen einige weitere Begrifflichkeiten, die diese bedingen oder erläutern helfen, hier thematisiert werden, nämlich explizit:

und implizit:

→*akzentuierendes und quantitierendes Prinzip*

→*katalektischer und akatalektischer Vers*

→*Füllungsfreiheit*

→*Tonbeugung*

→silbenzählendes Prinzip

→Kadenz (männlicher und weiblicher Vers)

→hyperkatalektischer Vers

→schwebende Betonung

2.2.1 akzentuierendes und quantitierendes Prinzip

Festlegung (binärer) Wertigkeiten in Versen
akzentuierend: nach Hebungen und Senkungen
quantitierend: nach Längen und Kürzen

Das quantitierende Prinzip gilt in den 'klassischen Literatursprachen' Griechisch und Latein. Seine Verteilung der (metrischen) Wertigkeiten unterscheidet zwischen langen und kurzen Silben. Ob eine Silbe lang oder kurz ist, wird durch verschiedene Regeln festgelegt. Diese sind auf zwei Ebenen angesiedelt: auf der der Sprache selbst (mit ihrer natürlichen Verteilung von langen und kurzen Silben) und auf der der Dichtung, die (im Zusammenhang des Verses) bestimmte Modifikationen der gegebenen sprachlichen Verteilung zuläßt.

Das akzentuierende Prinzip gilt – zum Teil mit Einschränkungen – in den 'neueren' Literatursprachen, insbesondere in den germanischen Sprachen wie dem Deutschen und Englischen. Seine Verteilung der (metrischen) Wertigkeiten unterscheidet zwischen betonten und unbetonten Silben. Ob eine Silbe betont oder unbetont ist, wird durch die natürliche Betonung der Sprache vorgegeben, Abweichungen von derselben, sogenannte →*Tonbeugungen*, werden nur sehr bedingt zugelassen.

Das quantitierende Prinzip der metrischen Wertigkeitsverteilung unterscheidet also zwischen den Längen und Kürzen eines Versfußes, das akzentuierende zwischen seinen Hebungen und Senkungen (der Betonung).

Beide Prinzipien sind weitgehend unabhängig voneinander. In der Frühen Neuzeit aber, als die 'modernen' Sprachen eigene (künstlerische oder) literarische Ambitionen entwickelten, sich dabei aber (Renaissance!) an dem Vorbild der 'alten', 'klassischen' Dichtung orientierten, kam es bei der Transformation von Versmaßen zu diversen 'Anpassungsproblemen'. Denn Versmaße, die ursprünglich auf das quantitierende Prinzip ausgerichtet waren, mußten in eine vom akzentuierenden Prinzip dominierte sprachliche Umgebung mit anderen Verstraditionen überführt werden.

Ein drittes, in bestimmten Dichtungen des Mittelalters und der Frühen Neuzeit benutztes Prinzip ist das der bloßen →Silbenzählung. Dieses verzichtet auf die Unterscheidung von Wertigkeiten und legt allein die Anzahl der Silben in einem Vers fest. Mit der Durchsetzung des akzentuierenden Prinzips in den 'neueren' Literatursprachen verliert es völlig an Bedeutung, wobei die romanischen Literatursprachen (Französisch, Italienisch usw.) Silbenzählung und Akzentuierung verknüpfen.

2.2.2 katalektischer und akatalektischer Vers

(griech.: *katalégein* = aufhören; *a-* = nicht)

Bestimmung der Vollständigkeit eines Verses in Bezug auf das zugrundeliegende Versmaß:
katalektisch: der Vers bricht ab, der letzte Versfuß ist unvollständig
akatalektisch: der Vers (bzw. der letzte Versfuß) ist vollständig

Der akatalektische Vers erfüllt also sein (zugrundeliegendes oder unterstelltes) Versmaß vollständig, während der katalektische Vers die letzte (oder die letzten beiden) zu erwartende(n) Silbe(n) wegläßt.

Die Bestimmung von Versen als katalektisch oder akatalektisch setzt eine klar umrissene Bestimmung des zugrundeliegenden Versmaßes voraus, das vollständig oder eben unvollständig realisiert wird. Insofern ist sie vor allem zur näheren Charakterisierung antiker oder antikisierender Verse zu benutzen.

Bei vielen Versmaßen ist dabei die katalektische Variante durchaus üblich, wenn nicht sogar die Regel, so etwa im Fall des →*Hexameters*.

Umgekehrt zur Katalexe, dem vorzeitigen Abbruch des Verses also, ist auch die →Hyperkatalexe (*hyper* = über hinaus) möglich, eine Ausdehnung des Verses über das unterstellte Maß hinaus (meist um eine Silbe). Insbesondere bei →*Alexandrinern* und →*Blankversen* ist sie üblich.

Wegen der vielen Voraussetzungen, die für die Bestimmung der Katalexe/Akatalexe notwendig sind, hat sich zur Beschreibung der Verse in der neueren deutschen Dichtung eine andere Dichotomie durchgesetzt, die →'weibliche' und 'männliche' Kadenzen, also Versenden unterscheidet: Die 'weichen' oder 'klingenden' 'weiblichen' Verse enden auf eine unbetonte Silbe , die 'harten' 'männlichen' auf eine betonte.

Setzt man beispielsweise ein →*iambisches Versmaß* voraus, das akatalektisch auf einer Betonung endet, ist ein Vers also 'weiblich', wenn er katalektisch die letzte Silbe wegläßt oder hyperkatalektisch eine unbetonte Silbe anfügt.

Beispiel 1

Der Hexameter, der dem Namen nach aus sechs (vollständigen) →*Daktylen* bestehen müßte, endet üblicherweise katalektisch, also unter Wegfall der letzten Kürze bzw. Senkung:

> Ándra moi énnepe, Mûsa, polýtropon, hòs mála pollà
> plángchthe, epeì Troíes hierón ptolíethron éperse.
> (Homer, Od. I, 1 u. 2)
> — ∪ ∪ | — ∪ ∪ | — ∪ ' ∪ | — ∪ ∪ | — ∪ ∪ | — ∪
> — ∪ ∪ | — — | — ∪ ∪ | — ∪ ∪ | — ∪ ∪ | — ∪

Sage mir, Muse, die Taten des vielgewanderten Mannes,
Welcher so weit geirrt nach der heiligen Troja Zerstörung.
(In der Übers. v. Voß)

$$— \cup \cup \mid — \cup \cup \mid — \cup \cup \mid — x \mid — \cup \cup \mid — \cup$$
$$— \cup \cup \mid — x \mid — \cup \cup \mid — \cup \cup \mid — \cup \cup \mid — \cup$$

Für gewöhnlich sind jedoch beide Varianten eines Versmaßes, die katalektische und die akatalektische möglich, so z.b. in den folgenden
→*trochäischen Versen*:

Sieh in diesem Zauberspiegel	(akatal. / weibl.)
Einen Traum wie lieb und gut	(katal. / männl.)
Unter Ihres Gottes Flügel	(akatal. / weib.)
Unsre Freundin leidend ruht.	(katal. / männl.)
(Goethe)	

Beispiel 2

Alexandriner, die aus sechs iambischen Versfüßen bestehen, können
'männlich' (akatalektisch) oder 'weiblich' (üblicherweise hyperkatalektisch) enden:

Ich seh' wohin ich seh / nur Eitelkeit auff Erden / (hyperkat. / weibl.)
Was dieser heute bawt / reist jener morgen ein / (akat. / männl.)
Wo itzt die Städte stehn so herrlich / hoch und fein / (akat. / männl.)
Da wird in kurtzem gehn ein Hirt mit seinen Herden. (hyperkat. / weibl.)
(Gryphius)

Ähnlich steht es bei Blankversen, deren fünf Iamben oft um eine unbetonte Silbe ergänzt werden und so 'weiblich' enden:

Die schönen Tage in Aranjuez   (akat. / männl.)
Sind nun zu Ende. Eure königliche Hoheit (hyperkat. / weibl.)
Verlassen es nicht heiterer. Wir sind   (akat. / männl.)
Vergebens hier gewesen. [...]
(Schiller, Don Carlos I.1)

2.2.3 Füllungsfreiheit

Strukturprinzip des Verses: nur die Anzahl der Hebungen ist fix

Insbesondere →*akzentuierende Dichtungen* bzw. Verse, die ohne Bezug zu antiken Versmaßen sind, sind nicht in Metren und Versfüßen organisiert – und demzufolge auch nicht adäquat so zu beschreiben.

Nach dem Prinzip der Füllungsfreiheit wird nur die Anzahl der Hebungen eines Verses festgelegt, nicht aber die der Senkungen, die den Vers 'füllen'.

Musterbeispiel für die historische Stellung und die Anwendung des Prinzips der Füllungsfreiheit ist der deutsche →*Knittelvers*.

2.2.4 Tonbeugung

Nichtübereinstimmen der Wortbetonung mit der metrischen Betonung

Das Phänomen der Tonbeugung ist nur in Versen möglich, die nach dem →*akzentuierenden Prinzip* geregelt sind. Denn hier spielt die (versunabhängige) Wortbetonung eine regulative Rolle.

Wenn die natürliche Betonung eines Wortes im Vers zugunsten einer von dessen Versmaß vorgegebenen Betonung ignoriert wird, kann dies als (zu vermeidender oder Inkompetenz indizierender) Fehler angesehen werden. Es kann aber auch unter bestimmten Umständen toleriert oder akzeptiert werden, wie beispielsweise: Unsicherheit bezüglich des zugrundeliegenden Versmaßes, weitere Organisationsprinzipien (etwa musikalische in Liedern) oder bewußte, z.B. scherzhafte, sinnbetonende oder expressive Abweichung.

Durch die sogenannte →*schwebende Betonung*, die einen Ausgleich zwischen betonten und unbetonten Silben herstellt, sind Tonbeugungen zu korrigieren oder zu relativieren.

Beispiel

Die folgenden Verse sind →*Alexandriner*. Die natürliche Betonung der ersten Worte des dritten Verses stimmt jedoch nicht mit der vom iambischen Versmaß geforderten metrischen Betonung überein. Gelesen wird freilich die Version der natürlichen Wortbetonung.

> Wir sind doch nunmehr gantz / ja mehr alß gantz vertorben!
> Der frechen Völcker schar / die rasende Posaun /
> Daß vom Blutt feiste Schwerd / die donnernde Carthaun /
> Hat alles diß hinweg / was mancer sawr erworben [...]
> (Gryphius)

> Vers 3:
> ∪ — ∪ — ∪ — | ∪ — ∪ — ∪ —   (metrisch)
> — ∪ — — ∪ — | ∪ — ∪ — ∪ —   (nach Wortbetonungen)

2.3 Versmaß (= Metrum)

Menge der Regularitäten, denen Verse einer bestimmten Art unterliegen

Das Versmaß legt bei Versen, die unter Rückgriff oder in Anerkennung eines solchen erstellt sind, verschiedene 'Werte' fest, denen der einzelne Vers unterliegt.

Solche 'Werte' können sein: die Anzahl der Silben, die Anzahl und Art der verwendeten Versfüße, die Abfolge der unterschiedlichen Wertigkeiten der Silben (als Hebungen / Senkungen oder Längen / Kürzen) sowie Binnenstrukturierungen des Verses wie →*Zäsuren* und →Dihäresen.

Über den einzelnen Vers hinaus greift ein weiterer festzulegender 'Wert', der festlegt, ob – in der Abfolge mehrerer Verse – Reime vorliegen können.

Darüber hinaus regelt das Versmaß auch die Lizenzen des Abweichens von den oben genannten Festsetzungen.

Hier werden einige der wichtigsten Versmaße der neueren deutschen Literatur erläutert. Dazu gehören:

→*Alexandriner*
→*Blankvers*
→*Hexameter*
→*Knittelvers*
Implizit erwähnt werden außerdem:
→Auftakt
→Pentameter
→endecasillabo

2.3.0 Zäsur

vom Versmaß geregelter Schluß eines Wortes oder einer Sinneinheit innerhalb eines Verses

Einige Versmaße legen – mehr oder minder deutlich – fest, wo Wörter und / oder Sinneinheiten innerhalb eines Verses abschließen müssen. Häufig entspricht solchen 'Absätzen' im Vers auch ein syntaktischer Abschluß, etwa das Ende eines Satzes oder Nebensatzes. Im gesprochenen oder gesungenen Ablauf des Verses stellen solche Zäsuren also Pausen, etwa zum Atemholen, dar.

Die antike (und mit ihr die antikisierende) Dichtung unterscheidet zwei Typen von 'Zäsuren' (in diesem Sinne), da sie nur auf →*Versfüßen* basierende Metren kennt: Liegt eine Zäsur an der Grenze zwischen zwei metrischen Einheiten, so heißt sie →Dihärese (griech.: *diháiresis* = Trennung), liegt sie innerhalb einer solchen, so heißt sie auch hier Zäsur.

2.3.1 Alexandriner

Versmaß: bestehend aus drei, i.a. iambischen metrischen Einheiten bzw. sechs Versfüßen mit a- oder hyperkatalektischem reimendem Abschluß

∪ — ∪ — ∪ — ' ∪ — ∪ — ∪ — (∪)

Der Alexandriner, benannt nach einer frühen Verwendungsweise im altfranzösischen „Alexanderroman", war – im Kontext seiner romanisch-französischen Herkunft des 12. bis 16. Jahrhunderts – wie folgt reglementiert: reimender 'weiblicher' oder 'männlicher' Versschluß, 12 oder 13 Silben, wobei die sechste und die zwölfte akzentuiert sind, →*Zäsur* nach der sechsten Silbe.

Der Vers wird zu Beginn des 17. Jahrhunderts in die deutsche Literatur eingeführt und zum beherrschenden Versmaß des Jahrhunderts in Lyrik und Drama. Bei dieser Übernahme setzt sich die alternierende →*iambische* Betonung durch, die zum Standard wird.

Übliche Reimformen sind die Paar- und der →Kreuz*reim*. Jener gilt als 'heroischer', dieser als 'elegischer' Alexandriner.

Die feste →*Zäsur* nach der dritten Hebung begünstigt außerdem die (antithetische) Gegenüber- oder die (parallele) Nebeneinanderstellung der beiden Satzglieder.

Beispiel

Der zwölf- bzw. dreizehnsilbige französische Alexandriner wird im 16. Jahrhundert zu dem Vers der Lyrik:

> Ce premier jour de May, Helene, je vous jure
> Par Câstor par Pollux, vos deus freres jumeaux,
> Par la vigne enlassee à l'entour des ormeaux,
> Par les prez par les bois herissez de verdure, [...] (Ronsard)

Im 17. Jahrhundert setzt er sich dann im Drama durch – und wird bald auch in anderen Literatursprachen zum Standardvers. Häufig realisiert der Alexandriner dabei eine antithetische Struktur der einzelnen Vers- bzw. Satzglieder:

> Du sihst / wohin du sihst nur eitelkeit auff erden.
> Was dieser heute bawt / reist jener morgen ein:
> Wo itzund städte stehn / wird eine wiesen sein
> Auff der ein schäffers kind wird spilen mitt den heerden.
> (Gryphius)

2.3.2 Blankvers

(engl.: *blank verse* = reiner, reimloser Vers)

Versmaß: bestehend aus fünf, i.a. iambischen Versfüßen mit a- oder hyperkatalektischem Abschluß ohne Reim

∪ — ∪ — ∪ — ∪ — ∪ — (∪) bzw.

∪ (∪) x x x x x x x x x x (∪)

Das Versmaß ist lizenzenreich, selbst die Silbenzahl von 10 bzw. 11 ist nicht absolut zwingend: Der alternierende →*Iambus* kann durch →*Trochäen* oder →*Spondeen* ersetzt werden, er läßt also →*Tonbeugungen* zu, der →Auftakt (also der Beginn mit einer Senkung) kann →*anapästisch* (also mit einer Doppelsenkung) gestaltet werden, weder eine →*Zäsur* noch ihre Position sind vorgeschrieben.

Der Blankvers, der in der englischen Literatur des 16. Jahrhunderts entwickelt wurde, ist der maßgebliche Vers englischer Dramatik und Epik des 16. und 17. Jahrhunderts. Im 18. Jahrhundert setzt er sich dann im deutschen Sprachraum als Sprechvers des Dramas durch, das er bis ins 19. Jahrhundert hinein dominiert.

Als freizügig gestaltbares Versmaß eignet sich der Blankvers natürlich sehr gut für der Prosa nahestehendes Sprechen (dramatischer Figuren) oder Erzählen (im →*Epos*), zumal er auch Zeilensprung (→*Enjambement*) und – im Drama – verschiedene Sprecher zuläßt.

Beispiel

Der Blankvers ist der Vers der elisabethanischen Dramatik:

> He was my friend, faithful and just to me;
> But Brutus says he was ambitious,
> And Brutus is an honorable man.
> He hath brought many captives home to Rome,
> Whose ransoms did the general coffers fill.
> (Shakespeare, Julius Caesar III.2)

Im 17. Jahrhundert wird der Blankvers sogar im englischen Epos, das seinen 'erhabenen' Gegenständen nur in einem 'hohen' Vers gerecht werden kann, verwendet:

> Of man's first disobedience, and the fruit
> Of that forbidden tree, whose mortal taste
> Brought death into the world, and all our woe,
> With loss of Eden, till one greater Man
> Restore us, and regain the blissful seat,
> Sing Heav'nly Muse, [...]
> (Milton, Paradise Lost I, 1-6)

In Deutschland wird der Blankvers dann vor allem im Drama des (späten) 18. und (frühen) 19. Jahrhunderts zum vorherrschenden Sprechvers:

> CARLOS   Hochwürdger Herr – ich habe sehr viel Unglück
>   Mit meinen Müttern. Meine erste Handlung,
>   Als ich das Licht der Welt erblickte, war
>   Ein Muttermord.
> DOMINGO   Ists möglich, gnädger Prinz?
>   Kann dieser Vorwurf Ihr Gewissen drücken?
> (Schiller, Don Carlos I.1)

2.3.3 Hexameter

(griech.: *hexámetros* = aus sechs Maßeinheiten)

Versmaß: bestehend aus sechs daktylischen metrischen Einheiten bzw. Versfüßen mit katalektischem Abschluß

$$— \cup \cup \,|\, — \cup \cup \,|\, — \,'\cup\,'\, \cup \,|\, — \cup \cup \,|'\, — \cup \cup \,|\, — \cup$$

Der (daktylische) Hexameter besteht aus sechs →*Daktylen*, also aus sechs metrischen Einheiten. Der letzte Versfuß bricht – katalektisch – vorzeitig ab: — ∪. Die ersten vier Daktylen können grundsätzlich durch →*Spondeen*, die Doppelkürzen / -senkungen der einzelnen Verse somit durch eine Länge / Hebung ersetzt werden. Nur der fünfte Daktylus muß als solcher realisiert sein.

Üblich sind beim Hexameter entweder eine →*Zäsur* nach der dritten Länge / Hebung, eine Zäsur nach der folgenden Kürze / Senkung oder eine Zäsur bzw. →Dihärese nach dem vierten vollständigen Daktylus.

Der Hexameter kennt üblicherweise keine Reime.

Der Hexameter ist das Versmaß des antiken →*Epos*, der Gattung mit der höchsten Wertigkeit. Er galt deshalb in der Antike als äußerst hochwertiges Versmaß, das entsprechende Gegenstände, vor allem natürlich die Taten von Helden zu behandeln hat. Der Hexameter ist daher das 'heroische Versmaß'.

In der durch →*imitatio veterum* auf die antiken Vorbilder ausgerichten Dichtung der Neuzeit setzt sich diese Einschätzung und die Verwendung für 'hohe' epische Dichtung prinzipiell fort. Durch die verstechnischen Probleme akzentuierender Dichtung mit dem Daktylus, die durch die regelmäßige Ersetzung von Daktylen durch →*Trochäen* kaum gelöst werden konnten, und durch die Abkehr vom Epos überhaupt spielt der Hexameter seit spätestens der Mitte des 19. Jahrhunderts aber nur noch eine Außenseiterrolle.

Dies gilt weitgehend auch für die zweite wesentliche Verwendungsweise des Hexameters, der im →*Distichon* nämlich.

Beispiel

Der Hexameter ist der Vers des antiken Epos, der Vers Homers und Vergils:

> Ándra moi énnepe, Mûsa, polýtropon, hòs mála pollà
> plángchthe, epeì Troíes hierón ptolíethron éperse.
> (Homer, Od. I, 1 u. 2)
> — ∪ ∪ | — ∪ ∪ | — ∪ ' ∪ | — ∪ ∪ | — ∪ ∪ | — ∪
> — ∪ ∪ | — — | — ' ∪ ∪ | — ∪ ∪ | — ∪ ∪ | — ∪

> Sage mir, Muse, die Taten des vielgewanderten Mannes,
> Welcher so weit geirrt nach der heiligen Troja Zerstörung
> (in der Übers. v. Voß)
> — ∪ ∪ | — ∪ ∪ | — ∪ ∪ | — x | — ∪ ∪ | — ∪
> — ∪ ∪ | — x | — ∪ ∪ | — ∪ ∪ | — ∪ ∪ | — ∪

Arma virumque cano, Troiae qui primus ab oris
Italiam fato profugus Laviniaque venit [...]
(Vergil, Än. I, 1 u. 2)
— ∪ ∪ | — ∪ ∪ | — ' ∪ ∪ | — — | — ∪ ∪ | — ∪
— ∪ ∪ | — — | — ' ∪ ∪ | — ∪ ∪ | — ∪ ∪ | — ∪

Doch auch in der Neuzeit ist er das Versmaß des Epos, die antiken Versmaßregeln werden dabei allerdings dem →*akzentuierenden System* der jeweiligen Sprache mehr oder minder stark angepaßt. Im Deutschen heißt das vor allem: Ersatz der Daktylen durch Trochäen und freierer Umgang mit →*Zäsuren* und →*Tonbeugungen*:

Sing, unsterbliche Seele, der sündigen Menschen Erlösung,
Die der Messias auf Erden in seiner Menschheit vollendet,
Und durch die er Adams Geschlechte die Liebe der Gottheit
Mit dem Blute des heiligen Bundes von neuem geschenkt hat.
(Klopstock, Messias I. 1-4)
— x | — ∪ ∪ | — ∪ ' ∪ | — ∪ ∪ | — ∪ ∪ | — ∪
— ∪ ∪ | — ∪ ∪ | — ∪ ' ∪ | — x | — ∪ ∪ | — ∪
— — | — — | — ∪ ∪ | — ∪ ∪ | — ∪ ∪ | — ∪
— — | — ∪ ∪ | — ∪ ∪ | — ∪ ∪ | — ∪ ∪ | — ∪

Im 20. Jahrhundert ist der Hexameter selten geworden, hin und wieder versucht sich jedoch ein 'traditionsbewußter' Dichter an ihm:

Kriege zertrümmern die Welt und im Trümmerfeld geht ein Gespenst um
Lugend in ärmlicher Küche kopfschüttelnd in halbleere Speisen. (Brecht)

2.3.4 Knittelvers

Familie von Versmaßen um das Zentrum des strengen Knittel-verses:
bestehend aus acht („männlich") bzw. neun („weiblich") Silben mit Paarreim: x x x x x x x — (∪)

Neben dem strengen Knittelvers, der – neben dem zwingenden →*Paarreim* – zumindest durch die genaue Anzahl der Silben eines Verses bestimmt ist, gibt es auch freiere Knittelversmaße, die selbst

auf die Fixierung der Silbenzahl verzichten und somit allein als Paar-
reimer zu bestimmen sind.

Der Knittelvers ist der Vers der deutschsprachigen epischen und
dramatischen Dichtungen des 16. Jahrhunderts. Nicht zuletzt seiner
(vermeintlichen) Kunstlosigkeit bzw. Volkstümlichkeit wegen wurde
er in späteren Zeiten nur noch gering geschätzt und mit seinem ab-
schätzigen Namen versehen.

Durch nachträgliche Integration in die nunmehr →*akzentuierende
Literatursprache* Deutsch (ab dem 17. Jahrhundert) wurde der Knittelvers neu bestimmt, diesmal enger: entweder als zwingend vierhe-
biger oder gar als →*iambisch*-vierhebiger Vers, weiterhin aber natürlich mit Paarreim.

Beispiel

Die deutschsprachige Dichtung des 16. Jahrhunderts wird vom Knittelvers geradezu dominiert, vom kunstvollen wie vom einfachen und
freien:

> All land syndt yetz voll heylger gschrifft
> Vnd was der selen heyl antrifft,
> Bibel, der heylgen vätter ler
> Vnd ander der glich bücher mer,
> In masz, das ich ser wunder hab
> Das nyemant bessert sich dar ab, [...] (Sebastian Brant)

> Achtbar, weiß und günstigen herren
> Euch freud unnd fröligkeit zu mehren,
> Seyd das es yetz ist an der zeyt,
> Zu mehren freud und fröligkeyt,
> Seind wir rein kummen zu euch allen
> Auff sonder gunst und wolgefallen, [...] (Hans Sachs)

In späteren Jahrhunderten ist er hingegen eher selten anzutreffen,
taugt aber dazu, die Reformationszeit auch sprachlich anklingen zu
lassen:

> Heiße Magister, heiße Doktor gar,
> Und ziehe schon an die zehen Jahr
> Herauf, herab und quer und krumm
> Meine Schüler an der Nase herum – [...] (Goethe, Faust)

sich über die übergroße Freiheit dieses 'altmodischen' Verses lustig zu machen:

> Ich wünschte euch allen eine gute Nacht.
> Das Spiel habe ich Herr Peter Sq. Schulmeister vnd
>   Schreiber zu Rumpels-Kirchen selber gemacht.
> (Gryphius, Peter Squentz)

oder einen volkstümlichen, heiteren, wenn auch der →*Trochäen* wegen etwas 'holpernden' Ton zu realisieren:

> Mancher gibt sich viele Müh'
> Mit dem lieben Federvieh;
> Einesteils der Eier wegen,
> Welche diese Vögel legen;
> Zweitens: Weil man dann und wann
> Einen Braten essen kann;
> Drittens aber nimmt man auch
> Ihre Federn zum Gebrauch
> In die Kissen und die Pfühle,
> Denn man liegt nicht gerne kühle.
> Seht, da ist die Witwe Bolte,
> Die das auch nicht gerne wollte. (Busch)

2.4 Strophen- und Gedichtmaß / -form

Menge der Regularitäten, denen Strophen bzw. Gedichte einer bestimmten Art unterliegen

Das Strophenmaß regelt i.a. die Art und Anzahl der Verse sowie die Reimbindung zwischen diesen, beim Gedichtmaß kommt gegebenenfalls die Art und Abfolge der Strophen hinzu.

Strophen- und Gedichtmaße oder -formen betreffen – im Unterschied zu →*Versfüßen* und →*-maßen* – nur noch (im weiteren) Sinne lyrische Texte, deren Verse zu überschaubaren und gegebenenfalls strukturierten Einheiten zusammengefaßt sind. Solche Einheiten sind dann entweder innerhalb eines Gedichtes wiederholbar, also Strophen (griech.: *strophé* = Wendung), oder sie können für sich genommen vollständige Gedichte bilden.

Hier werden einige der wichtigsten Strophen- und Gedichtmaße der (neueren deutschen) Literatur erläutert. Dazu gehören als Strophenmaße:

→*Distichon*
→*Stanze*
→*Volksliedstrophen*
→*Odenstrophen*
Und als Gedichtmaße:
→*Ode* (*Pindarische Ode*)
→*Sonett*

2.4.1 Distichon

(griech.: *dís stíchos* = zweimal eine Zeile)

Strophenmaß: bestehend aus einem Hexameter und einem Pentameter

$$— \cup \cup \mid — \cup \cup \mid — \text{'}\cup\text{'} \cup \mid — \cup \cup \mid\text{'} — \cup \cup \mid — \cup \quad \text{(I)}$$

$$— \cup \cup \mid — \cup \cup \mid — \mid\text{'} — \cup \cup \mid — \cup \cup \mid — \quad\quad \text{(II)}$$

Das antike Strophenmaß des Distichons besteht aus einem →*Hexameter* und einem →*Pentameter*.

Der Pentameter ist eng mit dem Hexameter verwandt und stellt eigentlich – entgegen seinem Namen – kein Versmaß mit fünf metrischen Einheiten dar (griech.: *pénte* = fünf), sondern einen verkürzten Hexameter: Die Kürzen / Senkungen des dritten und des letzten

→*Daktylus* des Hexameters fallen (katalektisch) weg. Dadurch ergeben sich erstens eine durch die hier absolut verpflichtende →*Zäsur* (bzw. Dihärese) besonders betonte Schnittstelle zwischen zwei Längen / Hebungen in der Mitte des Verses sowie zweitens ein markanter, weil betonter bzw. langer Versabschluß.

Seit der Antike wird das Distichon vor allem in zwei Gattungen verwendet: zum einen im →*Epigramm*, das i.a. aus nur wenigen, manchmal nur aus einem Distichon besteht und dessen Struktur für die Formulierung kurzer pointierter Sprüche nutzt, zum anderen in größeren Mengen (als sogenanntes elegisches Distichon) in →*Elegien*, die in der Antike verpflichtend, aber phasenweise auch in der Neuzeit in Distichen realisiert werden.

Beispiel

Das Distichon diente in der griechischen wie in der lateinischen Antike zur Realisierung von Epigrammen und Elegien:

> Ô xeîn', ángeilon Lakedaimoníois hóti téde
> keímetha, toîs keínon rhémasi peithómenoi.
> (Epigramm des Simonides von Keos)

> Wanderer, kommst du nach Sparta, verkündige dorten, du habest
> Uns hier liegen gesehn, wie das Gesetz es befahl.
> (in der Übers. v. Schiller)

> Arma gravi numero violentaque bella parabam
> Edere, materia conveniente modis.
> Par erat inferior versus; risisse Cupido
> Dicitur atque unum suripuisse pedem. [...] (Ovid)

In der deutschen Literatur war das Distichon vor allem in der auf die Antike bezugnehmenden Klassik populär, so sehr, daß es eselsbrückkentauglich definiert (und gleich parodiert) wurde:

> Im Hexameter steigt des Springquells silberne Säule,
>   Im Pentameter drauf fällt sie melodisch herab. (Schiller)

> Im Hexameter zieht der ästhetische Dudelsack Wind ein;
>   Im Pentameter drauf läßt er ihn wieder heraus. (Claudius)

2.4.2 Ode

(griech.: *odé* = Gesang, Lied)

Familie von Gedichtmaßen: gekennzeichnet durch zum Teil individuelle, zum Teil geregelte Strophengestaltung und deren koordinierte Kombination

Die Ode hat – als bloßes, gesungenes Lied, vor allem aber als Gedichtform für feierliche und erhabene Gegenstände und Anlässe – eine lange Tradition, die von der griechischen Antike, wo sie (von Chören oder einzelnen) gesungene Lieder umfaßt, über die lateinische Dichtung, wo die griechischen Vorbilder wiederaufgenommen und modifiziert werden, bis weit in die Neuzeit reicht, wo wiederum die griechischen und lateinischen Vorbilder imitiert und variiert werden.

So ist auch der Variantenreichtum dieses Gedichtmaßes zu erklären, dessen griechischer Ursprung im →*Chor*lied freilich schon individuelle Gestaltungen vorsah.

Kennzeichnend für die Ode ist aber die Unterteilung in Strophen. Diese wiederum werden in bestimmten, aber durchaus unterschiedlichen Schemata wiederholt oder kombiniert. Hinzu kommen – in bestimmten historischen Zusammenhängen – zum Teil vorgegebene und so geregelte Strophenformen für die Ode.

Beispiel

Die wohl wichtigste und sicherlich auch typische Struktur der Ode liefert die Tradition der sogenannten *Pindarischen Ode*. Diese Tradition bezieht sich auf die griechische, unter anderem von dem berühmten Lyriker Pindar repräsentierte Chorlyrik, die sich durch häufige Verwendung eines bestimmten Strophenablaufschemas auszeichnet.

Dieses besteht in der – wiederholbaren – Abfolge von Strophe (A), Antistrophe (A') und Epode (griech.: *ep-odé* = Abgesang; B). Dabei ist die Strophe A zwar individuell gestaltbar, die Antistrophe A' muß ihr aber in der Versgestaltung völlig entsprechen, während die Epode wiederum frei gestaltbar ist.

Während die griechische Chorlyrik aber komplexe quantitierende Verse für ihre Strophen benutzt, verwendet die vor allem in der Renaissance und im Barock (als Panegyrik) in allen 'neueren' Literaturen eingesetzte 'Pindarische Ode' zumeist einfacher gebaute Verse.

Erst im 18. Jahrhundert kommt es, insbesondere in Deutschland, zu einer Wiederaufnahme der ursprünglichen freien Versgestaltung innerhalb der Odentradition.

2.4.3 Odenstrophen

Familie von (zumeist aus vier Versen bestehenden) Strophenmaßen

Die in den 'neueren' Literaturen verwendeten Odenstrophen stammen allesamt aus der Antike, von wo sie (zum Teil modifiziert) übernommen wurden. Ihr Name weist zwar jeweils auf einen griechischen Ursprung hin, der jedoch in der (klassischen) lateinischen Dichtung wiederaufgenommen worden war. Nicht zuletzt durch diesen komplexen Vermittlungsprozeß gibt es zu den einzelnen Strophenmaßen i.a. zahlreiche Varianten.

In der neueren deutschen Literatur (vor allem des 17. und 18. Jahrhunderts) sind es die folgenden Strophenmaße, die bevorzugt für die Gestaltung von Oden (qua Gedichten!) verwendet werden:

→*sapphische Odenstrophe*

→*alkäische Odenstrophe*

→*asklepiadeische Odenstrophe*

2.4.3.1 asklepiadeische Odenstrophe

(Asklepiades: griech. Lyriker, 3. Jh. v. Chr.)

Familie von Strophenmaßen: vier Verse, von denen zwei oder mehr (kleine oder große) Asklepiadeen sind

Das Versmaß des Asklepiadeus existiert in zwei Varianten: dem 'großen' Asklepiadeus maior und dem 'kleinen' minor. Beide sind geprägt durch die markante metrische Einheit des sogenannten *Choriambus* (— ∪ ∪ —):

Asklepiadeus maior – Versmaß:

x x | — ∪ ∪ — | — ∪ ∪ — | — ∪ ∪ — | ∪ x

Asklepiadeus minor – Versmaß:

x x | — ∪ ∪ — | — ∪ ∪ — | ∪ x

Die verschiedenen Varianten der asklepiadeischen Strophe verknüpfen entweder nur (große oder kleine) asklepiadeische Verse oder hängen an zwei oder drei kleine Asklepiadeen kürzere Verse mit einem ähnlichen choriambischen Struktur an.

In der deutschen Literatur des 18. Jahrhunderts, die bewußt versucht, die antiken Maße nachzubilden, wird vor allem eine dieser kürzeren Varianten verwendet:

> x x — ∪ ∪ — ' — ∪ ∪ — ∪ x
> x x — ∪ ∪ — ' — ∪ ∪ — ∪ x
> — x — ∪ ∪ — ∪
> — x — ∪ ∪ — ∪ x

> Schön ist, Mutter Natur, deiner Erfindung Pracht
> Auf die Fluren verstreut, schöner ein froh Gesicht,
> Das den großen Gedanken
> Deiner Schöpfung noch einmal denkt. (Klopstock)

Die einzelnen Oden-Strophen werden dann natürlich – üblicherweise gleichförmig – wiederholt.

2.4.3.2 alkäische Odenstrophe

(Alkaios: griech. Lyriker, ca. 600 v. Chr.)

Strophenmaß: vier Verse, von denen die ersten beiden 'alkäische Elfsilbler', der dritte ein (→*iambisch* alternierender) Vers mit neun und der letzte ein →*trochäisch-daktylischer* Vers mit zehn Silben ist

'alkäischer Elfsilbler' – Versmaß:

x — ∪ — x ' — ∪ ∪ — ∪ x

Verse (3) und (4):

x — ∪ — x — ∪ — x / — ∪ ∪ — ∪ ∪ — ∪ — x

Die vor allem von Horaz ausgebildete 'alkäische' Strophenform wird – mit kleinen Umformungen und in verschiedenen Varianten, die hier meist durch x (anstelle von ∪ oder —) angedeutet sind – bewußt in der deutschen Literatur des 18. Jahrhunderts wiederaufgenommen.

> O matre pulcra filia pulcrior,
> quem criminosis cumque voles modum
> pones iambis, sive flamma
> sive mari libet Hadriano. (Horaz)

> Was schläfst du, Bergsohn, liegest in Unmut, schief,
> Und frierst am kahlen Ufer, Gedultiger!
> Denkst nicht der Gnade du, wenns an den
> Tischen die Himmlischen sonst gedürstet? (Hölderlin)

Die einzelnen Oden-Strophen werden dann natürlich – üblicherweise gleichförmig – wiederholt.

2.4.3.3 sapphische Odenstrophe

(Sappho: griech. Lyrikerin, ca. 600 v. Chr.)

Strophenmaß: vier Verse, von denen die ersten drei 'sapphische Verse' sind, und der abschließende Vers ein Adoneus

'sapphischer Vers' – Versmaß: — ∪ — x — $^{(,)}$ ∪ ∪ — ∪ — x
Adoneus – Versmaß: — ∪ ∪ — x

Die von Sappho und Horaz ausgebildete 'sapphische' Odenstrophe, die insbesondere durch den rhythmisch markanten Adoneus leicht zu erkennen ist, wird – mit kleinen Umformungen und in verschiedenen hier nicht einzeln nachgewiesenen Varianten – schon in der mittelalterlichen volkssprachlichen Literatur nachgebildet, vor allem jedoch in der deutschen Literatur des 17. (oft reimend), des 18. und des anbrechenden 19. Jahrhunderts.

> Iam satis terris nivis atque dirae
> grandinis misit pater et rubente
> dextera sacras iaculatus artis
> terruit urbem, [...] (Horaz)

> Deinem Los sei'n Klagen geweiht, Europa!
> Aus dem Unheil schleudert in neues Schrecknis
> Dich ein Gott stets; ewig umsonst erflehst du
> Frieden und Freiheit! (Platen)

Die meisten (durch die Umstellung zur →*akzentuierenden Metrik* entstandenen) Varianten der sapphischen Strophe im 17. und 18. Jahrhundert bestehen darin, den sapphischen Vers entweder →*iambisch* alternierend oder mit erkennbaren →*Daktylen* zu gestalten.

> Blume, du stehst verpflanzet, wo du blühest,   (Daktylus im 1. Fuß)
> Wert, in dieser Beschattung nicht zu wachsen,   (Daktylus im 2. Fuß)
> Wert, schnell wegzublühen, der Blumen Edens (Daktylus im 3. Fuß)
> Beßre Gespielin! (Klopstock)

Die einzelnen Oden-Strophen werden dann natürlich – üblicherweise gleichförmig – wiederholt.

2.4.4 Sonett

(ital.: *sonetto* = Klinggedicht)

Familie von Gedichtmaßen: 14 gleichförmige Verse, gegliedert in Gruppen von Versen, die durch Reime strukturiert werden

Das Gedichtmaß Sonett entstammt der italienischen Frührenaissance und konnte sich in der gesamten europäischen Literatur, nicht nur der Frühen Neuzeit, als ebenso wichtiges wie beliebtes Gedichtmaß durchsetzen.

Das Maß der einzelnen Verse ist nicht vorgeschrieben, aber in den einzelnen Literatursprachen zumeist konventionell geregelt, so etwa im Italienischen der sogenannte →endecasillabo (Vers mit elf Silben und zwei Hebungen), im Französischen der →*Alexandriner*, im Englischen oder im Deutschen fünf- oder sechshebige iambische Maße.

Das Sonettmaß unterscheidet durch →*Reime*, i.a. Kreuz- oder Blockreim, verbundene Gruppen von drei oder vier Versen, Terzette und Quartette, die üblicherweise doppelt vorliegen: als Sextette bzw. Oktette. Unterschiede der Versgruppenbildung und der Reimstruktur machen die Varianten des Maßes aus. Üblicherweise, aber nicht immer werden die Versgruppen auch drucktechnisch hervorgehoben.

Der (im Prinzip thematisch beliebige) Inhalt des Sonetts ist diesen formalen Versgruppierungen üblicherweise angepaßt, wodurch sich vor allem ein Gegenüber oder ein ergänzendes Nacheinander von beginnendem Oktett und abschließendem Sextett ergibt, während die Quartette untereinander oft einen Gegensatz beinhalten.

Die wichtigsten Varianten des Sonettmaßes sind:

→das *italienische Sonett*

→das *französische Sonett*

→das *englische Sonett*

Diese Namen legen die jeweilige Gedichtmaßvariante natürlich in keiner Weise auf die entsprechende Literatursprache fest, sondern signalisieren eher das Ursprungsland der jeweiligen Variation.

2.4.4.1 italienisches Sonett (oder: Petrarca-Sonett)

Variante des Gedichtmaßes Sonett mit folgendem →*Reim*-schema:

Oktett: a b a b | a b a b oder a b b a | a b b a

Sextett: c d c | d c d oder c d e | c d e

Diese Variante zeichnet sich vor allem durch die über die Reimsilben hergestellte enge Verbindung der beiden Quartette aus.

> Se mai foco per foco, non si spense,
> né fiume fu già mai secco per pioggia,
> ma sempre l'un per l'altro simil poggia
> et spesso l'un contrario l'altro accense;
>
> Amor, tu che' pensier nostri dispense,
> al qual un'alma in duo corpi s'appoggia,
> perché fai in lei con disusata foggia
> men, per molto voler, le voglie intense?
>
> Forse, sí come 'l Nil d'alto caggendo
> col gran suono i vicin d'intorno assorda,
> e'l sole abbaglia chi ben fiso 'l guarda,
>
> cosí 'l desío, che seco non s'accorda
> ne lo sfrenato obiecto, vien perdendo;
> et per troppo spronar la fuga è tarda. (Petrarca)

2.4.4.2 französisches Sonett (oder: Ronsard-Sonett)

Variante des Gedichtmaßes Sonett mit folgendem →*Reim*-schema:

Oktett: a b b a | a b b a

Sextett: c c d | e e d oder c c d | e d e

Diese Variante zeichnet sich vor allem durch die deutlich schließenden Terzett-Verse aus und unterscheidet sich so von der italienischen Variante, mit der sie die starke Einheit des Oktetts gemein hat.

Belle Erigone, Icarienne race,
Qui luis au Ciel et qui viens en la terre
Faire à mon cœur une si douce guerre,
De ma raison ayant gaigné la place:

Je suis veincu, que veux-tu que je face
Sinon prier cest Archer qui m'enferre,
Que doucement mon lien il desserre,
Trouvant un jour pitié devant ta face?

Puis que ma nef au danger du naufrage
Pend amoureuse au milieu de l'orage,
De mast de voile assez mal accoustrée,

Vueilles du Ciel en ma faveur reluire:
Il appartient aux Astres, mon Astrée,
Luire sauver fortuner et conduire. (Ronsard)

2.4.4.3 englisches Sonett (oder: Shakespeare-Sonett)

Variante des Gedichtmaßes Sonett mit abweichender Gruppen-
bildung:
drei Quartette mit jeweiligem →Kreuz*reim* und abschließendes
→*Reim*paar: a b a b | c d c d | e f e f | g g

Diese Variante zeichnet sich durch die anders geartete und leicht erkennbare Aufteilung der Verse in drei Vierer- und eine abschließende
Zweiergruppe aus. Dadurch wird auch die sonst für das Sonett übliche Strukturierung des Gedichtinhalts unmöglich gemacht, die hier
einer Verknüpfung des ausgeführten Gedankens (in den Quartetten)
mit einer Schlußpointe (im Couplet am Ende) weicht.

From fairest creatures we desire increase,
That thereby beauty's rose might never die,
But as the riper should by time decease,
His tender heir might bear his memory:

But thou contracted to thine own bright eyes,
Feed'st thy light's flame with self-substantial fuel,
Making a famine where abundance lies,
Thy self thy foe, to thy sweet self too cruel:

Thou that art now the world's fresh ornament,
And only herald to the gaudy spring,
Within thine own bud buriest thy content,
And tender churl mak'st waste in niggarding:

Pity the world, or else this glutton be,
To eat the world's due, by the grave and thee. (Shakespeare)

2.4.5 Stanze

(ital.: *stanza* = Zimmer)

Strophenmaß: acht endecasillabo-Verse in der Reimordnung
a b a b a b c c

Die Stanze (oder: Oktave) stammt aus Italien, fand aber auch in den
anderen Literatursprachen Europas eine recht weite Verbreitung.
Dem italienischen Ursprung entsprechend beruht sie auch auf einem
italienischen Versmaß, dem →endecasillabo (ital.: aus elf Silben).

endecasillabo – Versmaß ital. Ursprungs:
elf Silben mit 'weiblichem' Ausgang, reimend

Der endecasillabo, einer der bestimmenden Verse der italienischen
Epik und Lyrik der Renaissance, wurde bei seiner Übernahme in andere Literatursprachen zum Teil stark modifiziert. Im Deutschen z.B.
besteht er i.a. aus (fünf) Iamben und ist nicht auf einen →*hyperkata-*
lektischen Schluß festgelegt: $\cup - \cup - \cup - \cup - \cup - (\cup)$.

Die Veränderung der Gestalt des endecasillabo im Deutschen
überträgt sich natürlich auch auf die Stanze, die seit dem 17. Jahrhundert in deutscher Dichtung verwendet wird: Sie behält zwar
grundsätzlich das Reimschema bei, kann aber in zwei Varianten vorliegen: einer mit alternierenden →'weiblichen' und →'männlichen'

Versen (a und c weiblich, b männlich) und einer ausschließlich mit weiblichen Versen.

Die Struktur der Stanze mit dem abschließenden →Paar*reim* macht sie zu einer abgeschlossen wirkenden Einheit, die längere inhaltliche Zusammenhänge gliedern und kürzere in einer Stanze konturieren kann.

Beispiel

Die Stanze mit dem (ital.) endecasillabo als Vers wird zwar auch in italienischer Lyrik und Dramatik gebraucht, sie ist aber vor allem das Strophenmaß der italienischen Renaissance-Epik:

> Le donne, i cavallier, l'arme, gli amori,
> le cortesie, l'audaci imprese io canto,
> che furo al tempo che passaro i Mori
> d'Africa il mare, e in Francia nocquer tanto,
> seguendo l'ire e i giovenil furori
> d'Agramante lor re, che si diè vanto
> di vendicar la morte di Troiano
> sopra re Carlo imperator romano.
> (Ariosto, Orlando furioso, I, 1-8)

In Deutschland hingegen wird die Stanze vornehmlich zur Gestaltung lyrischer Texte oder Einlagen verwendet – und zwar entweder nur mit weiblichen Versenden oder – seit der Goethezeit standardisiert – abwechselnd mit weiblichen und männlichen Versenden:

> Ihr naht euch wieder, schwankende Gestalten,
> Die früh sich einst dem trüben Blick gezeigt.
> Versuch' ich wohl, euch diesmal festzuhalten?
> Fühl' ich mein Herz noch jenem Wahn geneigt?
> Ihr drängt euch zu! nun gut, so mögt ihr walten,
> Wie ihr aus Dunst und Nebel um mich steigt;
> Mein Busen fühlt sich jugendlich erschüttert
> Vom Zauberhauch, der euren Zug umwittert. (Goethe)

2.4.6 Volksliedstrophen

Gruppe von (variablen und variantenreichen) Strophenmaßen, die in Volksliedern oder deren kunstvollen Nachbildungen verwendet werden

Die Volksliedstrophe bzw. ein entsprechendes Strophenmaß gibt es nicht.

Die traditionelle (deutschsprachige) Volkslieddichtung (des Mittelalters und der Frühen Neuzeit) und die diese wiederaufnehmende künstlerische Volkslied- und Parabeldichtung (vor allem der Goethezeit) haben aber einige Kriterien entwickelt, wie die Strophen von Volksliedern üblicherweise reguliert sind: Dazu gehören – neben der grundsätzlichen Tendenz, daß Volkslieder in gleichförmige Strophen untergliedert sind – unter anderem die folgenden Kriterien, die insbesondere die Sangbarkeit und Einprägsamkeit solcher Lieder unterstützen:

- ein relativ ungeregelter Versbau, häufig auf →*iambischen* Versfüßen beruhend,
- ein einfacher Strophenbau,
- (einfache) →*Reim*bindungen und
- eine Vorliebe für vier Verszeilen.

Neben einer Vielzahl von strophischen Regulierungsmöglichkeiten, die diesen vagen Kriterien genügen, gibt es eine gewisse Anzahl schärfer umrissener Typen von Volksliedstrophen. Unter diesen sind insbesondere die folgenden zu erläutern:

→die *Hildebrandsstrophe*

→die *Vagantenstrophe*

→die *Chevy Chase-Strophe*

2.4.6.1 Hildebrandsstrophe

Strophenmaß der Volkslieddichtung: dreihebige (i.a.) →*iambische*, alternierend →'weibliche' und →'männliche', durch →Kreuz*reim* verbundene Verse; in zwei Varianten vorliegend:
halb (vier Verse mit Reimschema a b a b) oder
ganz (acht Verse mit Reimschema a b a b c d c d)

Die Hildebrandsstrophe der Volkslieddichtung geht auf die im mittelhochdeutschen →*Epos* verwendete mittelalterliche Hildebrandsstrophe zurück, die auf der sogenannten Nibelungenzeile beruht. Diese metrisch komplexe Langzeile besteht aus zwei Teilen: einem ersten mit 'weiblichem' und einem zweiten mit 'männlichem' Schluß.

In der (metrisch stark vereinfachten) Hildebrandsstrophe des Volksliedes sind diese Langzeilen gleichsam 'aufgebrochen', so daß die 'ganze' Strophe vier (alte) Langzeilen, die 'halbe' nur deren zwei repräsentiert.

Die Volkslied-Hildebrandsstrophe(n) werden vor allem in der traditionellen deutschsprachigen Volkslieddichtung, aber auch in deren kunstvoller Wiederaufnahme in der Goethezeit verwendet:

> Es war ein König in Thule
> Gar treu bis an das Grab,
> Dem sterbend seine Buhle
> Einen goldnen Becher gab. (Goethe)

> Wolauf, ihr lieben landsknecht,
> und steht dem wort gotts bei!
> wir haben ein sach, die ist gerecht,
> der herr sein gnad verleih,
> daß uns mög wol gelingen,
> weil wir das wort hotts han,
> darvon uns ab will dringen
> der römisch curtisan. (Anon. des 16. Jhs.)

2.4.6.2 Vagantenstrophe

Strophenmaß der Volkslieddichtung: vier (i.a.) →*iambische*, alternierend vierhebige →'männliche' und dreihebige →'weibliche' durch →Kreuz*reim* verbundene Verse

Die Vagantenstrophe der Volkslieddichtung geht auf die in der lateinischen Literatur des Mittelalters gebräuchliche Vagantenstrophe zurück, die auf der sogenannten Vagantenzeile beruht. Diese metrisch komplexe Langzeile besteht aus zwei Teilen: einem ersten mit vier Hebungen auf sieben Silben, und einem zweiten mit drei Hebungen auf sechs Silben.

In der Vagantenstrophe der Volkslieddichtung sind diese Langzeilen gleichsam 'aufgebrochen', so daß sie nur 'halb' vorliegt (weil sie aus 'nur' zwei Vagantenzeilen besteht).

Dieses Strophenmaß wird vor allem in der traditionellen deutschsprachigen Volkslieddichtung, aber auch in deren kunstvoller Wiederaufnahme in der Goethezeit verwendet:

> Es zog eine Hochzeit den Berg entlang,
> Ich hörte die Vögel schlagen,
> Da blitzten viel Reiter, das Waldhorn klang,
> Das war ein lustiges Jagen! (Eichendorff)

> Es lyt ain schlos in Hessenlant
> es ist zu eren riche
> Falkenstain ist es genant
> wo ffint man sin gelichen! (Anon. des 16. Jhs.)

2.4.6.3 Chevy Chase-Strophe

(Name nach einer engl. Ballade von der Jagd auf den Cheviot Hills)

Strophenmaß der Volkslieddichtung: vier (i.a.) →iambische, alternierend vier- und dreihebige, aber immer →'männliche' Verse, mit →*Reim* des zweiten und vierten Vers

Der zwingende Reim der Verse 2 und 4 kann natürlich um einen weiteren der Verse 1 und 3 ergänzt werden, so daß auch ein kompletter Kreuzreim in der Chevy Chase-Strophe vorkommen kann.

Die Chevy Chase-Strophe ist ein bedeutendes Strophenmaß der englischen →*Balladendichtung* des Mittelalters und der Frühen Neuzeit, das aber auch in der gleichzeitigen deutschsprachigen Dichtung nicht unbekannt ist. Seit dem 18. Jahrhundert ist es auch in der neueren deutschsprachigen Dichtung bekannt und verbreitet, unter anderem in der Balladendichtung des 19. Jahrhunderts.

> Von wem ich es habe, das sag ich euch nicht,
> Das Kind! in meinem Leib.
> 'Pfui!' speit ihr aus: 'die Hure da!'
> Bin doch ein ehrlich Weib. (Goethe)

> Ich hab' es getragen sieben Jahr,
> Und ich kann es nicht tragen mehr!
> Wo immer die Welt am schönsten war,
> Da war sie öd' und leer. (Fontane)

2.5 Reime und andere Vers-Verknüpfungen

Die Verknüpfung von Versen innerhalb einer Strophe oder einer nicht strophisch gegliederten Versdichtung können durch mindestens zwei grundsätzliche Prinzipien geregelt werden, die unabhängig von Strophenmaßen sind. Diese sind:

→*(End-)Reim*, insbesondere: →*(Ausgangs-)Reim*
→*Enjambement*

Neben dem für die Verknüpfung benachbarter Verse üblichen Endreim gibt es auch andere Formen von →*Reimen* und →*Assonanzen*.

2.5.1 Enjambement

(frz.: Überschreitung)

Übergreifen einer syntaktischen bzw. gedanklichen Einheit über das Versende hinaus

Da häufig Verseinheiten und syntaktisch-gedankliche Einheiten (Sätze, Satzteile) übereinstimmen bzw. allgemeiner Ansicht nach übereinstimmen sollen, stellt sich das Enjambement als Abweichung dar: eine Abweichung allerdings, die durchaus üblich ist bzw. die in verschiedenen Vers-, Strophen- und Gedichtmaßen ausdrücklich lizensiert ist.

Insbesondere der im Drama verwendete →*Blankvers* kennt den *Zeilensprung*, wie das Enjambement auch genannt wird, aber auch für weite Teile antiker und moderner Lyrik ist er eher der Normal- als der Abweichungsfall.

Das Enjambement unterstützt durch sein 'Überschreiten' der Versgrenzen natürlich den Eindruck eines 'flüssigeren' Sprachduktus, insbesondere der Annäherung an die gewöhnliche, nicht versifizierte Sprache.

Beispiel

Der beliebte Sprechvers des Dramas, der Blankvers, nähert sich bewußt der gesprochenen Sprache an, und so ist – neben dem möglichen Sprecherwechsel innerhalb eines Verses – auch der Zeilensprung an der Tagesordnung:

```
CARLOS      Hochwürdger Herr – ich habe sehr viel Unglück
            Mit meinen Müttern. Meine erste Handlung,
            Als ich das Licht der Welt erblickte, war
            Ein Muttermord.
DOMINGO              Ists möglich, gnädger Prinz?
            Kann dieser Vorwurf Ihr Gewissen drücken?
(Schiller, Don Carlos I.1)
```

Das Enjambement kann aber natürlich auch den Eindruck eines ununterbrochenen Versflusses vermitteln – und so mitunter die Aussage eines Verstextes sogar unterstützen, so z.B. in einem Gedicht über „Das Karussell":

> Mit einem Dach und seinem Schatten dreht
> sich eine kleine Weile der Bestand
> von bunten Pferden, alle aus dem Land,
> das lange zögert, eh es untergeht. (Rilke)

2.5.2 Assonanz

partielle Übereinstimmung (i.a. nur des Vokals) zweier (oder mehrerer) benachbarter Wörter in einem Text

Gemäß dieser Definition kann entweder die Assonanz als unvollständiger Reim, oder umgekehrt der Reim als Spezialfall der Assonanz aufgefaßt werden, da die Assonanz nur Vokalgleichheit, aber keine (partielle) Konsonantengleichheit fordert.

Beide Bestimmungen sind gleichermaßen berechtigt, wobei die eher auf den Reim ausgerichteten Literatursprachen (wie etwa das Deutsche) eher jenen als primär ansehen, während Sprachen, deren Literatur die Assonanz häufig verwendet (wie vor allem das Spanische), eher von dieser ausgehen.

Gleichwohl gibt es durchaus unterschiedliche bzw. unterschiedlich weite Begriffe von Assonanz. Die Bestimmungsunterschiede betreffen die Stellung der assonierenden Silben und die Vollständigkeit der Übereinstimmung:

Ähnlich wie als Reim gewissermaßen nur der →End*reim* gilt, der zumeist als →*Ausgangsreim* angesehen wird, gilt oft nur die Assonanz an *Versenden* als solche, wenn also die letzten (zwei oder mehr) Silben benachbarter Verszeilen dieselben Vokale enthalten. Manche hingegen sehen auch Lautidentitäten oder -ähnlichkeiten innerhalb einer Verszeile bzw. eines nicht versifizierten Textes als Assonanzen an.

Und in ähnlicher Weise beziehen sich die meisten Auffassungen nur auf vokal*identische* Silben als Assonanzen, während andere auch nur vokal*ähnliche* Assonanzen zulassen, solange – wie beim Reim – auch die Konsonanten der jeweiligen Silben hinreichend ähnlich sind. Die Grenzen sind natürlich (in beiden Fällen) fließend, auch die zum Reim.

Verwandt ist die Assonanz natürlich mit der →*Alliteration*, die sich allerdings wie der →Stabreim nur auf Silben im Wortanlaut bezieht.

In der deutschen Literatur wurde die Assonanz (des Versschlusses) lange nur als 'unreiner' Reim angesehen, obwohl sie gerade in älteren Dichtungen durchaus üblich war. Später wurde sie – auch in Anlehnung an Dichtungen aus dem romanischen Sprachraum – aber ebenfalls als eigenständiges Formprinzip in die deutsche Dichtung eingeführt. Denn gerade die spanische Literatur (etwa mit ihrer typischen Gattung der →Romanze) verwendet gerne Assonanzen zur Versverknüpfung.

2.5.3 Reim (bzw. Endreim)

partielle Übereinstimmung (der Konsonanten und der Vokale) zweier (oder mehrerer) benachbarter Wörter in einem Text

Ausschließlicher als die Assonanz wird der Reim auf den *Endreim* festgelegt:

Endreim – Reim jeweils ab der letzten betonten Silbe zweier oder mehrerer Wörter

Im Unterschied zur →*Assonanz* bedarf der Reim, der so betrachtet einen enger begrenzten Spezialfall der Assonanz darstellt, sowohl eine Übereinstimmung der Vokale als auch der abschließenden (!) Konsonanten(gruppe) zweier Wörter oder Silbengruppen.

(Einen Sonderfall bildet der *'unreine' Reim*, der zwar die Konsonantenidentität realisiert, aber nur eine Vokal*ähnlichkeit*, und deshalb auch als Typ der Assonanz aufgefaßt werden kann.)

Prinzipiell gibt es – nach der Stellung der je reimenden Wörter betrachtet – verschiedene Typen von Reimen: Beim *Anfangs- oder Eingangsreim* reimen die ersten Wörter benachbarter Verszeilen, beim *Binnenreim* zwei oder mehr Wörter, von denen mindestens eines nicht am Versende liegt, usw.

Üblicherweise – und der Häufigkeit der Vorkommnisse entsprechend – gilt als Reim aber vor allem der →*Ausgangsreim*; dieser ist es auch, der in erster Linie – in verschiedenen Kombinationen – Verse mit Versen zu Strophen oder Gedichten verknüpft.

Die partielle Übereinstimmung der Reimwörter kann sich auf eine, zwei oder mehr Silben beziehen. Üblicherweise gilt als Reim im Deutschen aber nur, wenn auch die betonte Silbe mitumfaßt wird.

Dementsprechend erfordert der Ausgangsreim zweier Verse mit →'männlichem' Versende nur die partielle Übereinstimmung einer, nämlich der letzten und betonten Silbe, während der Endreim →'weiblich' endender Verse die Übereinstimmung der letzten beiden Silben benötigt.

Unter den Sonderfällen von Reimen sind die folgenden besonders erwähnenswert: Der *'reiche' Reim* bezieht mehr als die letzten beiden Silben mit ein, der *'rührende' Reim* erfaßt hingegen nur den anlautenden Konsonanten mit, so daß sich ein völliger Gleichklang ergibt. Er ist aber selten, da er leicht in den *identischen Reim* übergeht, der eine bloße Wortwiederholung ist, die es üblicherweise zu vermeiden gilt. Als *grammatischen Reim* bezeichnet man schließlich Reime oder Reimfolgen, deren Reimwörter zu ein und demselben Wortstamm gehören.

Einen eigenwilligen Sonderfall stellt der *Schüttelreim* dar, der – nomen est omen! – die anlautenden Konsonanten(gruppen) der reimenden Wörter oder Wortgruppen vertauscht.

Beispiel

Der Standardfall des Reimes bzw. Endreimes besteht etwa in folgenden Wortpaaren:

'ruht' – 'Wut' und 'Pfand' – 'Land'

Bloße Assonanzen würden hingegen 'Buch' und 'Wut' oder 'Land' und 'ganz' bilden.

Der Eingangsreim ist selten, hebt aber natürlich die Reimworte besonders hervor:

> Krieg! ist das Losungswort.
> Sieg! und so klingt es fort. (Goethe)

Auch der Binnenreim kommt vergleichsweise selten vor und hebt ebenfalls die reimenden Wörter besonders hervor:

> Sie blüht und glüht und leuchtet. (Heine)

'Weibliche' Versenden erfordern die Reimung der letzten beiden Silben, 'männliche' hingegen nur die der letzten Silbe:

> Es zog eine Hochzeit den Berg entlang,
> Ich hörte die Vögel schlagen,
> Da blitzten viel Reiter, das Waldhorn klang,
> Das war ein lustiges Jagen! (Eichendorff)

Der 'reiche' Reim ist naturgemäß selten, aber natürlich auch entsprechend pointiert:

> 'tugendreiche' – 'Jugendstreiche'

Der 'rührende' Reim ('rennt' – 'trennt') und der identische Reim (= Wortwiederholung) sind fast zu vernachlässigen.

Der grammatische Reim hingegen genoß ab und an ein gewisses Ansehen, wenn er nicht einfach zwei Wörter desselben Wortstammes reimt ('versetzen' – 'besetzen'), sondern kunstvoll inszeniert:

> Verse, wie sie Bassus schreibt,
> Werden unvergänglich bleiben: –
> Weil dergleichen Zeug zu schreiben,
> Stets ein Stümper übrig bleibt. (Lessing)

Schüttelreime sind – ihres zumeist komischen Effekts wegen – vor allem in humoristischer Dichtung, an Biertischen und im Internet sehr beliebt:

Treib mit keiner Nixe Scherz!
Bald verlangt die Schiksse Nerz. (Anon.)

An zu kurzen Schiebeleitern
wird doch nicht unsre Liebe scheitern. (Anon.)

Daß um die Zeit der Sonnenwende
Der Sommer neue Wonnen sende. (Julius Stinde)

2.5.3.1 Ausgangsreim

Reim der jeweils letzten Wörter (bzw. Wortsilben oder Wortgruppen) in benachbarten Versen

Der Ausgangsreim ist der Reimtyp schlechthin, zumal die Verknüpfung von Versen fast ausschließlich mit dem →*Endreim* vollzogen wird.

Dabei haben sich verschiedene mehr oder minder komplexe Typen der Kombination und Organisation von (End-)Reimen ausgebildet, die in den verschiedenen →*Strophen- und Gedichtmaßen*, aber auch in einzelnen Gedichten realisiert werden können.

Grundsätzlich sind natürlich sehr viele mögliche Kombinationen denkbar, die – in der europäischen Literaturtradition – am häufigsten verwendeten, sollen hier jedoch kurz näher vorgestellt werden (zur Notation: ein Buchstabe steht für ein endreimendes Wort bzw. Silbengruppe):

Der einfachste, wohl häufigste und Standard-Fall eines Reimes ist der simple *Paarreim* (a a), bei dem schlicht zwei aufeinanderfolgende Verse reimen; er kann natürlich leicht zu einem *Drei-* (a a a) oder *Haufenreim* (a a a a ...) erweitert werden. Der Paarreim findet sich in vielen Verstexten, Gedicht- und Strophenmaßen, so etwa auch zwingend am Ende einer →*Stanze* oder eines englischen →*Sonetts*.

Andere Reimtypen sind komplexer und beziehen zwei oder mehr verschiedene Reimsilben und vier oder mehr Verszeilen ein: Der wohl häufigste unter diesen komplexeren Typen ist der in vielen Strophen- und Gedichtmaßen vorgeschriebene *Kreuzreim* (a b a b), der mitunter fortgesetzt (a b a b a b ...) und recht häufig auf alternierende →'männliche' und 'weibliche' Kadenzen festgelegt wird; so etwa in der →*Hildebrandsstrophe.*

Ebenfalls vier Verse und zwei unterschiedliche Reime benötigt der – etwa in den Oktetten französischer Sonette verwendete – *umarmende* oder *Block-Reim* (a b b a).

Auf sechs Versen und drei Reimen basieren noch komplexere Reimtypen wie etwa der *Schweifreim* (a a b c c b) oder der *verschränkte Reim* (a b c a b c):

> Ich wandre durch die stille Nacht,
> Da schleicht der Mond so heimlich sacht
> Oft aus der dunklen Wolkenhülle,
> Und hin und her im Tal
> Erwacht die Nachtigall,
> Dann wieder alles grau und stille. (Eichendorff)

> O komm, Geliebte, komm zu mir zurücke!
> Kann ich nur deine hellen Augen schauen,
> Fröhlich Gestirn in dem verworrnen Treiben:
> Wölbt hoch sich wieder des Gesanges Brücke,
> Und kühn darf ich der alten Lust vertrauen,
> Denn ew'ger Frühling will bei Liebe bleiben. (Eichendorff)

Als *Waisen* bezeichnet man schließlich Verse innerhalb eines sonst reimenden Gedichts (bzw. einer sonst reimenden Strophe), die ohne Reimverknüpfung zu einem der übrigen Verse stehen.

3 Grundbegriffe der Rhetorik

In diesem Kapitel wird das für die Literatur und Literaturwissenschaft relevante Konzept der →*Rhetorik* ganz allgemein vorgestellt. Zusätzlich werden die →*Grundprinzipien der Rhetorik*, die →*Teile der Rede* und die →*Produktionsstadien der Rede* an deren jeweils zentralen Begrifflichkeiten erläutert. Außerdem werden einige für die Verwendung der →*Rhetorik als Poetik* bedeutsame Termini eingeführt.

3.1 Rhetorik

ars bene dicendi (lat.: die Kunst des guten Redens)

Die Rhetorik wurde schon in der Antike als 'ars bene dicendi' definiert. Dort, in der griechischen und römischen Antike, hat sie auch ihren Ursprung.

Die Defintion ist – dem Gegenstand durchaus angemessen – nicht ganz eindeutig. Denn Rhetorik ist sowohl als Praxis (d.h. als Erstellung und Halten von 'Reden') als auch als Theorie dieser Praxis zu verstehen, zumal beides meist Hand in Hand geht.

Die klassische antike Rhetorik ist eine zutiefst in die Lebenswelt ihrer Zeit eingebettete Praxis. Sie beherrscht(e) nicht nur den Sprachunterricht von der Antike fast bis heute (zumindest an den humanistischen Gymnasien) und die Konzeption von Literatur bis weit in die Neuzeit hinein, sondern – ursprünglich – auch das öffentliche Leben der griechischen und römischen Welt:

1. Kunstfertige Reden hielt man in politischen Versammlungen, um die (abstimmungsberechtigte) Öffentlichkeit zu einer bestimmten Ansicht zu bringen und so ein bestimmtes (politisches) Handeln zu veranlassen.

2. Kunstfertige Reden hielt man auch vor Gericht, um dieses zu einer bestimmten Bewertung eines Streitfalls zu bringen, also vor allem um eine Verurteilung zu erreichen oder zu verhindern.

3. Man hielt sie schließlich auch zu festlichen Anlässen, wo es darum ging, die eigene Kunstfertigkeit als Redner zu präsentieren und einen bestimmten Gegenstand oder eine Person zu loben (selten: zu tadeln).

Während die ersten beiden Typen der Rede also direkt und strikt darauf abzielen, eine bestimmte Wirkung zu erreichen (an der sie auch gemessen werden wollen), ist der dritte Typ zwar zumeist ebenfalls anlaßbezogen, aber nicht so sehr auf eine direkte Wirkung aus. Darin ähnelt er der Poesie, die häufig diesem Typ der Rede zugeordnet worden ist.

Die alte Bestimmung der Rhetorik als 'ars bene dicendi' enthält noch eine zweite Ambivalenz: Denn wer gut zu reden weiß, muß – so der Rhetoriker – auch ein guter Mann (nur Männer waren in der Antike öffentliche Personen) bzw. Bürger sein. Vor allem antike Philosophen bezweifelten angesichts der erwähnten Wirkungsmacht der Rhetorik diese Schlußfolgerung heftigst, und seitdem kämpft die Rhetorik um ihr 'moralisches' Image: Noch heute mißtraut man gerne allzu wortgewandten Politikern oder Marketingstrategen.

Neben den derzeit populären Rhetorik-Schulungen, die auf Verbesserung der 'kommunikativen Kompetenz' von Verkäufern, Sportlern und Personalchefs abzielen, kann die Rhetorik heute auch dem Literaturwissenschaftler von Nutzen sein. Denn sie stellt ihm – vor allem durch ihre elaborierte →*Figuren-* und →*Tropenlehre* – ein Werkzeug zur Verfügung, die Textoberfläche poetischer Texte einer ersten Analyse zu unterziehen. Dies ist weitgehend unabhängig davon möglich, ob diese Texte selbst auf Basis einer →*rhetorisch fundierten Poetik* oder unabhängig von einer solchen hergestellt worden sind.

3.2 Grundprinzipien der Rhetorik

Die klassische Rhetorik, die in der Antike ausgebildet und bis weit ins 18. Jahrhundert hinein für Textproduktionen aller Art, auch Literatur, maßgebend werden konnte, weist einige Prinzipien auf, die ihr gleichsam eingeschrieben sind.

Von diesen sollen vier hier erläutert werden, die nicht nur für die Rhetorik selbst, sondern auch für die rhetorisch geprägte Literatur von fundamentaler Bedeutung sind:

→*persuasio*

→*aptum*

→*res – verba*

→*ars – natura*

3.2.1 persuasio

(lat.: Überredung, Überzeugung)

Zielvorgabe der Rhetorik: Beeinflussung eines Publikums

Der klassische Rhetor oder Redner hat Ziele und Absichten, die er mit seinem Text verfolgt. Vor Gericht möchte der Redner als Anwalt erreichen, daß der Angeklagte bestraft wird, daß sein Mandant freigesprochen oder ein für die eigene Partei günstiger Vergleich beschlossen wird. In der politischen Versammlung will er erreichen, daß ein bestimmter Beschluß gefaßt wird. Bei feierlichen Anlässen will er als Festredner die zu feiernde Person (oder Gegenstand) so loben, daß auch er selbst als 'Urheber' dieses Lobs erhöht wird.

In allen Fällen muß er ein Publikum dazu bewegen, eine bestimmte Einstellung einer bestimmten Sache (oder Person) gegenüber einzunehmen. Er will die Richter, Schöffen, Politiker oder Festgäste beeinflussen. Dies kann er – der moralischen Ambiguität der Rhetorik entsprechend – tun, indem er sie überzeugt oder eben 'nur' überredet.

Die enge Zielvorgabe des Redners als Anwalt oder Politiker spielt für die Literatur und für die rhetorische Textanalyse natürlich keine wirkliche Rolle, sehr wohl jedoch die – vom Hintergrund der Rhetorik nahegelegte – Annahme, daß Texte von ihren Autoren mit bestimmten Zielen und Absichten geschrieben und veröffentlicht werden.

Die rhetorische persuasio ist darüber hinaus schon in der Antike in drei Modi oder Teilziele unterschieden worden:

→*movere*

→*docere*

→*delectare*

3.2.1.1 movere

(lat.: bewegen)

Modus der persuasio: Beinflussung durch Erregung von Leidenschaften

Zur Beeinflussung seines Publikums kann der Redner oder Textautor es unternehmen, vor allem die Gefühle und Leidenschaften (griech.: *páthos*) seines Publikums anzuregen und es so seiner Sache günstig zu stimmen.

Da er dazu eher von der zu verhandelnden oder darzustellenden Sache absieht und eher zu den (typisch rhetorischen) Möglichkeiten der Textgestaltung (→*ornatus*) greift, gilt dieser Persuasionsmodus häufig als Inbegriff des rhetorischen Überredens.

Von den →*Teilen der Rede* lebt insbesondere der Schluß der Rede, die →*peroratio* vom movere.

Das diesem Ziel zugeordnete Stilniveau ist natürlich das →*genus grande*, so daß der deutliche Einsatz von Pathos auch mit entsprechend wichtigen und bedeutsamen Themen einhergeht, die solcher 'rhetorischer' Mühe lohnen und ihr angemessen sind.

3.2.1.2 docere

(lat.: belehren)

Modus der persuasio: Beinflussung durch Information

Zur Beeinflussung seines Publikums kann der Redner oder Textautor sich auf seinen Gegenstand 'verlassen', den er möglichst umfassend, klar und präzise aufzubereiten und darzustellen hat. Die Sache soll gleichsam 'für sich selbst sprechen' – oder zumindest diesen Eindruck erwecken. Denn natürlich ist auch der sachlich informierende Redner parteiisch; aber er hat Argumente für seine Position.

Auf Mittel der Beeinflussung, die auf rhetorische Verfahren der Textgestaltung (→ornatus) zurückgreifen, kann er demzufolge verzichten und doch sein Publikum von seiner Position überzeugen.

Von den →*Teilen der Rede* leben insbesondere die →narratio und die →argumentatio vom docere.

Die diesem Ziel zugeordneten Stilniveaus sind – wegen des weitgehenden Verzichts auf Redeschmuck und Pathos – das →*genus medium* und das →*genus humile*.

3.2.1.3 delectare

(lat.: erfreuen)

Modus der persuasio: Beinflussung durch Erregung von Wohlwollen

Zur Beeinflussung seines Publikums kann der Redner oder Textautor es unternehmen, dieses ihm (und seiner Sache) freundlich zu stimmen, indem er es gut unterhält.

Somit lenkt er die Aufmerksamkeit eher auf sich selbst, seine Fähigkeiten und seine (vermeintlich) gute Gesinnung (griech.: *éthos*).

Von den →*Teilen der Rede* lebt insbesondere das einleitende →exordium, wo sich der Redner dem Publikum präsentiert, vom delectare.

Die diesem Ziel zugeordneten Stilniveaus sind traditionellerweise das →*genus grande* und das →*genus medium*: Zwar verzichtet der Redner zur Erreichung dieses Ziels auf die Erregung von Leidenschaften, aber nicht unbedingt auf Redeschmuck (→ornatus).

Da die Erfreuung und Unterhaltung eines Publikums bei diesem Modus der Publikumsbeeinflussung leicht auch zum Selbstzweck werden oder als solcher angesehen werden kann, ist es natürlich gerade die Festrede, in der diese Zielvorgabe von grundsätzlicher und umfassender Bedeutung ist.

Da auch der Poesie gerne eine gewisse Freiheit von (konkreten) Zwecken zugeschrieben wurde (und wird), ist es von den rhetorischen Persuasionsmodi dieser, der der Dichtung zugeordnet wird.

3.2.2 aptum (oder: decorum)

(lat.: *aptum* = das Angemessene; *decorum* = das Schickliche, Passende)

Ideal der Rhetorik: (wirkungsorientiertes) Zusammenpassen von Elementen aus unterschiedlichen Bereichen

Das aptum oder decorum stellt eine Grundorientierung der Rhetorik überhaupt dar. Sie besagt, daß der Redner verschiedene Elemente, Aspekte, Teile usw., die für die Rede bzw. den Text und seine Äußerungssituation bedeutsam sind, möglichst so aufeinander abstimmen solle, daß sie ein Harmonisches und (gerade deshalb) wirkungsträchtiges Ganzes ergeben.

Diese Grundorientierung ist eine Art Idealvorstellung, die natürlich seitens des Textproduzenten ein entsprechendes Urteilsvermögen (lat.: *iudicium*) voraussetzt und kaum in feste Textproduktionsregeln zu überführen ist.

Man unterscheidet üblicherweise das *äußere* und das *innere* aptum:

Das innere aptum betrifft alle direkt mit dem Text und seiner Produktion zusammenhängenden Aspekte, Bausteine und Elemente, die aufeinander 'abgestimmt' werden sollen. Hier sind vor allem zu nennen:

* die drei (bzw. fünf) →*Produktionsstadien der Rede* bzw. das im jeweiligen Stadium Produzierte
* damit eng verwandt: →*res und verba*, also die Inhalte und der Ausdruck eines Textes
* die einzelnen →*Redeteile* und

- der sprachliche →ornatus bzw. die einzelnen sprachlichen Aus-
drucksqualitäten untereinander
Das äußere aptum betrifft im Unterschied dazu immer das Verhältnis der Rede bzw. des Textes zu den Konstituenten seiner Äußerungssituation. In erster Linie sind dies:
- Ort, Zeitpunkt und Anlaß der Rede bzw. des veröffentlichten
Textes
- die Person des Redners / Autors
- das Publikum sowie natürlich
- der Gegenstand und das Ziel der Rede / des Textes

Beispiel

Idealvorgaben sind für gewöhnlich am besten zu konturieren und zu
konkretisieren, wenn man sich mit ihrem Mißlingen beschäftigt:

So läge etwa ein gravierender Verstoß gegen das (innere) aptum
vor, wenn man bei der →*inventio* eines Lobgedichts dazu kommt, sowohl den Namen des zu Lobenden als auch seine Vorfahren und seine Taten zu berücksichtigen, in der →*dispositio* diese drei Bereiche
aber nicht sorgfältigt trennt und bei der →*elocutio* dann prompt ver-
gißt, die Taten des zu Lobenden entsprechend hervorzuheben.

Ein Verstoß ganz anderer Art gegen das (innere) aptum läge etwa
dann vor, wenn man weite Teile eines Textes in korrekter und neutral
darstellender Sprache verfaßt, sich aber einige 'Ausrutscher' in Dia-
lektausdrücke erlaubt. (Derlei kann ein Versehen und somit ein Fehler, es kann aber natürlich auch bewußt auf einen bestimmten Zweck
hin kalkuliert sein.)

Der wohl wesentlichste Verstoß gegen das (innere) aptum dürfte
aber wohl dann vorliegen, wenn →*res* und *verba* nicht zueinander
passen, etwa dann, wenn ich in dem oben erwähnten Lobgedicht die
Taten des zu Lobenden nicht mit den angemessenen erhabenen
Worten darstelle, sondern z.B. komisch oder so, wie sie ein Gegner
darstellen würde. (Auch dies kann natürlich beabsichtigt sein, wenn
man die betreffende Person nicht loben, sondern gezielt herabsetzen
möchte.)

Das innere aptum ist somit kaum unabhängig vom äußeren zu be-
trachten. Eine entsprechende Beurteilung dessen, was 'paßt', ist also
kaum unabhängig vom Zweck und Gegenstand des Textes denkbar.

Wenn ich ein Publikum, von dem ich annehmen muß, daß es un-
gebildet ist, von einer bestimmten Sache überzeugen will, muß ich
mein Vokabular und meine Syntax, mit denen ich den betreffenden
Sachverhalt darstelle, dem 'Horizont' des Publikums anpassen. Eine
wissenschaftlich fundierte und terminologisch exakte Darstellung der
Luhmannschen Systemtheorie gegenüber einer Hauptschulklasse hat
wenig Aussicht auf Erfolg, wenn dieser darin bestehen sollte, sie über
so etwas zu informieren und nicht, sie zu schockieren.

Gerade das äußere aptum hat auch eine 'moralische', zumindest
'konventionell moralische' Dimension. Manche Dinge tut man einfach nicht, auch nicht mit Texten:

So schickt es sich i.a. nicht, als Redner allzu großspurig aufzutre-
ten oder das Publikum zu beschimpfen. Manchmal ist es aber natürlich die einzige Möglichkeit, die Aufmerksamkeit auf sich zu ziehen.

Bei einer Trauerfeier Witze auf Kosten des Toten zu machen,
setzt ebenfalls eine schon recht komplexe Situation voraus, soll sie
nicht einfach als Peinlichkeit abgetan werden.

3.2.3 res – verba

(lat.: Dinge – Worte)

(semantische) Grundstruktur der Rhetorik: verbale Ausdrücke
(verba) stehen in einem Abbildungsverhältnis zu Dingen, Sachverhalten und Gedanken (res)

Diese semantische Grundunterscheidung von res und verba betrifft
alle rhetorisch geprägten Texte.

Sie stellt eine Art minimale Semantik dar, nach der die verba die
res repräsentieren, aber grundsätzlich in einem anderen Bereich anzusiedeln sind: So stehen die verbalen (oder anderweitig repräsentie-
renden) Ausdrücke auf der einen Seite den verschiedenen repräsen-

tierten Gegenständen auf der anderen gegenüber. Mit den *verba* spricht man über *res.*

Innerhalb des Gegenstandsbereichs des Repräsentierten (*res*) wird aber nicht grundsätzlich zwischen Tatsachen und deren mentaler Repräsentation (Gedanken) oder zwischen einzelnen Dingen und Relationen von Dingen (Sachverhalten) unterschieden.

3.2.4 ars – natura

(lat.: Kunstfertigkeit – Natur)

strukturelle Grundunterscheidung der Rhetorik: eine 'natürliche' *Norm* oder Basis steht einer künstlichen, bewußt gemachten *Abweichung* davon gegenüber

Diese strukturelle Grundunterscheidung, die quasi einen natürlichen Normalzustand einem künstlichen, willentlich gemachten und mit Zwecken behafteten Abweichungszustand gegenüberstellt, kommt innerhalb der Rhetorik auf vielen Ebenen zum Tragen.

Beispiele dafür sind etwa die folgenden:

Im Bereich der →*dispositio* kann man etwa zwischen einer *ordo naturalis* (natürlichen Ordnung) und einer *ordo artificialis* (künstlichen Ordnung) unterscheiden. Die natürliche Ordnung entspricht dabei dem Thema, wie es sich sachlich darstellt, die künstliche der Präsentation innerhalb eines Textes, in dem man manches betonen, manches zurückstellen, einiges herausstellen, anderes weglassen oder in dem man – wie beim Erzählen von Ereignissen – die natürliche (= zeitliche) Reihenfolge vertauschen kann.

Der ganze Bereich der →*elocutio* stellt wiederum den normalen, gewöhnlichen Ausdruck eines Sachverhalts dem rhetorisch-künstlerischen Ausdruck, der davon abweicht, gegenüber: →*Tropen* und →*Figuren* sind in diesem Sinne Abweichungen (*ars*) von der natürlichen Ausdrucksweise (*natura*).

Kaum vermittelt stehen sich ars und natura in Bezug auf die psy-
chische Grundverfassung des Autors eines Textes bei der Textproduktion gegenüber. Hier unterscheidet man →ars und *ingenium.*

3.3 Teile der Rede

Dieser durchaus variierbare und dem Gegenstand anzupassende
Grundaufbau jeder Rede ist in zwei für den Literaturwissenschaftler
relevante Bereiche übertragbar:

(1) Da große Bereiche der abendländischen Literatur von rhetorischen Grundprinzipien geprägt sind, ist vielen literarischen Texten
auch der Grundaufbau der Rede eingeschrieben.

(2) Derselbe Grundaufbau kann auch zur Richtschnur für die eigene Textproduktion (nicht nur) des Literaturwissenschaftlers werden, denn wissenschaftliche Arbeiten gewinnen i.a., wenn sie sich
diesem Aufbau unterordnen.

Die Rhetorik unterscheidet grundsätzlich vier Teile einer Rede
bzw. eines Textes:

- Das →exordium (lat.: Anfang), d.i. die Einleitung: Im exordium
  weist der (klassische) Redner auf die Bedeutung seines Gegenstandes hin, er möchte Aufmerksamkeit für diesen und sich selbst
  erwecken, und er versucht, das Wohlwollen der Zuhörer bzw. Leser zu erringen. Das exordium dient vor allem dem →*delectare.*
  (Die Einleitung einer wissenschaftlichen Arbeit sollte dementsprechend zum Thema hinführen und dessen wie auch immer geartete Bedeutung versichern. Üblicherweise schließt sich daran eine grobe Gliederung des Folgenden an.)

- Die →narratio (lat.: Erzählung), die zusammen mit der argumen-
  tatio den Hauptteil bildet, umfaßt alle rein darstellenden Teile des
  Hauptteils einer Rede oder eines Textes. In ihr sollen möglichst
  knapp und präzise das Thema selbst und alle zum Thema gehöri-
  gen Sachverhalte dargestellt, berichtet oder eben 'erzählt' werden.
  Üblicherweise werden auch gegebenenfalls eingebaute →Digres-
  sionen (= Abschweifungen) oder Exkurse diesem Darstellungsteil

und seinen Prinzipien zugeordnet. Die narratio dient vor allem dem →*docere.*

- Die →argumentatio (lat.: Beweisführung), die den Hauptteil ver- vollständigt, ergänzt die rein darstellenden Teile der narratio: Sie gliedert das Thema, sie formuliert Thesen und Schlußfolgerun- gen, für die sie wiederum argumentiert. Diese Argumentation oder Beweisführung geschieht durch die Ausdeutung der (darge- stellten) Sachverhalte, durch die Anführung von Belegbeispielen, allgemeinen Grundsätzen usw. und durch den Vollzug (logischer oder scheinbar logischer) Schlußfolgerungen. (Der Hauptteil einer wissenschaftlichen Arbeit sollte dementsprechend sowohl mög- lichst klare Darstellungen als auch die Formulierung von belegten oder plausibel gemachten Thesen und Schlußfolgerungen umfas- sen.)

- Die →peroratio (lat.: Schlußrede) schließlich bildet den (krönen- den) Abschluß einer Rede oder eines Textes: Hier faßt der (klassi- sche) Redner noch einmal die wesentlichen Thesen, Punkte und Aspekte des Hauptteils zusammen. Entweder läßt er diese für sich selbst sprechen oder er versucht zusätzlich, die zentralen Punkte gerade *seiner* Darstellung des Themas dem Publikum gegenüber zu verdeutlichen, auch um dieses zu einer bestimmten Einstellung zu bewegen. Die peroratio tendiert also unter den Redeteilen am meisten zum →*movere.* (Darauf, nicht aber auf die synthetisieren- de und abschließende Zusammenfassung der Ergebnisse aus dem Hauptteil kann die Zusammenfassung am Ende einer wissen- schaftlichen Arbeit verzichten.)

3.4 Die Produktionsstadien der Rhetorik

Die klassische Rhetorik produziert wirkungsorientierte Texte bzw. stellt ein Organisations- und Regelsystem dar, solche Texte anzufer- tigen.

Sie unterscheidet – für die Herstellung von Reden im eigentlichen Sinne, etwa vor Gericht – fünf Produktionsstadien:

1. →*inventio* (→*Topik*)
2. →*dispositio*
3. →*elocutio*
    (mit den vier Forderungen nach: →*aptum*, →latinitas, →perspicui-
    tas und →ornatus)
4. *memoria* (lat.: Gedächtnis)
5. *actio* (lat.: Handlung) oder *pronuntiatio* (lat.: Vortrag)

Für die Literatur sind naturgemäß nur die ersten drei Produktionsstadien von Bedeutung, die sich mit der eigentlichen Produktion
des Textes befassen. Unter *memoria* sind hingegen Techniken, Übun-
gen und Regeln zusammengefaßt, die das Auswendiglernen (der frei
vorzutragenden Reden) ermöglichen oder fördern, unter *actio* solche,
die den eigentlichen (mündlichen) Vortrag betreffen.

3.4.1 inventio

(lat.: Erfindung / Findung)

erstes Produktionsstadium der Rhetorik: Entwickeln (Finden) der
gedanklichen und inhaltlichen Momente zu einem Thema

In dieser ersten Phase der Rede- oder Textproduktion gilt es, zu einem vorgegebenen oder vorgenommenen Thema möglichst viele inhaltliche oder gedankliche Aspekte und Momente zu entwickeln, die
bei der Darstellung des Themas (innerhalb eines bestimmten Zweck-
zusammenhangs) zum Einsatz kommen können oder sollen.

Es gilt also, 'Stoff' und Material zu 'sammeln', um das Thema
angemessen – und das kann durchaus schon eine bestimmte Perspektive oder gar Parteinahme umfassen – behandeln zu können. (Will
man etwa eine Person loben, braucht man kaum Nachforschungen
über ihre Fehlleistungen und 'Macken' anstellen.)

Für die inventio kann der Redner oder Textproduzent im Prinzip
drei unterschiedliche, weitgehend von der Rhetorik unabhängige
Fähigkeiten benötigen:

- Er kann (vom zu behandelnden Thema natürlich abhängige) Sachkenntnisse einsetzen.
- Er kann sich auf seinen (quasi natürlichen) Einfallsreichtum verlassen, der natürlich auf das Thema ausgerichtet sein muß.
- Und er kann ein im Kontext der Rhetorik entwickeltes regelgeleitetes Fragesystem in Gang setzen, um seinen Gegenstand oder Stoff zu durchleuchten: die →*Topik*.

3.4.1.1 Topik

(griech.: *tópos* = Ort)

Teil oder Ergänzung der →*inventio*: regelgeleitete Befragung eines darzustellenden Themas oder Gegenstands

Die Metapher vom 'Ort' (griech.: *tópos*, lat.: *locus*) erklärt sich aus der Vorstellung des Themas oder Gegenstandes als Gebiet, das verschiedene 'loci' oder 'topoi' aufweist, die zur Sprache kommen können.

Diese Orte können annähernd systematisch durchgegangen oder abgefragt werden und ergeben zusammen ein schlüssiges Gesamtbild: Üblicherweise geschieht dies mit (im Deutschen) W-Fragen: Wo, wann, wie, womit geschah was mit wem durch wen usw.?

Die Topik stellt somit einen Katalog von Suchformeln dar.

Dieser reine Fragenkatalog ist freilich auch erheblich ausdifferenziert und auf bestimmte Gegenstands- oder Thementypen ausgerichtet worden: So unterscheidet man etwa zwischen den *loci a persona* (von der Person her) und den *loci a re* (von der Sache her), oder man benutzt mögliche Gegenteile, Steigerungen usw. zur Konturierung des eigenen Gegenstandes.

Als ein solches Fragesystem stellt die Topik gleichsam den regelgeleiteten und lernbaren →*ars*-Teil der →*inventio* dar, das aber natürlich auch zu anderen, etwa philosophischen oder wissenschaftlichen Zwecken verwendet worden ist.

Innerhalb der Literaturgeschichtsschreibung und -wissenschaft dominiert jedoch ein anderer Begriff von Topik, der sich aus dem ersten entwickelt hat. Er bezieht sich eher auf den *locus communis* (Gemeinplatz) und ist wohl am ehesten als *historische Topik* zu charakterisieren. Im Zusammenhang nicht zuletzt mit der →*imitatio veterum* entwickelten sich innerhalb der auf vorliegende Vorbilder und Muster bezogenen Literatur aus den traditionellen *topoi* immer wieder *loci communes* (Gemeinplätze): in ähnlichen Zusammenhängen verwendete und somit weitgehend standardisierte Gedanken-, Inhalts- oder gar Formulierungskomplexe, die immer wieder neu verwendet, variiert, tradiert und modifiziert wurden.

Gerade in der Frühen Neuzeit gab es regelrechte Topoi-Sammlungen, die dem Autor nahebrachten, was zu einem bestimmten Thema oder Anlaß schicklicherweise gesagt und gedichtet werden kann. Andererseits stellt gerade das über die Jahrhunderte und Literatursprachen hinweg immer wieder neu aufgenommene, fortgesetzte und variierte →*intertextuelle* 'Netzwerk' der historischen Topik einen besonders faszinierenden Aspekt der abendländischen Literaturgeschichte dar.

3.4.2 dispositio

(lat.: Anordnung)

zweites Produktionsstadium der Rhetorik: Auswahl, Gewichtung, Anordnung und Gliederung des 'gefundenen' Stoffes

Auch diese zweite Phase der Rede- oder Textproduktion bezieht sich noch nicht auf das Hervorbringen von Text im eigentlichen Sinne. Denn zuvor muß der in der →*inventio* zu einem bestimmten Thema, das in einem bestimmten Zweckzusammenhang behandelt werden soll, dementsprechend aufbereitet und angeordnet werden.

Dies betrifft zum Beispiel die →*Teile der Rede*, es betrifft aber natürlich auch verschiedene andere Aspekte der Auswahl, Gliederung und Anordnung des Stoffes.

Zwei große Typen von Ordnungsprinzipien haben sich dabei als besonders geeignet herauskristallisiert: zweigliedrige Anordnungen, die vor allem die Gegenüberstellung von Gegensätzen erlauben, und dreigliedrige Anordnungen (etwa Anfang – Mitte – Schluß oder These – Antithese – Synthese), die eher auf Vollständigkeit abzielen.

Die dispositio ist im Gegensatz zu anderen Produktionsstadien nur schwach von festen Regeln bestimmt. Grundsätzlich zu unterscheiden sind aber – im Sinne von →*ars–natura* – *ordo naturalis* (natürliche, vorgefundene Anordnung) und *ordo artificialis* (im Hinblick auf einen Zweck davon abweichende, gemachte Anordnung).

3.4.3 elocutio

(lat.: Ausdruck)

drittes Produktionsstadium der Rhetorik: Umsetzung des strukturierten Redestoffes in sprachlichen Ausdruck

In dieser dritten Phase der Rede- oder Textproduktion geht es darum, die in der →*inventio* 'gefundenen' und in der →*dispositio* 'angeordneten' Stoffe und Gedanken zu einem Thema (→*res*) unter Berücksichtigung des Zweckes und Äußerungszusammenhangs in sprachlichen Ausdruck (→*verba*) zu überführen. Es ist somit das erste Produktionsstadium, das direkt mit der Herstellung von Text verbunden ist.

Die klassische Rhetorik kennt vier 'Tugenden' oder Zielvorstellungen für die elocutio:

- Gemäß der (universell gültigen) Regulierung der Textproduktion nach dem →*aptum* ist die sprachliche Gestaltung eines Textes an seine Inhalte und Gegenstände (*inneres aptum*) ebenso anzupassen wie an die Zwecksetzung, den Äußerungszusammenhang, das Publikum usw. des Textes bzw. der Rede (*äußeres aptum*).
- Die ebenfalls geforderte →latinitas (lat.: 'Lateinheit') zielt hingegen darauf ab, daß der Text den Regeln der (jeweils benutzten) Sprache zu entsprechen hat.
- Eine vor allem natürlich für rhetorische und Sachtexte einschlägige dritte Forderung ist die nach →perspicuitas (lat.: Durch-

schaubarkeit), also nach gedanklicher, inhaltlicher und sachlicher Transparenz der Äußerungen.

- Die vierte und letzte Anforderung schließlich ist die nach →ornatus (lat.: Schmuck, Zierde). Diese kann als (meist nur punktuelle, zielgerichtete und bewußt gemachte) Abweichung (→*ars*) von der gewöhnlichen, zu erwartenden Sprachgestaltung (→*natura*) angesehen werden. (Insofern liefert sie die Lizenz zu Abweichungen auch von latinitas und perspicuitas.) Somit fallen die 'rhetorischen' →*Wort- und Gedankenfiguren* ebenso wie die →*Tropen* in den Bereich des rhetorischen und sprachkünstlerischen ornatus.

3.5 Rhetorik als Poetik

Die europäische oder abendländische Literatur der hellenistisch-römischen Antike, des Mittelalters und der Frühen Neuzeit (bis weit ins 18. Jahrhundert hinein) neigte immer wieder mehr oder minder stark dazu, die klassische (aus der Antike tradierte) Rhetorik als ihre Poetik anzusehen bzw. sie zu einer solchen zu transformieren oder zu erweitern.

Diese Verwendung der Rhetorik als Poetik betrifft vor allem den Aspekt der Produktion von Literatur.

Erst durch die Entwicklung einer 'modernen' Ästhetik im 18. Jahrhundert wird diese Anbindung der Poetik an die Rhetorik durch andere Maßstäbe ersetzt: Die traditionelle Poetik als (mindestens ansatzweise vermittelbare) Lehre von der kunstgemäßen Herstellung von poetischen Texten hat ausgedient. An ihre Stelle treten individualistische und subjektivistische Konzeptionen von 'Dichtung' und Kunst, der man nunmehr Autonomie zuspricht.

Zur näheren Erläuterung dieses Um- oder Ausbaus der Rhetorik zur Poetik sollen hier vier Aspekte näher beleuchtet werden:

- die →*imitatio veterum* (oder: →aemulatio)
- die Transformation der →*genera dicendi*
- →*prodesse – delectare*
- →*ars – ingenium*

3.5.1 imitatio veterum

(lat.: Nachahmung der Alten)

produktionsästhetisches Grundprinzip: Orientierung bei der Textproduktion an vorbildhaften Mustertexten oder Textmustern (aus der Antike)

Die imitatio veterum stellt – neben der →*Mimesis* (griech.: Nachahmung oder Nachbildung, gemeint: der Natur) – das zweite produktionsästhetische Grundprinzip der Dichtung dar, das seinen Ursprung bereits in der Antike hat. Das eine Nachahmungsprinzip (Mimesis) geht auf die 'Poetik' des Aristoteles zurück, das andere (imitatio veterum) auf die 'Poetik' des Horaz. Beide Prinzipien waren bis weit in die Neuzeit hinein weitgehend gültig und auf verschiedene Weise miteinander vermittelt.

Die imitatio veterum fordert vom Dichter und Schriftsteller die Ausrichtung auf als vorbildhaft anerkannte und anzuerkennende Textmuster oder Mustertexte, die ein vergangenes 'klassisches' Zeitalter zu bieten hat, denn nur so könne die Qualität und Wirkung auch der eigenen, gleichsam 'spätzeitlichen' Textproduktion sichergestellt werden. So sind z.B. Großteile der lateinischen Literatur auf klassische griechische Vorbilder ausgerichtet und Großteile der frühneuzeitlichen Literatur des Abendlandes auf die klassischen lateinischen und die griechischen Vorbilder.

In diesem Sinne ist die imitatio veterum durchaus auch als eine (allerdings vor allem in ihrer Funktion recht spezifische) Form von →*Intertextualität* anzusehen.

Eine bedeutende Variante der imitatio, die sogenannte →aemulatio (lat.: Nacheifern, Wettstreiten), die nicht auf bloße Nachahmung, sondern auf eine Art spielerischen Wettstreit mit dem Vorbild abzielt, das zu übertreffen sich der nachgeborene Dichter anschickt, macht die Ausrichtung der imitatio veterum deutlich und setzt sie von bloßer Epigonalität ab.

Das Ende der universalen Gültigkeit der imitatio veterum ist aber ebenfalls damit verknüpft: Denn in der sogenannten *querelle des*

anciens et des modernes (frz.: Streit der Alten und der Moder-
nen/Neuen), die gegen Ende des 17. Jahrhunderts in Frankreich ein-
setzte, begannen die 'Modernen' gegen den absoluten Vorrang der
'Alten' aufzubegehren. Doch erst mit der Genieästhetik der Goethezeit wird die imitatio endgültig verabschiedet.

Seit ihrer Einführung als produktionsästhetisches Grundprinzip
ist die imitatio veterum eng mit der →*Rhetorik* verknüpft, die sowohl
den Rahmen der Nachahmung der Vorbilder absteckt, deren Vorbild-
haftigkeit ebenso garantiert wie transportiert – und die zudem, etwa
mit ihrer →ornatus-Lehre, ihrer Stillehre (→*genera dicendi*) oder
→*Topik*, Regeln und Strategien für die Orientierung an den Vorbildern liefert.

3.5.2 Die Transformation der genera dicendi in Poetik und Poesie

Im Rahmen der Übernahme von Vorgaben aus der klassischen Rhetorik in den Bereich der Poetik (im Sinne regelgeleiteter Herstellung
von Poesie) wird auch die Lehre von den drei Stilniveaus (→*genera
dicendi*) für die Dichtung bedeutsam, insbesondere dann, wenn sie
sich mit der Lehre vom →*aptum* verbindet.

Die bekannteste Auswirkung dieser Übernahme dürfte wohl die
Ständeklausel der frühneuzeitlichen Dramatik sein, die für Tragödien
hohes, fürstliches Personal, entsprechend starke Leidenschaften samt
einer großen 'Fallhöhe' und eine pathetische Sprache fordert. Für die
'niederen' dramatischen Gattungen wie das volkstümliche Schauspiel
oder den Schwank, für das christliche Legendenspiel usw., aber auch
für die Komödie bleiben hingegen die niedrigen Stilniveaus mit dem
entsprechenden Personal und seinen Leidenschaften reserviert.

Doch nicht nur die dramatische Literatur wird nach diesem Muster unterteilt, die Tendenz besteht bis weit ins 18. Jahrhundert hinein, Literatur nach der Trias von Stilebene, Personal und Leidenschaften zu klassifizieren bzw. schon zu produzieren.

Vorbild dafür bietet die mittelalterliche *rota Virgilii*, die den drei
überlieferten Werken Vergils je ein Stil- und Personalniveau zuweist:

den „Eklogen" mit seinem Personal aus Schäfern und seinen idyl-
lisch-ruralen Sujets das →*genus humile*, den „Georgica" mit seinem
Personal aus Bauern das →*genus medium* und dem Epos „Aeneis"
mit seinem mythisch-hohen Personenkreis und den großen Leidenschaften und hohen Werten das →*genus grande*.

Dementsprechend wird in der Folge traditionelle idyllische Literatur der niedrigen Stilart zugewiesen, während das →*Epos* ebenso
wie die →*Ode* per se den Vorgaben des genus grande zu folgen hat.
Um so schwerer war es denn auch für den →*Roman*, sich aus seinen –
niedrigen Stilniveaus verpflichteten – Ursprüngen zur anerkannten
Kunstform zu erheben.

3.5.3 prodesse – delectare

(lat.: nützen – erfreuen, unterhalten)

Eng mit der rhetorischen Wirkungs- und Funktionstrias von →*movere*, →*docere* und →*delectare* verknüpft ist die Annahme einer dop-
pelten Wirkungspotenz der Dichtung als prodesse und delectare, die
spätestens seit Horaz' 'Poetik' der abendländischen Poetologie und
Literatur fest eingeschrieben ist.

Die beiden Funktionen stehen sich dabei sowohl ergänzend (vor
allem in Bezug auf das gesamte Feld der Poesie und Literatur) als
auch gegenseitig ausschließend (in Bezug auf einige spezielle Gattungen) gegenüber.

Mit dem Nutzpotential (prodesse) der Dichtung sind dabei vor allem zwei Momente verbunden:

- zum einen ein Zuwachs an Wissen und Erkenntnis (durch Informationsvermittlung – docere!), der insbesondere in der sogenannten Lehrdichtung angestrebt und erreicht wird, einer 'Dichtung'
  also, die sich ganz der Vermittlung von wissenschaftlichen, philosophischen oder moralischen Lehren und Inhalten verschrieben
  hat

- zum anderen eine moralische Wirkung, die den Leser, Hörer oder Zuschauer als moralisch verbesserten Menschen entlassen will, realisiert zum Beispiel in Fabeln oder bestimmten Dramentypen

Beide Funktionsaspekte treten spätestens gegen Mitte des 18. Jahrhunderts deutlich zurück: Poesie und Literatur wollen nun nicht mehr als *ancilla* (lat.: Magd, Dienerin) anderer Instanzen (etwa Wissenschaft, Religion, Moral) dienen und beanspruchen zunehmend Autonomie.

Der andere Funktionsaspekt der Unterhaltung oder Ergötzung (delectare), der auch schon in der aristotelischen 'Poetik' anklingt, ist hingegen eher noch mit dem modernen Literaturverständnis zu vermitteln. Demnach dient Literatur, neben anderen möglichen Wirkungsabsichten, immer auch der Unterhaltung des Publikums, das über Komödien und Satiren lachen will, von Krimis angeregt unterhalten oder von Lyrik ergriffen werden möchte.

3.5.4 ars – ingenium

(lat.: Kunstfertigkeit – Begabung, Anlage, 'Genie')

Eine Variante der rhetorischen Dichotomie von →*ars* und *natura* stellt die produktionsästhetische Opposition von ars und ingenium dar, die in der Antike ihren Ursprung hat und bis weit in die Neuzeit hinein Gültigkeit beanspruchte.

Es geht darum, welche Fähigkeiten einen Dichter ausmachen – und für gewöhnlich lautet die vermittelnde Antwort: Er braucht Begabung *und* Schulung, Talent *und* Know-How, Genie *und* Regelkenntnis, (göttliche) Inspiration *und* fundierte Literaturkenntnisse. Nur selten schlägt sich vor dem ausgehenden 18. Jahrhundert ein Poetologe ganz auf nur eine Seite dieser Opposition.

Seit dem Sturm und Drang gab es jedoch immer wieder Strömungen, die das ingenium des Dichters, seine Genie und dessen natürliche Kraft gegenüber der Kenntnis von Regeln, Texten und Verfahren öffentlich bevorzugten.

4 Uneigentliches Sprechen

In diesem Kapitel werden, ausgehend von der rhetorischen Lehre vom →ornatus, die wichtigsten →*Tropen* als Grundformen uneigentlichen Redens eingeführt. Die Literatur kennt aber auch →*komplexere uneigentliche Redeweisen* und Strategien der →*Deutung uneigentlicher Rede*, die in einer kleinen Auswahl ebenfalls hier vorgestellt werden.

4.1 Tropen

Modi des rhetorischen ornatus: eine (bewußt herbeigeführte und lizensierte) *Abweichung* von der sprachlichen Normalform, die auf der Ebene der Semantik als Austausch (*immutatio*) beschrieben werden kann: Ein *eigentlicher* Ausdruck 'a' wird durch einen *uneigentlichen* Ausdruck 'b' ersetzt

Die rhetorische Tropenlehre ist innerhalb des Gesamtsystems der Rhetorik der kunstvollen Ausarbeitung der Rede (→*elocutio*) zugeordnet, und dort vor allem dem Aspekt des Kunstvollen, des Schmucks der Rede (→ornatus).

Im Unterschied zu den →*Figuren* ist es hier nur eingeschränkt sinnvoll, zwischen der Ebene der Gedanken und der Worte zu unterscheiden, obwohl diese Unterscheidung gemacht werden kann.

Ebenfalls im Unterschied zu den Figuren betreffen die Tropen nicht einzelne Worte, Wortgruppen oder Gedanken in ihrer syntaktischen Dimension, sondern in ihrer semantischen Dimension, da es nicht um neuartige Kombination, sondern um die Ersetzung des Eigentlichen durch das Uneigentliche, des Gemeinten durch ein (anderes oder anders) Gesagtes geht. Daß etwas anderes als das Gesagte gemeint ist, wird im allgemeinen angezeigt oder ergibt sich aus dem →*Ko-* und *Kontext*.

Hier werden explizit die folgenden Tropen erläutert:

→*Hyperbel*
→*Ironie*
→*Katachrese*
→*Litotes*
→*Metapher*
→*Metonymie*
→*Synekdoche*

und implizit:

→amplificatio
→Antonomasie
→Emphase
→pars pro toto

4.1.1 Hyperbel

(griech.: *hyperbolé* = Wurf über das Ziel hinaus)

Trope: Ersetzung des eigentlichen Ausdrucks durch einen diesen steigernden oder übersteigenden

Die Hyperbel sagt also mehr als gemeint, wahr oder glaubhaft ist, sie übertreibt und ist somit ein zentrales Verfahren der rhetorischen Steigerung (→amplificatio).

Durch die Formulierung überhöht sie natürlich auch den bezeichneten Gegenstand oder Sachverhalt, dem der hyperbolische Ausdruck demzufolge angemessen sein muß.

Die Hyperbel dient damit insbesondere der pathetischen Affekterregung und erhöht die Prägnanz eines Gedankens.

Häufig ist die Hyperbel mit rhetorischen Figuren oder anderen Tropen, insbesondere Vergleichen, Metaphern usw. verknüpft, die der Steigerungsabsicht der Hyperbel dienen.

Viele hyperbolische Formulierungen sind kraft ihrer Prägnanz in den allgemeinen Sprachgebrauch eingegangen, haben aber so ihre überraschende oder affektive Kraft oft verloren.

Beispiel

Als 'reine' Hyperbeln können etwa gelten:

> Das ist dein erster vernünftiger Gedanke heute.

> so dünn, daß die Sterne durchschimmern konnten (Heine)

Häufiger aber realisieren Hyperbeln ihre Übertreibung durch Verwendung anderer uneigentlicher Ausdrücke oder Vergleiche – und gehen so besonders häufig in den allgemeinen Sprachgebrauch ein:

> Ich könnte dich auffressen vor lauter Glück.

> Ich bin todmüde.

> Er ist hart wie (Krupp-)Stahl.

> Er hat ein Herz aus Stein.

> Solche Mitarbeiter gibt es wie Sand am Meer.

4.1.2 Ironie

(griech.: *eironeía* = Verstellung)

Trope: Ersetzung des eigentlichen Ausdrucks durch dessen Gegenteil oder Negation

Die Ironie stellt, da sie das Gemeinte durch sein (i.a. polares) Gegenteil oder seine Negation ersetzt, eine radikale Abweichung vom Gemeinten und zu Erwartenden dar.

Aus diesem Grund muß sie unbedingt als solche erkennbar sein, der Hörer oder Leser einer ironischen Formulierung muß also erkennen können, daß nicht gemeint ist, was gesagt wurde, sondern etwas gänzlich anderes. Deshalb sind ironische Äußerungen üblicherweise mit Ironiesignalen verknüpft, die diese indizieren: Diese können im geäußerten Text selbst liegen (etwa als Stilbruch oder als inhaltlich gedanklicher Widerspruch), sie können aber auch außerhalb des eigentlichen Textes in dessen Performanz liegen (etwa im 'ironischen' Tonfall des Sprechenden) oder gar nur aus dem Äußerungszusammenhang zu erschließen sein (etwa wenn eine Aussage so gar nicht zu ihrem Sprecher oder zum Anlaß passen will).

Da die Ironie als radikale Ersetzung oft auf den weiteren →*Ko-Text* des ironischen Ausdrucks im engeren Sinne 'ausstrahlt', können oft ganze Textpassagen als ironisch angesehen werden.

Man kann außerdem zwei Arten der Ironie unterscheiden: die eine täuscht als *simulatio* (lat.: Nachahmung) etwas vor, beispielsweise die vermeintliche Übernahme der gegnerischen Position, die andere verschleiert als *dissimulatio* (lat.: Unkenntlichmachen) etwas, zum Beispiel eine eigene Position. Die simulatio tut also, als ob ..., während die dissimulatio tut, als ob nicht ...

Ein weiteres Unterscheidungskriterium für die Ironie kann auch ihr jeweiliges Wirkungspotential darstellen. Das Spektrum reicht dabei vom selbstgefälligen oder unterhaltenden Spiel bis hin zu bösartigen, sarkastischen Invektiven. Aufgrund dieses Wirkungspotentials finden sich ironische Wendungen besonders häufig in komischen und satirischen Texten.

Neben dieser rhetorischen Bestimmung der Ironie als Trope des Gegenteils gibt es aus dem Bereich der Literaturgeschichte einige weitere, damit kaum mehr zu verknüpfende Ironie-Konzepte.

Das bekannteste unter diesen dürfte wohl die sogenannte 'romantische Ironie' darstellen, die – eingebettet in den komplexen philosophisch-poetologischen Kontext der Frühromantik – vor allem im Bewußtsein und Zu-Erkennen-Geben der künstlerischen Gemachtheit eines literarischen Textes besteht, wenn etwa die Figuren eines Dramas auf der Bühne über ihre Gemachtheit räsonieren.

Ganz anders geartet ist hingegen die sogenannte 'tragische Ironie', die aus der Diskrepanz zwischen dem (begrenzten) Wissen einer Dramenfigur und dem (umfassenderen) Wissen des Publikums entsteht, wenn die Figur für das Publikum, aber nicht für sich selbst erkennbar einen (entscheidenden oder eben 'tragischen') Fehler begeht.

Beispiel

Einige ironische Formulierungen sind längst →*katachretisch* geworden und in die Umgangssprache eingegangen, man denke an die
'schöne Bescherung', die man gerne konstatiert, wenn sich kleinere,
aber verschmerzbare Katastrophen ereignet haben.

Dies gilt auch für einige fast schon klassische ironische Formulierungen, wie etwa:

> Du bist mir vielleicht ein schöner Freund.

> And Brutus is an honorable man;
> (Shakespeare, Julius Caesar)

In beiden Fällen liegt eine simulatio vor: Man sagt nicht, daß man
den Gesprächspartner für einen schlechten Freund hält (bzw. Antonius sagt nicht, daß er Brutus für einen Schuft hält), sondern das (po-
lare) Gegenteil davon, womit man sich scheinbar der allgemeinen
oder der zu erwartenden Ansicht anschließt. Durch den Kontext der
Äußerung (etwa wenn man von dem Freund 'versetzt' wurde) oder
durch ihren Ko-Text (wie im Falle des Antonius, der das eigene Lob
Caesars mit der negativen Beurteilung durch Brutus kontrastiert)
wird allerdings leicht klar, was jeweils gemeint ist.

Durch den Tonfall oder ein Lächeln womöglich unterstützt, kann
sich die erste Äußerung dem Freund gegenüber aber auch schon als
Akt des Verzeihens darstellen, so daß die ironische Äußerung bereits
den Humor, mit dem der Sprecher die Fehlleistung des Freundes zu
tragen gewillt ist, schon indiziert. Antonius' vielfach wiederholtes
Beharren auf der 'Ehrbarkeit' des Brutus, wo doch im Rest der Rede
genau das Gegenteil offenbar wird, ist jedoch nur als Angriff auf die
scheinbare Ehrbarkeit des Brutus anzusehen, die sich bei näherer
Betrachtung in nichts auflöst.

Das Musterbeispiel für dissimulatorische Ironie ist die sogenannte
'sokratische Ironie' aus den Dialogen Platons. Dort gibt die Figur So-
krates immer wieder vor, nichts zu wissen (griech.: „oída oudén ei-
dós" – „ich weiß, daß ich nichts weiß"), nur um den Gesprächspartner (bzw. -gegner) dann durch geschicktes Nachfragen ebenfalls der

Unwissenheit zu überführen – und somit zumindest als Mehr-Wissender zu erscheinen.

4.1.3 Katachrese

(griech.: *katáchresis* = Mißbrauch)

1. (ehemalige) Trope: Metapher (selten: andere Trope), die eine lexikalische Leerstelle ersetzt

Diese erste (und übliche) Bestimmung der Katachrese macht diese quasi zu einer notwendigen →*Metapher*: Denn entweder ersetzt die katachretisch gebrauchte Metapher hier gar keinen eigentlichen Ausdruck, da es einen solchen gar nicht gibt, oder sie hat diesen so dauerhaft verdrängt, daß sie (die ursprüngliche Metapher) im Sprachgebrauch zum eigentlichen Ausdruck geworden ist.

Insofern ist die Katachrese nur bedingt als Trope anzusehen, da sie nicht strikt eine Abweichung von der eigentlichen Redeweise darstellt.

In der Geschichte der Sprachtheorie und Sprachphilosophie gab es übrigens immer wieder die Auffassung, daß Großteile unserer Sprache bzw. unseres Wortschatzes ursprünglich metaphorisch, also Katachresen in diesem Sinne seien.

2. Kombination von Tropen, die nicht zusammenpassen ('Bildbruch')

Diese zweite (aufwendigere und seltenere) Bestimmung der Katachrese hat mit der ersten Bedeutung nichts zu tun.

Eine solche Katachrese kommt zustande, wenn – ob gewollt oder ungewollt – zwei (oder mehr) Tropen – meist Metaphern – so miteinander verknüpft werden, daß sie erkennbar nicht zusammenpassen, wenn also die ersetzenden uneigentlichen Ausdrücke aus verschiedenen Bereichen, Bildfeldern usw. stammen.

Die Wirkung solcher Katachresen ist zumeist komisch, seien sie bewußt zu diesem Zweck entwickelt oder unfreiwillig entstanden. Erstere haben Ähnlichkeit mit dem →*Oxymoron*, letztere sind hingegen eher als Fehler oder 'Stilblüte' anzusehen.

Beispiel 1

Bekannte Beispiele für die Katachrese als lexikalische Notwendigkeit sind etwa der kaum mehr als Metapher empfundene „Fuß des Berges" oder das ähnlich geartete „Tischbein" und dergleichen mehr.

Insbesondere dann, wenn neuartige Gegenstände benannt werden müssen, greift der Volksmund (nicht so sehr der Dichter) zu katachretischen Metaphern, denken Sie zum Beispiel an den eingebürgerten „Fuchsschwanz", die „Schraubenmutter" oder die „Maus", die man „klicken" muß, um den Computer zu bedienen.

Beispiel 2

Beispiele für die Katachrese als Bildbruch sind die folgenden, wohl freiwillig komischen Formulierungen:

> Gnädige Frau, dieser Herr ist aus jenem Holze, aus dem man Waschlappen schnitzt.

> Laß nicht des Neides Zügel umnebeln deinen Geist.

Anknüpfungen zur Katachrese im Sinne der konventionalisierten Metapher gibt es natürlich auch: So kann die Katachrese$_2$ auf der Katachrese$_1$ aufbauen und bloß legen, wenn man das umgangssprachliche „aus der Haut fahren" mit „über den eigenen Schatten springen" verbindet:

> Ich kann nicht über meine Haut springen.

Sie kann aber auch selbst lexikalisiert werden, beispielsweise als „Pillenknick".

Mehr als nur zwei nicht zusammenpassende Bilder verknüpft die folgende katachretische Formulierung, die das Prinzip des 'Bildbruchs' somit schonungslos offenlegt:

> Der Zahn der Zeit, der schon so manche Träne getrocknet hat, wird auch über diese Wunde Gras wachsen lassen.

In ähnlicher Weise spielt der Autor des folgenden Satzes mit der Verknüpfung zweier nicht ganz zusammenpassender Bilder:

> Aber ein Pindar in Böotien macht aus diesem noch keinen Schwalbensommer. (Jean Paul)

Zahlreiche unfreiwillig komische Katachresen liefern bevorzugt Talkshowmoderatoren, Fußballkommentatoren, Seminarleiter und ähnliche zum Wort verdammte Personengruppen. Diejenigen von Lehrern pfleg(t)en ihre Schüler zu sammeln und als 'Stilblüten' zu veröffentlichen.

4.1.4 Litotes

(griech.: Schlichtheit)

Trope: Ersetzung eines gemeinten positiven, oft superlativischen Ausdrucks durch den verneinten einfachen

Die Litotes sagt also deutlich weniger, als gemeint ist, und ist somit ein zentrales Verfahren der rhetorischen Mäßigung oder Verkleinerung (*Meiosis*).

Sie gibt dies aber – ähnlich wie die →*Ironie*, mit der sie eng verwandt ist – zu erkennen.

In anderer Hinsicht ähnelt die Litotes der ebenfalls meiotischen →Emphase, die einen umfassenderen Gedanken (mehr oder minder deutlich erkennbar) andeutet, aber eben nicht vollständig ausspricht.

Durch das von der Litotes erzeugte 'understatement' wird der gemeinte Gegenstand oder Sachverhalt sprachlich markiert, und darüber hinaus kann so das (auf Mäßigung bedachte) *éthos* des Redners oder Autors herausgestellt werden, wie es für die rhetorische Funktion des →*delectare* typisch ist.

Beispiel

Ähnlich wie bei der →*Hyperbel* sind auch viele Litotes-Formulierun-
gen in den allgemeinen Sprachgebrauch eingegangen:

> Er ist nicht unbekannt. (für: Er ist berühmt.)

> Das ist keine Kleinigkeit. (für: Das ist eine große Angelegenheit.)

> und nicht verweigerte den Befehl der Geleiter (Homer)

4.1.5 Metapher

(griech.: *metaphorá* = Übertragung)

Trope: Ersetzung des eigentlichen Ausdrucks durch einen anderen Ausdruck, der mit ihm in einer Ähnlichkeitsbeziehung steht

In der Rhetorik gilt die Metapher also als 'verkürzter →*Vergleich*',
verkürzt um die Vergleichspartikel (etwa „wie") und eventuell um
den Vergleichsaspekt, das sogenannte *tertium comparationis* (lat.:
das Dritte des Vergleichs).

Durch die Festlegung auf eine zwischen den beiden Ausdrücken
(dem ersetzenden und dem ersetzten) vorliegende Ähnlichkeit unterscheidet sich die Metapher von den anderen Tropen.

Im Einzelfall ist die zugrundeliegende Ähnlichkeitsbeziehung
aber oft nicht genau auszumachen, so daß sich – üblicherweise – eine
gewisse Unsicherheit bezüglich des Gemeinten ergibt. Die Metapher
ist also oft nicht vollständig rückübersetzbar oder auflösbar. Neuere,
nicht-rhetorische Metaphorntheorien, begreifen die Metapher daher
auch weniger als Ergebnis einer Ersetzung, sondern eher als das eines Austauschs semantischer Gehalte, der zu einem Sinnüberschuß
führt.

Zu erkennen sind sie aber immer daran, daß der Text – auf der
'eigentlichen' Bedeutungsebene gelesen – einen 'semantischen
Bruch' enthält an der Stelle, wo der uneigentlich verwendete Aus-

druck mit seinem eigentlich verwendeten →*Ko-Text* 'zusammenstößt'.

Metaphern können sowohl als →*Katachresen* eingebürgert sein. Sie sind aber auch eines der wesentlichen Verfahren, den (eigenen) Ausdruck oder Stil zu variieren oder einen Text poetisch – und damit deutungsoffen – zu gestalten.

Metaphern sind nach zahlreichen Kriterien unterscheidbar. Einige davon sind:

- der Typ der Ähnlichkeitsbeziehung: Unterscheidbar sind Metaphern auf Basis einer echten Ähnlichkeitsbeziehung (gemeinsames Merkmal) und solche auf Grundlage einer Analogie (gemeinsame Relation)
- die Art der Ähnlichkeitsbeziehung: Typische Übertragungsverhältnisse sind etwa die von Leblosem und Belebtem, Sinnlichem und Geistigem, Konkretem und Abstraktem sowie Synästhesien (griech.: gemeinsame Wahrnehmungen)
- die syntaktische Realisierung: Metaphern können als (syntaktische) Attribute, Prädikate oder Subjekte realisiert sein. Dementsprechend ergeben sich bestimmte typische syntaktische Muster der Metapher, etwa die Genitivmetapher, wo eigentlicher und uneigentlicher Ausdruck in einer Genitivkonstruktion zusammenkommen
- die Fixiertheit der Ähnlichkeitsbeziehung: Selbst wenn der Vergleichsaspekt, der die Ähnlichkeitsbeziehung hervorruft, nicht ganz klar zu fassen ist, ist er doch zumeist in etwa umrissen. Dies gilt aber gerade nicht für bewußt innovative Metaphern, die überraschende Ähnlichkeiten eher nahelegen als voraussetzen ('kühne Metapher'), oder für solche Metaphern, die gar kein Indiz mehr liefern für das eigentlich Gemeinte ('absolute Metapher')

Beispiel 1

> Caesar ist so stark wie ein Löwe.

Dieser →*Vergleich* mit seinem Vergleichspartikel „wie" nennt mit der Stärke auch das tertium comparationis des Vergleichs.

Der gemeinte Sachverhalt ist aber – verkürzt – auch als Metapher formulierbar:

> Caesar ist ein Löwe. (oder: ... ist an Stärke ...)

Die metaphorische Formulierung ist prägnanter und intensiver, scheint sie doch die beiden Vorstellungskomplexe enger zusammenzuführen. Sie beruht auf dem 'semantischen Bruch', der hier darin besteht, daß der *Mensch* Caesar als *Tier* bezeichnet wird, was nur 'im übertragenen Sinn' zu verstehen ist.

Die eben vorgestellte Trivial-Metapher beruht auf einer simplen Ähnlichkeitsbeziehung, die auch als Merkmalsübereinstimmung angesehen werden kann (das Merkmal der Stärke zeichnet sowohl Caesar als auch den Löwen aus). Andere Metaphern beruhen nicht auf einer solchen Ähnlichkeit, sondern auf einer Analogie, also einer ähnlichen Relation: a verhält sich zu b wie c sich zu d verhält:

> Pele ist der Beckenbauer Brasiliens.

Was Franz Beckenbauer (a) für den deutschen Fußball (b) ist, genau das ist Pele (c) für den brasilianischen Fußball (d).

Häufig werden unbelebte Gegenstände in Metaphern als belebt dargestellt („die Eingeweide der Stadt" für ihre Kanalisation usw.), Nicht-Menschliches mit menschlichen Attributen ausgestattet (*Anthropomorphismus*, griech. so viel wie: Orientierung an Menschengestalt). So ergibt sich die →*Personifikation*:

> Blaue Trauben / Trinken nachts den Schweiß (Trakl)

Beliebt und häufig als Katachresen habitualisiert sind auch Metaphern, die ein Abstraktes sinnlich konkret erscheinen lassen: So kann man unter Anspannung „einen kühlen Kopf bewahren" oder voll „flammenden Zorns" sein.

Beliebte Ähnlichkeitsbeziehungen, die Metaphern zugrundeliegen, sind zudem Synästhesien, wo Attribute, die einem Sinn zugeordnet sind, auf einen Gegenstand bezogen werden, der einem anderen Sinn zugeordnet werden muß:

> Mit silbergrauem Dufte war das Tal
> Der Dämmerung erfüllt. (Hofmannsthal)

Eine typische Genitivmetapher liegt etwa vor, wenn das Kamel topisch als „Schiff der Wüste" bezeichnet wird. Attributiv verwendete Metaphern (wie etwa der „flammende Zorn") stellen wohl überhaupt den Normalfall der Metaphern-Syntax dar. Doch natürlich sind Metaphern auch an Prädikatstelle möglich (als echte metaphorische Prädikation wie in „Caesar ist ein Löwe" oder als Verbalmetapher wie in „Der Zorn entflammt"), und ebenso natürlich an Subjektstelle („Der Löwe (Caesar) trat vor den Senat").

Beispiel 2

Poetische Metaphern – oder genauer: in poetischen Texten gebrauchte Metaphern – zeichnen sich für gewöhnlich dadurch aus, daß sie nicht auf eine bekannte, etablierte und allgemein anerkannte Ähnlichkeitsbeziehung zurückgreifen, sondern daß sie – realisiert durch die Metapher – eine neuartige, noch nicht bekannte und wohl auch kaum voll erfaßbare Ähnlichkeitsbeziehung herstellen. Darin besteht wohl der 'Witz' von Metaphern.

Der semantische Bruch bzw. die 'semantische Konterdetermination' von (uneigentlich gebrauchtem) Text und (eigentlich gebrauchtem) Ko-Text bleibt natürlich auch in diesen Fällen grundsätzlich bestehen, das Konnotations- und Assoziationspotential des uneigentlichen, bildlichen Ausdrucks scheint sich aber gerade in solchen Fällen auch auf den eigentlichen Ko-Text auszudehnen; und dies wohl gerade dann, wenn die zugrundeliegende Ähnlichkeitsbeziehung nicht mehr wirklich zu fassen ist.

Die folgende Metapher vom Kork ist sicherlich noch aufzulösen, wenn man an die Funktion des Korken bei Flaschen denkt:

> Ich und Mich sind immer zu eifrig im Gespräche: wie wäre es auszuhalten, wenn es nicht einen Freund gäbe? Immer ist für den Einsiedler der Freund der Dritte: der Dritte ist der Kork, der verhindert, dass das Gespräch der Zwei in die Tiefe sinkt. (Nietzsche, Zarathustra)

Bei 'kühnen Metaphern' hingegen ist nur noch mit größter Mühe ein kaum zu fixierender Vergleichspunkt auszumachen – und dennoch scheint die Metapher ein stimmiges Bild hervorrufen zu können:

> Gottes Schweigen / Trank ich aus dem Brunnen des Hains.
> (Trakl)

> Der Märkte runder Wirbel stockt zu Eis. (Heym)

'Absolute Metaphern' hingegen liefern dem Leser kein stimmiges Bild mehr, da hier der ersetzende metaphorische Ausdruck semantisch zu nah am ersetzten Ausdruck angesiedelt und doch im eigentlichen Wortsinne nicht zu verstehen ist:

> das blaue Reh (Trakl)

> die schwarze Milch der Frühe (Celan)

Natürlich sind Metaphern – gerade wegen ihrer syntaktisch variablen Präsentationsform – nicht auf kleinste Textabschnitte beschränkt, sondern können über Satzteile und Sätze hinaus ausgedehnt werden. (Weit) ausgedehnte Metaphern können und sollten jedoch als →*Allegorien* bezeichnet werden.

4.1.6 Metonymie

(griech. etwa: Namensänderung)

Trope: Ersetzung des eigentlichen Ausdrucks durch einen Ausdruck, der mit ihm in einer sachlichen Beziehung steht

Die Verbindung zwischen den beiden Ausdrücken oder Gehalten, dem Gemeinten und dem (uneigentlich) Gesagten, besteht also bei der Metonymie charakteristischerweise der Sache nach, in der Realität. Häufig heißt eine solche reale Verbindung zwischen Sachen *Kontiguitätsbeziehung.*

Die bevorzugten Substitutionstypen oder Kontiguitätsbeziehungen der Metonymie sind Relationen wie

- die von Ursache und Wirkung, von Autor und Werk, Erzeuger und Erzeugnis,
- die von Produkt und Material,
- die von Raum und Rauminhalt, Gefäß und Inhalt, Ort und Bewohner oder auch
- die von Abstraktum und Konkretum, Funktion und Funktionsträger.

Einen weiteren Typ von Kontiguitätsbeziehung könnte die von Ganzem und Teil (oder umgekehrt) darstellen, diese 'mereologische' Relation wird üblicher- und traditionellerweise aber der →*Synekdoche* zugeordnet.

Metonymien neigen in mindestens demselben Maße wie →*Metaphern* dazu, →*katachretisch* gebraucht zu werden. Demzufolge sind viele Metonymien oder Metonymie-Muster in die Umgangssprache eingegangen, ohne daß dies den Sprechern jederzeit bewußt ist. Sie dienen zumeist der Abkürzung.

Innovative und überraschende Verwendungen von Metonymien sind gleichwohl durchaus üblich, insbesondere wenn es darum geht, einen Text – und besonders natürlich seine Benennungen – variabel und flexibel zu gestalten.

Eng verwandt mit der Metonymie ist die →*Antonomasie* (griech.: Namensersetzung), von der es zwei unterscheidbare Versionen gibt:

In der ersten und traditionellen Variante wird ein Eigenname durch eine (zumindest im Kontext) identifizierende Kennzeichnung ersetzt. Diese wiederum entsteht zumeist auf Grundlage einer Kontiguitätsbeziehung (Vater der Person, ihre Taten oder Werke, ihre charakteristischen Eigenschaften oder Funktionen und dergleichen).

Die zweite, erst nachträglich dem Begriff 'Antonomasie' zugeordnete Variante geht genau umgekehrt vor und ersetzt die eigentlich gemeinte charakteristische Eigenschaft, Funktion oder Sache durch einen ihrer allseits bekannten Repräsentanten.

Beispiel

Viele metonymisch verwendete Ausdrücke oder Ausdruckstypen sind längst zum umgangssprachlichen Standard geworden.

So liest man etwa – der Einfachheit halber – „Goethe" (statt seiner Werke), man kauft einen „Opel" (statt ein Auto von der Firma Opel), man trinkt „ein Gläschen" (statt dessen Inhalt), man verlängert in der Bücherei „ein Buch" (statt dessen Leihfrist), man läßt eine ganze Stadt, etwa „Leverkusen", die Fußballmeisterschaft feiern (statt ihre Einwohner bzw. diejenigen unter ihnen, die dem TSV Bayer 04 anhängen), man trägt „Jeans" (statt einer Hose aus Jeans) usw.

Vor allem in der antiken Literatur üblich ist außerdem die Verwendung eines Götternamens statt seines Repräsentations- oder Funktionsbereichs: In den Epen Homers etwa wird die „rosenfingrige Eos" begrüßt, wenn die Sonne aufgeht. Man macht „Amor" und „Venus" für die Liebe verantwortlich und spricht von „Neptun" oder „Poseidon", wenn man das Meer meint.

Dies entspricht schon fast der Antonomasie vom zweiten Typ, nach der man – ebenfalls zumeist umgangssprachlich – nach dem „Tempo" verlangt, wenn man ein Papiertaschentuch möchte, wenn man mit „Ajax" sein Bad auf Hochglanz bringt, einen Verräter als „Judas" und einen „klugen Kopf" (Synekdoche) etwa als „kleinen Einstein" bezeichnet.

Der erste Antonomasietyp hingegen – der charakteristischerweise in Berichten von Provinzzeitungen zu finden ist – ersetzt stereotyp „Hagen" durch „Volmestadt" (Hagen liegt an der Volme), aber auch – so etwa in der „Ilias" – „Agamemnon" durch „Atride" (d.i. Sohn des Atreus) usw. In ähnlicher Weise kann man Shakespeare als den „Barden vom Avon" bezeichnen oder Jerusalem als „die heilige Stadt".

Doch zurück zur Metonymie: Einen Standard-Fall der Metonymie, die Ersetzung des poetischen Werkes durch den Dichternamen, nutzt Lessing zu einem witzig-sinnreichen →*Epigramm*:

Wer wird nicht einen *Klopstock* loben?
Doch wird ihn jeder lesen? – Nein.
Wir wollen weniger erhoben,
Und fleißiger gelesen sein.

4.1.7 Synekdoche

(griech.: *synekdoché* = Mitübernahme, Andeutung)

Trope: Ersetzung des eigentlichen Ausdrucks durch einen (semantisch) engeren oder weiteren Ausdruck

Im Unterschied zur →*Metonymie* besteht die Verbindung zwischen dem gemeinten und dem gesagten Ausdruck also nicht primär der Sache nach, sondern der Bedeutung nach, und zwar in Bezug auf ihren Umfang. Besonderes und Allgemeines können einander somit in der Synekdoche ersetzen.

Es können zwei Typen der Synekdoche unterschieden werden:

Die *generalisierende* Synekdoche ersetzt einen semantisch engen durch einen semantisch weiteren Ausdruck, der allerdings den ursprünglichen Ausdruck mitumfaßt, aber noch anderes mit-meint.

Die *partikularisierende* Synekdoche ersetzt hingegen genau umgekehrt den semantisch weiten durch einen semantisch engeren Ausdruck, der somit nur exemplarisch für das Gemeinte steht.

Charakteristische Verbindungen der Synekdoche sind somit

*   Klassifikationsverhältnisse (etwa Gattung und Art),
*   die Verhältnisse von Ein- und Mehrzahl sowie
*   die von charakteristischem Exemplar und dem, wofür es charakteristisch ist.

Hinzu kommen noch die Verhältnisse vom Ganzen und seinen Teilen. Denn obwohl diese 'mereologische' Relation der Sache – nicht der Bedeutung – nach besteht und insofern der →*Metonymie* zugeordnet werden könnte, wird sie üblicherweise – aufgrund der Analogie vom Umfassenden und Umfaßten – als →*pars pro toto* (lat.: der Teil für das Ganze) der Synekdoche zugeordnet.

Auch die Synekdoche neigt dazu, →*katachretisch* gebraucht zu werden: Viele synekdochetische Ausdrucksweisen sind in die Umgangssprache eingegangen.

Innovative und überraschende Verwendungen von Synekdochen sind gleichwohl durchaus üblich, insbesondere wenn es darum geht, einen Text – und besonders natürlich seine Benennungen – variabel und flexibel zu gestalten.

Beispiel

Viele synekdochetisch verwendete Ausdrücke oder Ausdruckstypen sind längst zum umgangssprachlichen Standard geworden.

Man spricht oder sprach häufig partikularisierend von „dem Russen", wenn man doch „die Russen" meinte. Man erklärt sich bereit, „sein letztes Hemd" zu geben, wenn man doch auch die letzte Hose, den letzten Pfennig, das letzte Stückchen Kuchen usw. wegzugeben bereit ist.

Generalisierend spricht man von „Deutschland", wenn man doch nur die „deutsche Fußball-Nationalmannschaft" meint, oder man siedelt den Delphin im „Wasser" an, wo er doch eigentlich nur im Meer vorkommt. Auch der früher in wissenschaftlichen Publikationen und andernorts übliche „pluralis maiestatis" (lat: „Plural der hervorgehobenen Stellung"), der „ich" durch „wir" ersetzt, ist als generalisierende Synekdoche aufzufassen.

Der Teil steht für das Ganze (pars pro toto), wenn man etwa seinem Sprößling die Folgen der Zugehörigkeit zum elterlichen Haushalt wie folgt erklärt:

> Solange du unter meinem Dach lebst / deine Füße unter meinen Tisch stellst, ...

Doch auch umgekehrt kann das Ganze für den Teil stehen. So kann der Fernstudent sagen, er studiert „an der FernUni Literaturwissenschaft", wo er doch eigentlich am „Institut für neuere deutsche und europäische Literatur der FernUniversität" Literaturwissenschaft und ein weiteres Fach studiert.

Als weit ausgedehnte Synekdoche ist sicherlich die folgende Eingangspassage aus Jean Pauls „Selberlebensbeschreibung" anzusehen:

> Es war im Jahr 1763, wo der Hubertsburger Friede zur Welt kam und gegenwärtiger Professor der Geschichte von sich; – und zwar in dem Monate, wo mit ihm noch die gelbe und graue Bachstelze, das Rotkehlchen, der Kranich, der Rohrammer und mehre Schnepfen und Sumpfvögel anlangten, nämlich im März;

Denn was er mit dieser Aufzählung von zurückkehrenden Zugvögeln eigentlich ausdrücken will, erklärt er im Anschluß selbst, daß nämlich

> ich und der Frühling zugleich angefangen.

4.2 Komplexere uneigentliche Redeweisen

Neben den →*Tropen*, die mehr oder minder strikt nach Kriterien der (klassischen) →*Rhetorik* bzw. ihrer →ornatus-Lehre bestimmt werden können, gibt es weitere, mit diesen verwandte oder aus ihnen ableitbare Textstrategien und Darstellungsverfahren, die – zumindest im heute üblichen literaturwissenschaftlichen Verständnis – nicht (nur) als rhetorische Tropen anzusehen sind.

Von diesen sollen hier die folgenden explizit erläutert werden:

→*Allegorie*
→*Emblem*
→*Personifikation*
→*Symbol*

und implizit:
→Rätsel / aenigma

4.2.1 Allegorie

(griech.: *allegoría* = andere, bildliche Redeweise)

Trope: Ersetzung eines eigentlichen Sinnzusammenhangs und seines ausgedehnten Ausdrucks durch einen anderen Sinnzusammenhang samt Ausdruck, der mit ihm in einer Ähnlichkeitsbeziehung steht

Nach dieser Definition ist die Allegorie (im Sinne einer rhetorischen Trope) als ausgedehnte →*Metapher* anzusehen, die nicht nur – punktuell – einen Ausdruck durch einen anderen ersetzt, sondern ganze (uneigentlich gemeinte und sprachlich realisierte) Sinnzusammenhänge für das eigentlich Gemeinte stehen läßt.

Das Gesagte und das Gemeinte stehen demzufolge im Verhältnis einer (globalen) Analogie zueinander. Das Gesagte ist dabei im allgemeinen in sich kohärent, häufig ist es außerdem sinnlicher und konkreter als das Gemeinte: Es konkretisiert oder exemplifiziert dieses (oft auch hypothetisch oder fiktiv) und schmückt es aus.

Dabei sind zwei Arten der Allegorie zu unterscheiden:

Bei der *gemischten oder unvollständigen Allegorie* (lat.: *permixta* = gemischte) sind – vor allem, aber nicht nur am Anfang und am Ende des allegorischen Textabschnitts – noch Ausdrücke zu erkennen, die im eigentlichen Wortsinne zu verstehen sind, die mithin Metaphern gleichen und die Deutung oder Auflösung der Allegorie lenken.

Bei der *vollständigen Allegorie* (lat.: *tota* = ganze) ist hingegen der gesamte Text oder Textabschnitt auf der Bild-Ebene der Allegorie angesiedelt, es gibt also keine Reste der eigentlichen Sprechebene, demzufolge auch keine aus der Textoberfläche hervorgehenden Lese- oder Deutungsansätze. Diese sind vielmehr im allgemeinen konventionalisiert, so daß der Übergang vom Gesagten zum Gemeinten auf Basis von →*topischen* Übertragungen oder konventionellen *Deutungsverfahren* vonstatten geht.

Wenn dies nicht möglich ist, also bewußt keine Standard-Verfahren der Findung der eigentlichen Sinnebene vorausgesetzt werden, so hat die Allegorie den (eventuell durch den →*Ko-Text* zusätzlich indizierten) Charakter eines Rätsels (→aenigma, lat./griech.: Rätsel).

Daß der betreffende Text oder Textausschnitt als Allegorie zu verstehen ist, ergibt sich bei der vollständigen Allegorie also nur aus dem Äußerungskontext, läßt dementsprechend unter Umständen keine absolut sicheren Zuordnungen zu. Bei der gemischten Allegorie kommen hingegen auch textinterne Indizien hinzu.

In einem damit verwandten, aber nicht identischen Sinne kann man auch in Bezug auf andere mediale Repräsentationen (etwa Bildern, Skulpturen) von 'Allegorien' sprechen, dann nämlich, wenn diese – wohl zumeist nach dem Vorbild von Text-Allegorien oder deren Repräsentationskonventionen – etwas anderes repräsentieren als sie darstellen. Diese Bedeutung von 'Allegorie' ist aber nicht mehr als (rhetorische) Trope zu begreifen.

Beispiel

Die Metapher vom 'Staatsschiff' z.B. ist schon in der antiken Literatur topisch geworden. Wird sie ausgebaut, so kann die ausgedehnte Metapher leicht in eine Allegorie übergehen. Der Kreon aus Sophokles' „Antigone" z.B. spricht in seinem Eingangsmonolog schon vom „wilden Sturm", der die Stadt bedroht hat, von sich selbst als „Steuermann" des Staats, bevor er erklärt,

> daß / die Heimat uns beschützt und nährt: auf diesem Schiff
> fahren wir sicher und erwerben Freunde uns.
> Also gesinnt denk' ich zu mehren diesen Staat.

Schnell kehrt der Sprecher also wieder auf die eigentliche Ebene zurück.

Schon ausgedehnter, und somit deutlich als (gemischte) Allegorie erkennbar, äußert sich Schillers „Wallenstein" über die, die ihn im Stich lassen, zumal er gleich zwei verschiedene unterschiedliche Bildbereiche aufeinander folgen läßt:

War ich ihm, was er mir? Das Schiff nur bin ich,
Auf das er seine Hoffnung hat geladen,
Mit dem er wohlgemut das freie Meer
Durchsegelte, er sieht es über Klippen
Gefährlich gehn und rettet schnell die Ware.
Leicht wie der Vogel von dem wirtbarn Zweige,
Wo er genistet, fliegt er von mir auf,
Kein menschlich Band ist unter uns zerrissen.

Eine vollständige, wenn auch kurze Allegorie stellt etwa Schillers
→*Epigramm* „Erwartung und Erfüllung" dar:

In den Ozean schifft mit tausend Masten der Jüngling,
Still, auf gerettetem Boot treibt in den Hafen der Greis.

Genauso können ganze Texte, etwa Hofmannsthals „Jedermann" als
Allegorien aufgefaßt werden, da – ähnlich wie bei diesem Epigramm
– aufgrund des Äußerungskontextes anzunehmen ist, daß nicht (nur)
das Gesagte gemeint ist. Zur Ausdeutung solcher Allegorien bieten
(topische) Ähnlichkeitsrelationen und konventionalisierte Deutungsstrategien die Grundlage.

Ausschließlich die Findigkeit und Vorstellungskraft des Lesers
hilft bei der Auflösung von bewußt verdunkelten Allegorien, die mithin als Rätsel aufzufassen sind, denn das mit der folgenden „Schlange" der Blitz gemeint ist, ist nicht auf den ersten Blick ersichtlich:

Unter allen Schlangen ist eine,
Auf Erden nicht gezeugt,
Mit der an Schnelle keine,
An Wut sich keine vergleicht.

Sie stürzt mit furchtbarer Stimme
Auf ihren Raub sich los,
Vertilgt in einem Grimme
Den Reiter und sein Roß.

Sie liebt die höchsten Spitzen,
Nicht Schloß, nicht Riegel kann
Vor ihrem Anfall schützen,
Der Harnisch – lockt sie an. [...]
(Schiller, Parabeln und Rätsel)

4.2.2 Emblem

Bimediale Gattung / Textsorte: zwei unterscheidbare Texte (inscriptio und subscriptio) und ein Bild (pictura), die sich durch gegenseitige Verweisungszusammenhänge zu einer Gesamtaussage ergänzen

Das Emblem besteht also aus drei klar voneinander unterscheidbaren Teilen, die ein (meist eine Textseite füllendes) Ganzes bilden.
1. Die *inscriptio* (lat.: Überschrift), auch *lemma* (griech.: Satz) oder *Motto* genannt, mit der das Emblem beginnt, ist oft ein (bekanntes) Zitat aus 'klassischen' Texten oder der Bibel – oder sie ist ein bekannter Sinnspruch.
2. Die *pictura* (lat.: Bild), auch *imago* (lat.: Bild) genannt, ist eine Abbildung und folgt im allgemeinen dem Titel. Abgebildet werden häufig mythologische oder historische Szenarien.
3. Die *subscriptio* (lat.: Unterschrift), ein (im Vergleich zur knappen inscriptio) längerer, zumeist poetisch strukturierter Text schließt das Emblem ab.
   Kommentare, Übersetzungen, Quellenangaben usw. können fakultativ hinzukommen.
   Der Grund, diese Gattung oder Textsorte hier im Zusammenhang mit →*uneigentlichen Redeweisen* zu behandeln, besteht in den Verhältnissen zwischen den drei Bestandteilen des Emblems. Denn diese sind mehr oder minder komplexe Beziehungen, die tropischem Reden ähneln, aber hier nicht einander ersetzen, sondern ergänzen, aufeinander verweisen. Daraus ergibt es sich, daß die einzelnen Teile des Emblems andere Teile deuten helfen oder von ihnen her gedeutet werden können. So kann etwa die inscriptio (zumindest im jeweiligen

Äußerungszusammenhang) deutungsbedürftig sein – und wird durch das Bild exemplifiziert oder →*allegorisch* dargestellt, was wiederum in der subscriptio erläutert wird – etwa durch Explikation des zugrundeliegenden Vergleichs. Die Unterschrift kann aber auch helfen, den rätselhaften Zusammenhang zwischen Motto und imago zu erhellen.

Meistens formuliert und illustriert das dreiteilige Emblem so eine moralische, politische und/oder religiöse Aussage.

Als →*Textsorte* ist das Emblem hier beschrieben. Als historische →*Gattung* war es – nach Andreas Alciatus' epochemachenden Emblembuch von 1531 – vom 16. bis ins 18. Jahrhundert hinein eine der wesentlichen poetisch-künstlerischen Ausdrucksformen, an der Dichter, Buchdrucker und bildende Künstler gemeinsam arbeiteten.

Beispiel

Das nachfolgende Emblem stammt aus einem Emblembuch Julius Wilhelm Zincgrefs mit Stichen von Matthäus Merian. Es verbindet ein Bild, das eine Laute und eine Stadt auf für sich nicht verständliche Weise nebeneinanderstellt, mit einer betont knappen lateinischen inscriptio (ein Zitat aus Lukans Pharsalia-Epos) und einer französischen subscriptio, der eine deutsche Übersetzung beigefügt ist. Die Unterschrift selbst ist wiederum als →*Epigramm* gestaltet. Das rätselhafte Bild und das allzu allgemeine Motto werden durch die subscriptio gedeutet, denn diese vergleicht die Laute mit der Stadt unter dem *tertium comparationis* (vgl. →*Metapher*) der „concordia discors" (lat.: zwieträchtige Eintracht) des Mottos.

CONCORDIA DISCORS

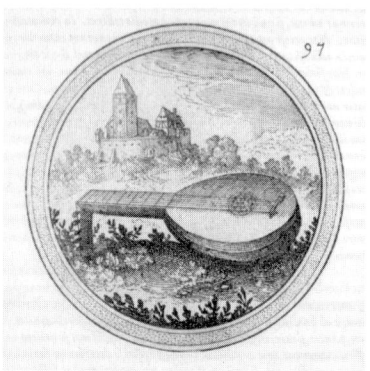

Discorde Concordée
Comme de sons confus s'entonne l'harmonie
D'un accordant discord, de mesme une cité
Quoy que d'hommes diuers maintiendra l'equité,
Si par des bonnes loix sagement sa mainé.

So kann eine Stadt bestehen.
Sich dieses Lautenspiel mit grob und kleinen Säyten
Und gleich wol / stimmt man sie / stimmt die der andern ein:
Sol eine Stadt in Ruhe und Recht erhalten seyn /
So muß sie seyn besetzt mit groß und kleinen Leuthen.

4.2.3 Personifikation

Ähnlichkeitstrope (Metapher oder Allegorie) mit spezifischem Übertragungsmodus: Menschliches ersetzt Allgemeines oder Abstraktes

Die Personifikation setzt also eine Ersetzung auf Grundlage einer Ähnlichkeitsbeziehung voraus, unterscheidet aber nicht wesentlich zwischen einer punktuellen Ersetzung (→*Metapher*) und einer Ersetzung ganzer Text- oder Sinnzusammenhänge (→*Allegorie*). Dafür legt sie sich auf eine bestimmte Art von Ähnlichkeits- bzw. Ersetzungsverhältnis fest: die Anthropomorphisierung nämlich (Abstraktes, Kollektives, Allgemeines, nur schwer Konkretisier- und Faßbares) wird als (bestimmter) Mensch mit bestimmten Attributen, Eigenschaften, Äußerlichkeiten usw. dargestellt.

Einige Darstellungen bestimmter Abstrakta durch Menschen oder menschliche Attribute wurden dabei so stark konventionalisiert, daß die zugrundeliegende Ähnlichkeitsbeziehung durch Deutungskonventionen ersetzt werden konnte.

In einem damit verwandten, aber nicht identischen Sinne kann man auch in Bezug auf andere mediale Repräsentationen (etwa Bildern, Skulpturen) von 'Personifikationen' sprechen, dann nämlich, wenn diese – wohl zumeist nach dem Vorbild von Text-Allegorien oder deren Repräsentationskonventionen – etwas anderes repräsentieren als sie darstellen.

Beispiel

Ein Klassiker der Personifikation ist die metaphorische Sentenz:

> Die Revolution frißt ihre Kinder.

Ebenfalls personifizierende Metaphern sind:

> Vater Rhein (Hölderlin)

> Gevatter Tod (Claudius)

Solche Metaphern sind natürlich auch zu Allegorien erweiterbar, so etwa Heyms

> Der Gott der Stadt

> Auf einem Häuserblocke sitzt er breit.
> Die Winde lagern schwarz um seine Stirn.
> Er schaut voll Wut, wo fern in Einsamkeit
> Die letzten Häuser in das Land verirrn. [...]

Hier wird – ein ganzes Gedicht hindurch – die Großstadt als ihr Gott, und damit als Person dargestellt. Überhaupt ist die Personifikation eines der zentralen Verfahren des Mythos, macht sie doch aus (abstrak-

ten) Eigenschaften, Zuständen oder Idealen (konkrete, sinnlich dar-
stellbare) Gestalten.

Jeder kennt die völlig konventionalisierte Darstellung der Gerechtigkeit als Justitia, die – blind und mit der Waagschale in der einen,
dem Schwert in der anderen Hand – zur Strafe befugte Gerechtigkeit
unabhängig von der Person garantiert.

4.2.4 Symbol

(griech.: *sýmbolon* = Erkennungszeichen, Marke)

(1) nicht-konventionelles Zeichen oder
(2) Gegenstand, der über sich selbst hinaus auf anderes verweist
und somit als Zeichen anzusehen ist

Es gibt – im Bereich der Geistes- und Kulturwissenschaften – sehr
viele Symbolbegriffe. Selbst innerhalb der Literaturwissenschaft(en)
liegt keine einheitliche und allgemein anerkannte Definition vor.

Klar ist aber, daß sich der literaturwissenschaftliche Symbolbegriff von dem der Linguistik und Sprachphilosophie vor allem dadurch unterscheidet, daß er gerade nicht von dessen konventionellem Bedeutungsgehalt ausgeht.

Das Symbol der Literaturwissenschaft (und wohl auch anderer Kunstwissenschaften) ist also ein nicht-konventionelles Zeichen, das der Deutung bedarf, da die Bedeutung dieses Symbolzeichens noch nicht – etwa durch feststehende Regeln der Sprache – fixiert worden ist.

Das Symbol verweist also – über sich selbst hinaus – auf anderes, und zwar im allgemeinen so, daß dieses Andere nicht genau fixierbar ist.

Umstritten ist jedoch, ob man Zeichen (z.B. Schriftzeichenkomplexe) oder Repräsentationen (z.B. Abbildungen) oder das je Repräsentierte als Symbole ansehen soll, zumal – jedenfalls in den Kunstwissenschaften – beides kaum zu unterscheiden ist. Hier werden deshalb beide Definitionsvorschläge gemacht: Der (potentiell) weitere faßt Symbole als über sich selbst auf anderes verweisende Realien auf, der (möglicherweise) engere betrachtet sie einfach als nicht-konventionelle Zeichen.

Zu den Möglichkeiten, Symbole zu erzeugen, zu etablieren und zu deuten, können ganz unterschiedliche Momente gehören:

- etwa der →*Kontext* einer Zeichenverwendung oder ihr →*Ko-Text*, aber eben auch der Zusammenhang, in dem ein Gegenstand, eine Handlung oder ein Geschehen steht oder stand,
- →*uneigentliche Redeweisen* aller Art bzw. die diesen zugrundeliegenden (tropischen) Ersetzungsrelationen (etwa Ähnlichkeit, Analogie, Teil von ... usw.),
- aber auch viele andere Verfahren, etwa das Anagramm.

Einmal – etwa durch einen bestimmten Text – etablierte Symbole können aber natürlich – als Symbole – wiederum konventionalisiert werden.

Unter dieser Betrachtungsweise haben Symbole also eine große Affinität etwa zu der pictura eines →*Emblems* oder zu →*Allegorien*. Gerade letztere wurden aber von einer für die deutsche Literaturwissenschaft nicht ganz unbedeutenden Instanz, Goethe nämlich, strikt voneinander abgesetzt, so daß man in der Germanistik lange mit Goethe die konventionelle, auf Begriffsdarstellung abzielende und deutungsfixierte Allegorie vom nicht-konventionellen, auf Ideendarstellung abzielenden und deutungsoffenen Symbol abtrennte.

Beispiel

Am engsten mit der Wortbedeutung des griechischen *sýmbolon* verbunden sind Symbole, die als Erkennungszeichen fungieren, so wenn sich (vor allem die frühen und verfolgten) Christen mit einem Fisch-Zeichen als solche zu erkennen gaben. Das griechische Wort für Fisch, *ichthýs*, kann – über seine Buchstaben, aufgefaßt als Anagramm – auf Jesus Christus verweisen: *I*esoús *Ch*ristós *th*eoú (h)y*i*ós *s*otér (J. Ch., Gottes Sohn, Retter).

Für die Annahme, Symbole als Realien in der Welt aufzufassen, sprechen etwa symbolische Handlungen wie Taufakte, das Schütteln von Händen usw., aber auch symbolische Sonnenaufgänge und dergleichen: Wenn der Held (eines Films, Romans, Dramas usw.) zu einem neuen Leben aufbricht und dies genau dann tut, wenn die Sonne zu einem neuen Umlauf ansetzt (also in einer analogen Situation), so kann dies in der Kunst als Symbol gemeint und in der Realität als solches verstanden werden.

Daß die Laute aus dem „concordia discors"-→*Emblem* – gerade vor dem Hintergrund der Emblem-subscriptio – zu einem Symbol für die zwieträchtige Eintracht werden kann, ergibt sich fast zwangsläufig – und zwar unabhängig davon, ob sie gespielt, genannt oder abgebildet wird.

Und in ähnlicher Weise kann, ja muß natürlich ein Schiff, das dann wieder Fahrt aufnimmt, genannt oder angeführt wird, wenn der Staat wieder wohleingerichtet ist, als Symbol für diesen Staat angesehen werden, zumindest wenn man die zur →*Allegorie* ausbaubare →*Metapher* vom 'Staatsschiff' zugrundelegt.

Als Beispiel für ein ausschließlich durch einen Text etabliertes Symbol soll hier abschließend noch die in der biblischen Genesis eingeführte Schlange genannt werden, die jederzeit (im entsprechenden Zusammenhang) den (oder einen) Verführer symbolisieren kann.

4.3 Deutung uneigentlicher Rede

Neben den Möglichkeiten der Deutung von uneigentlicher Rede, die sich allein aus Text, →*Ko- und Kontext* ergeben, also weitgehend textstellenspezifisch sind, gibt es seit der Antike, insbesondere seit der in der Spätantike etablierten Bibelauslegung, einen bestimmten Typ standardisierter Deutungsverfahren für uneigentliche Texte (und Textpassagen) sowie für Texte, die man als uneigentlich geäußert, gemeint und somit als deutungsbedürftig anzusehen geneigt ist.

Es handelt sich dabei insbesondere um die (in verschiedenen Varianten vorliegende) →*Allegorese*, die auf der für solche Deutungsstrategien fundamentalen Unterscheidung von →*sensus litteralis* und *sensus spiritualis* beruht.

4.3.1 Allegorese

Deutungsstrategie: Annahme und Deutung einer oder mehrerer (versteckter) Bedeutungsebenen eines Textes neben seiner wörtlichen Bedeutungsebene

Die Allegorese stellt somit quasi das Pendant der →*Allegorie* auf der Seite des Rezipienten dar: Denn wie die Allegorie eine eigentliche und eine uneigentliche Textebene aufweist, so geht die Allegorese von einer solchen Doppelung der Textebenen aus und nimmt neben dem Wortsinn des Textes (→*sensus litteralis*) eine oder mehrere weitere Bedeutungsebenen an (→*sensus spiritualis*).

Diese wiederum sind – der Tradition der Allegorese entsprechend – stark konventionalisiert und bezogen auf die Annahme eines 'mehrfachen Schriftsinns' biblischer Texte. Denn neben der antiken Philologie fand die Allegorese vor allem in der spätantiken, mittelalterlichen und frühneuzeitlichen Bibelexegese Verwendung.

Ein wichtiges auf religiöse Texte bezogenes Textauslegungsschema unterscheidet etwa – neben der wörtlichen Aussage eines Textes – drei nicht-wörtliche Text-, Sinn- und Deutungsebenen: die allegorische, die tropologische und die anagogische oder eschatologische.

Als Verfahren ist die Allegorese grundsätzlich problematisch, da sie – unabhängig ob der zu deutende Text dies verlangt oder wirklich zuläßt – zum Einsatz kommen und Geltung beanspruchen kann. Sie kann so dazu beitragen, Textbedeutungen zu etablieren, die eher mit den Überzeugungen des Exegeten als denen des Autors zu tun haben. Und sie kann helfen, die Positionen des Text-Deuters zu stärken, da nur er und seinesgleichen den 'verborgenen' Sinn hinter der eigentlich-wörtlichen Textebene erkennen, verstehen und auslegen können.

Beispiel

Der mehrfache Schriftsinn biblischer (oder anderer christlich-religiöser) Texte war vor allem ein unterstellter vierfacher Schriftsinn: Neben, genauer 'hinter', der *wörtlichen* Ebene nimmt man drei weitere mögliche Bedeutungsebenen an, die der (theologisch) ausgebildete Exeget ausfindig machen kann: Die *allegorische* Bedeutungsebene umfaßt konventionalisierte und allgemeine Allegorien, die *tropologische* (griech. soviel wie: die Moral betreffende) zielt eher auf ethische Aspekte ab, während die *anagogische* (griech. *anagogé* = Abfahrt) Bedeutungsebene vor allem die *eschatologische* (griech. soviel wie: das Ende betreffende) Dimension des Textes einzufangen bestrebt ist.

So liefert die Annahme eines solchen vierfachen Schriftsinns für das Wort 'Jerusalem' die folgenden Bedeutungen:
1. die historisch-reale Stadt Jerusalem (wörtl.)
2. die Kirche Christi (alleg.)
3. die Seele des Menschen (tropolog.)
4. das Himmelreich (anag./eschat.)

Aber natürlich sind nicht alle allegoretischen Textauslegungsverfahren so komplex.

Ein völlig anderes Beispiel liefert etwa die Annahme, daß es sich bei einem Roman um einen (dann mit einer zusätzlichen, ganz konkreten Bedeutungsdimension ausgestatteten) sogenannten 'Schlüsselroman' handelt. So kann man z.B. den 'Campus'-Roman des Hamburger Anglisten Schwanitz als traditionelle campus-novel lesen, man kann (als Hamburger Universitätsangehöriger oder Bildungspolitiker) aber vielleicht darin auch sich selbst oder andere wiedererkennen, insbesondere dann, wenn man die Hamburger Verhältnisse und die beteiligten Personen kennt, also über Insider-Wissen verfügt.

4.3.2 sensus litteralis – sensus spiritualis

(lat.: buchstäblicher Sinn – geistiger/geistlicher Sinn)

Textbedeutungs- und Sinnebenenunterscheidung: ein (offenkundiger) wörtlicher Sinn eines Textes neben einem (verborgenen) zweiten Sinn, der erst zu erschließen ist

Die Annahme mehrerer Sinn- und Bedeutunsgebenen eines Textes oder einer Texpassage zeichnet vor allem die Deutungsstrategie der →*Allegorese* aus. In Bezug auf →*Tropen* und verwandte Formen →*uneigentlicher Rede*, etwa die →*Allegorie*, oder bestimmte Gattungen wie →*Fabel* und →*Parabel* ist sie aber natürlich allein von den Texten her plausibel.

Unterschieden werden dabei immer ein offenkundiger, auch dem Laien verständlicher wörtlicher Sinn und ein verborgener, erst zu erschließender bzw. nur vom Fachmann oder Eingeweihten erschließbarer Hinter-Sinn, der – für gewöhnlich – die bedeutsamere oder eigentliche Aussage des betreffenden Textes ausmacht.

5 Literaturtheoretische Grundbegriffe

In diesem Kapitel geht es um recht verschiedene, aber wohl unver-
zichtbare Grundkonzeptionen aus dem Bereich der Literatur, die hier
in vier Gruppen vorgestellt werden: →*strukturelle Grundbegriffe*,
→*ästhetische Begriffe*, →*hermeneutische Grundbegriffe* und →*Begriffe zum Verhältnis von Text(en) und Welt*.

5.1 Strukturelle Grundbegriffe

An dieser Stelle werden ein Begriff und drei Begriffspaare erläutert,
die ganz unterschiedliche Aspekte von Literatur betreffen, aber allesamt Dichotomien, die für die Beschreibung, Analyse und Deutung
von Literatur zentral sind, zum Ausdruck bringen.

Es werden erläutert:
→*Norm – Abweichung*
→*Denotation – Konnotation*
→*Ko-Text – Kontext*
→*Verfremdung*

5.1.1 Norm – Abweichung

(strukturelle) Dichotomie, die einen natürlichen, normalen oder
gewöhnlichen Zustand und die Abweichung genau davon unterscheidet

Diese Dichotomie, die natürlich auch außerhalb der Literaturwissenschaft zum Einsatz kommen kann, wurde und wird immer wieder auf
den verschiedensten Ebenen und unter den unterschiedlichsten
Aspekten an die Literatur herangetragen. Am Anfang dieser Reihe
dürfte wohl die rhetorische Unterscheidung von →*ars und natura* stehen.

Die Norm stellt in solchen Konzeptionen immer eine Art Basis
dar, die entweder fix ist oder als fix angenommen wird. Üblicherweise ist sie konzipiert als natürlicher Zustand, als (institutionalisiertes)

Regelsystem, als Gruppe von Konventionen und Übereinkünften und dergleichen.

Die Abweichung ist hingegen immer auf diese Basis bezogen, indem sie sich – in bestimmten Punkten – von dieser unterscheidet. Sie ist somit das Spezifische und Auffällige.

Der Standardfall einer Abweichung ist wohl der Fehler (der oft die vorausgesetzte Norm erst sichtbar macht).

In der Literaturwissenschaft wird als Norm zumeist die gewöhnliche Sprache, ihre Verwendung oder ihr Gesamtsystem zugrundegelegt. Somit kann Literatur insgesamt z.B. als Abweichung von der Normalsprache aufgefaßt werden.

Vor allem aber kann die Literaturwissenschaft Abweichungen auf den verschiedenen Ebenen der Sprache bzw. der Sprachwissenschaft unterscheiden und so für die Beschreibung und Analyse von Literatur nutzbar machen. Solche Abweichungen sind dann natürlich nicht als Fehler anzusehen, sondern als (bewußte) poetische Abweichungen von sprachlichen Normen.

Solche Ebenen sind:
- Phonetik
- Orthographie
- Morphologie
- Syntax
- Semantik
- Pragmatik

Ein verwandtes Konzept zu dem von Norm und Abweichung ist das der →*Verfremdung*.

Beispiel

Jeder Fehler stellt eine Abweichung von einer Norm dar, egal ob es sich dabei um einen Webfehler, einen Sprechfehler, einen Orthographiefehler, eine Verhaltensstörung oder um anderes dieser Art handelt. Immer wird – durch den Fehler sichtbar – eine Norm vorausgesetzt, angenommen oder hypostasiert, deren Nichterfüllung auffällt.

Innerhalb der Literatur bzw. der Literaturwissenschaft handelt es sich natürlich um sanktionierte Abweichungen, die somit zwar als Auffälligkeiten bestehen bleiben, aber eben nicht als Fehler sanktioniert werden.

So kann sich ein Arno Schmidt erlauben, was keinem Viertklässler gestattet wird, nämlich – abweichend von der normalen Orthographie – „fertich" statt „fertig" zu schreiben.

Poetische Abweichungen auf der Ebene der Phonetik stellen etwa die →*Tonbeugungen* dar.

Abweichungen auf der syntaktischen Ebene kennen wir von den →*rhetorischen Figuren* (etwa dem →*Anakoluth*), solche auf der semantischen Ebene von den →*Tropen* (etwa der →*Metapher*) und solche auf der pragmatischen Ebene von den Gedankenfiguren wie etwa der →sermocinatio.

Weitgehend unabhängig von solchen auf die Beschreibung von Textstellen abzielenden Konzeptionen, kann man die Norm-Abweichung-Dichotomie aber auch benutzen, um die Trias von erzählenden, dramatischen und lyrischen Texten zu fundieren, indem man erstere als primär semantisch, zweitere als primär pragmatisch und letztere als primär syntaktisch abweichend auffaßt (so bei Harald Fricke).

Noch fundamentaler ist die Annahme, daß Literatur prinzipiell als Abweichung von der sprachlichen Norm anzusehen ist.

5.1.2 Denotation – Konnotation

Dichotomie der linguistischen Semantik: (sachorientierte) Bedeutung eines Ausdrucks versus (personenbezogenes) Vorstellungs- und Emotionspotential eines Ausdrucks

Die Gegenüberstellung von Denotation und Konnotation stammt aus der Linguistik. Beide Aspekte der Bedeutung eines Ausdrucks sind vor allem durch Vergleich zu ermitteln, in dem sich die Denotation und die Konnotation eines Ausdrucks oder zwei Konnotationen unterschiedlicher, aber denotationsgleicher Ausdrücke gegenüberstehen.

Die Denotation umfaßt – vergleichsweise unabhängig vom →*Kontext* der Äußerung – die Bedeutung eines Ausdrucks im engeren (objektiven) Sinn, also insbesondere die folgenden miteinander in enger Verbindung stehenden Momente: den begrifflichen Inhalt eines Ausdrucks (Intension) und das vom Ausdruck Bezeichnete (Extension). Sie umfaßt also Realien in der Welt (Dinge, Personen, Sachverhalte) oder Begriffskomplexe, die diese klassifizieren.

Die Konnotation eines Ausdrucks ist hingegen stark vom Äußerungs-→*Kontext* abhängig, da sie die vom Sprecher einer Äußerung gemeinten und/oder die vom Adressaten einer Äußerung aktualisierten Vorstellungen, Überzeugungen, Emotionen und Assoziationen umfaßt. Konnotationen beziehen also auch die Subjektivitäten der an einem Äußerungszusammenhang beteiligten Personen mit ein, ohne sich aber auf Individuelles einzulassen. Denn auch die Konnotation eines (gewöhnlichen) Ausdrucks ist – vom *Kontext* fixiert – konventionalisiert und somit überindividuell.

Beispiel

Die Unterscheidung von Denotation und Konnotation ist leicht an beliebigen Beispielen zu zeigen. Während der Ausdruck 'Nacht' den Zeitraum von Sonnenuntergang bis Sonnenaufgang denotiert (genauer: die Klasse aller solcher Zeiträume = Extension, bzw. die diese Klasse fixierende Begriffsbestimmung 'Zeitraum von Sonnenuntergang bis Sonnenaufgang' = Intension), konnotiert er – in Abhängigkeit vom Äußerungszusammenhang – ganz anderes, nämlich z.B. eine romantische Stimmung, ein Bedrohungspotential, die Zeit des Schlafens und dergleichen mehr.

Der Klassiker für die Unterscheidung von unterschiedlichen Konnotationen bei denotationsgleichen Ausdrücken dürfte wohl 'Pferd' – 'Gaul' – 'Roß' darstellen. Alle drei Ausdrücke denotieren Pferde, 'Gaul' und 'Roß' lassen den Leser oder Hörer aber auch wissen, was der Sprecher von dem betreffenden Pferd hält (oder was er will, daß der Hörer meint, er halte von ...; oder was er will, daß der Hörer von dem Pferd halten soll ...). Dementsprechend verbindet man mit

'Gaul' (oder gar 'Ackergaul') ganz andere Vorstellungen als mit 'Roß' (oder gar 'Streitroß').

5.1.3 Ko-Text – Kontext

Kontext: Menge aller Parameter, die für das Verständnis einer Äußerung (bzw. eines literarischen Werks) von Bedeutung sein können

Ko-Text: (direkte) textuelle Umgebung eines sprachlichen Ausdrucks oder Textes

Die beiden Termini 'Kontext' und 'Ko-Text' (oder auch 'Kotext') werden hier nicht nur einander gegenübergestellt, weil sie leicht zu verwechseln sind, sondern auch, weil sie in enger Verbindung miteinander stehen: Denn natürlich ist der Ko-Text eines Textes – nach der obigen Definition – Teil seines Kontextes.

Es ist dennoch zumeist sinnvoll, gerade in literaturwissenschaftlichen Zusammenhängen, den Ko-Text vom Kontext zu unterscheiden. Im Normalfall ist dies leicht möglich – und üblicherweise betrachtet man auch eher den Kontext von ganzen Texten (oder Werken), aber den Ko-Text von Textteilen (oder Werkabschnitten).

Zum Verständnis eines (literarischen) Textes oder Textteils hat man – nicht nur den Regeln der →*Hermeneutik* zufolge – selbstverständlich auch die (direkte) textuelle Umgebung, also den Ko-Text des zu verstehenden Ausschnitts miteinzubeziehen: den/die Vorgänger und Nachfolger eines einzelnen Satzes, den/die Vorgänger und Nachfolger eines einzelnen Kapitels, Aktes, einer Strophe, die anderen Romane eines Autors, dessen Roman zu untersuchen ist, usw.

Briefe des Autors, seine Tagebucheintragungen, sein Parteibuch oder seine Konfession gehören jedoch schon zum Kontext (im engeren Sinne) eines Textes (des betreffenden Autors), wobei ein scharfe Grenzziehung auf dieser Ebene weder möglich noch erkenntnisfördernd sein dürfte.

Andere Aspekte des Kontextes (der nicht immer ein 'echter' Text sein muß) sind etwa: die Gattungszugehörigkeit eines Textes, seine

Zuordnung zu einer bestimmten Epoche oder Strömung mit bestimmten Konventionen, Regeln, ästhetischen Vorlieben, Absichten, epistemologischen Grundlagen usw., die Erwartungshaltung des Lesepublikums, die Reaktionen desselben u.v.m.

Der Kontext umfaßt also alles – und hier im Kern stimmt der Kontext-Begriff der Literaturwissenschaft mit dem der Linguistik überein –, was für den Äußerungszusammenhang auf der einen und somit für den Verstehenszusammenhang auf der anderen Seite von Belang sein kann. Demzufolge könnte er in drei große Teile untergliedert werden: das den Autor Betreffende, das den Text selbst Betreffende (wohl der Ko-Text) und das den Adressaten, das Publikum Betreffende.

Von zentraler Bedeutung sind dabei die beiden folgenden Tatsachen:

1. Jeder Text hat einen Kontext. (Das heißt aber nicht, daß der Wissenschaftler immer in der Lage ist, diesen zu rekonstruieren.)

2. Der Kontext eines Textes ist wie dieser historisch und kulturrelativ. (Das heißt, daß es – gerade bei nicht zeitgenössischen Texten aus der eigenen Kultur und Sprache – im allgemeinen eines gewissen, wohl wissenschaftlichen Aufwandes bedarf, diesen Kontext zu rekonstruieren.)

5.1.4 Verfremdung

spezifisches Abweichungskonzept, das auf aktive und bewußte Durchbrechung ästhetischer Konventionen und/oder Wahrnehmungsgewohnheiten abzielt

Letztendlich stellt das Konzept der Verfremdung eine Art Spezialfall der Abweichungskonzeption dar, denn auch die Verfremdung setzt eine zu verfremdende Basis voraus.

Durch die spezifische Verwendung des Terminus 'Verfremdung' vor allem in moderner Literaturwissenschaft, Poetologie und Ästhetik ist der Begriff der Verfremdung jedoch sehr viel spezifischer als der der Abweichung:

Er setzt die Intentionalität der Abweichung deutlicher voraus, da er der Verfremdung als Norm-Abweichung immer eine kritisch-aufklärerische Absicht unterstellt, die vor allem darauf abzielt, das zur Selbstverständlichkeit Gewordene in Frage zu stellen.

Und die Verfremdung ist in stärkerem Maße als die allgemeine Norm-Abweichungs-Dichotomie auf den Bereich der Ästhetik beschränkt. Verfremdung bezieht sich mithin vor allem auf die Durchbrechung und Abweichung von etablierten und anerkannten Konventionen oder Normen in der Kunst bzw. in der Literatur.

Beispiel

Die beiden bekanntesten Verfremdungskonzeptionen, die in der Literaturwissenschaft einschlägig sind, stammen aus der ersten Hälfte des 20. Jahrhunderts und sind dementsprechend spezifisch modern.

Die russischen Formalisten (eine literaturtheoretische Schule aus der Anfangszeit der SU) etwa nutzten das Konzept der Verfremdung zur Beschreibung literaturhistorischer Entwicklungen: Innovative Autoren setzen sich – durch diverse Verfremdungs- oder Abweichungsstrategien – von ihren Vorgängern ab und entwickeln so nicht nur die jeweilige Literaturgattung entscheidend weiter, sondern durchbrechen vor allem die mit der Vorgänger-Ästhetik verknüpften Wahrnehmungsgewohnheiten, die zur Selbstverständlichkeit, zum Automatismus geworden waren. So können die Wahrnehmungskonventionen als solche erkannt werden.

Eine noch expliziter kritische bzw. gesellschaftskritische Haltung verband Bertolt Brecht mit seiner – vor allem aus den V-Effekten bekannten – Verfremdungskonzeption. Sie zielt in erster Linie darauf ab, das Illusionstheater zu verabschieden, um so eine kritische Distanz gegenüber dem Dramengeschehen zu ermöglichen. Denn dieses soll in seiner gesellschaftlichen Bedingtheit, die wiederum Veränderbarkeit nach sich zieht, erkannt werden.

5.2 Ästhetische Begriffe

Hier werden zwei recht spezifische Begriffe vorgestellt, die zum einen der allgemeinen Ästhetik und ihrer Geschichte angehören, aber für die Literaturgeschichtsschreibung von besonderer Bedeutung sind, und die zum anderen keinen anderen systematischen Ort haben.

Explizit werden erläutert: und implizit:

→*Autonomieästhetik*   →Genieästhetik

→*organisches Kunstwerk*

5.2.1 Autonomieästhetik

ästhetische Konzeption, nach der die Kunst bzw. jedes Kunstwerk eigengesetzlich ist oder sein soll

Die Autonomieästhetik bzw. ihre Grundlage, die Idee einer autonomen, also nach eigenen Gesetzen geregelten Kunst, ist – von Vorläufern abgesehen – eine Erfindung des (deutschen) Idealismus (in der Philosophie). Dementsprechend ist der Zeitraum ihrer Dominanz in den Künsten (also auch in der Literatur) historisch begrenzt. Im Falle der deutschen Literatur ist es vor allem die Goethezeit, die von der Automieästhetik dominiert wird, doch natürlich kommen ähnliche Ideen auch in der Folgezeit immer wieder auf, auch in der Literaturgeschichtsschreibung.

Die Autonomieästhetik postuliert für die Kunst insgesamt bzw. für jedes 'echte' Kunstwerk Autonomie, das heißt Eigengesetzlichkeit. Dies bedeutet zweierlei:

1. Jedes Kunstwerk (bzw. die Kunst überhaupt) hat eigene Gesetzmäßigkeiten, denen es folgt. Diese sind – im Prinzip jedenfalls – philosophisch begründbar und vor allem am Konzept der Schönheit orientiert. Für das Werk impliziert dies vor allem die Idee vom →*organischen Kunstwerk*. In Bezug auf den Schöpfer von Kunst bzw. den Dichter ist hingegen die Idee des Genies eng mit diesem Aspekt der Eigengesetzlichkeit verbunden, denn das Genie soll es sein, welches

die (je neuen) Gesetze aus sich heraus generiert und dann praktisch in Kunst umsetzt (→Genieästhetik).

2. Jedes Kunstwerk (bzw. die Kunst überhaupt) ist unabhängig von anderen, außerhalb seiner/ihrer selbst liegenden 'Realitäten' und Inanspruchnahmen. Dies betrifft so unterschiedliche Momente wie (soziale) Realität, Wissenschaft, Ideologie, Politik usw. Keiner dieser Instanzen hat sich das Kunstwerk zu beugen, von keiner dieser Instanzen darf es sich in Anspruch nehmen lassen.

Dadurch wird für das 'echte' Kunstwerk eine überzeitliche, ahistorische Gültigkeit möglich bzw. postuliert.

Die Autonomieästhetik setzt sich – gegen Ende des 18. Jahrhunderts – vor allem von ihrer Vorgängerin, der →Rhetorik ab, die für Texte aller Art reale Funktions- und Wirkungszusammenhänge nicht nur zuließ, sondern geradezu vorschrieb. Sie kannte eher allgemein verbindliche Funktions- und Effektivitätsregeln als spezifische Strukturen für jedes eigene Kunstwerk, der die Idee eines überzeitlichen Kunstwerks fremd war und die somit unter den Bedingungen der Autonomieästhetik schnell als veraltet galt.

Doch schon im Verlauf des 19. Jahrhunderts setzen sich in der Literatur wie in den anderen Künsten auch wieder ästhetische Konzepte durch, die etwa eine politische Funktionalisierung von Kunst ausdrücklich zulassen. Dies setzt sich bis heute im Grunde fort.

5.2.2 organisches Kunstwerk

ästhetische Konzeption, nach der das Kunstwerk – in Analogie zum Organismus – als in sich geschlossenes Ganzes anzusehen ist bzw. zu sein hat

Das organische Kunstwerk ist somit eine der wichtigsten werkästhetischen Konzeptionen, die mit der (umfassenderen) →Autonomieästhetik in Verbindung stehen. Dementsprechend ist die Annahme, daß ein Kunstwerk nach diesem Konzept gestaltet sein sollte, eng mit der allgemeinen Gültigkeit der Autonomieästhetik verknüpft.

Das organische Kunstwerk ist nach seinen eigenen, individuellen 'Gesetzen' und Regeln organisiert, die – im Falle eines organischen Kunstwerks – (dem Organismusmodell) der Natur nachgestaltet sind. Vorzügliche Kennzeichen des organischen Kunstwerks sind demzufolge

- Ganzheit
- Abgeschlossenheit
- Individualität
- Homogenität (des Materials, des Mediums)
- (interne) Kohärenz (der Teile) sowie
- (interne) Funktionalität (der Teile und Momente)

Die Idealvorstellung der Modellierung des Kunstwerks nach der Natur geht – wie die Autonomieästhetik insgesamt – auf idealistische bzw. romantische Philosopheme zurück, erwies sich aber auch im (weiteren) Verlauf des 19. und 20. Jahrhunderts als einflußreich.

5.3 Hermeneutische Grundbegriffe

An dieser Stelle werden einige der zentralen Begrifflichkeiten vorgestellt, die mit der Auslegung, der Deutung oder dem Verständnis von (literarischen) Texten verknüpft sind.

Dabei wird zuvörderst der Begriff der →*Hermeneutik* allgemein eingeführt, der – in einem weiteren Sinne – genau diese Textauslegung meint, der aber vor allem – in einem bzw. mehreren engeren Verwendungsweisen – verschiedene Regulierungen oder Konzipierungen dieser Textauslegungspraxis bezeichnet, darunter die →*Hermeneutik als Methode der Literaturwissenschaft*.

Hinzu kommen gesonderte Erläuterungen zentraler Termini der Hermeneutik bzw. der Textdeutung.

Explizit werden erläutert:	und implizit:
→*Erwartungshorizont*	→hermeneutischer Zirkel
→*Intention*	→Horizontverschmelzung
→*Rezeption*	→intentional fallacy
	→produktive Textrezeption

5.3.1 Hermeneutik (allgemein)

(griech. *hermeneutiké*, in etwa: Auslegungskunst)

Praxis und Theorie der (regelgeleiteten) Auslegung von Texten

Der Begriff der Hermeneutik umfaßt immer (und oft ununterscheidbar) die beiden Aspekte von der Praxis der Auslegung und der Theorie dieser Praxis.

Gegenstände dieser Praxis sind grundsätzlich alle der Auslegung bedürftigen Texte, also insbesondere Texte von herausragender Bedeutung oder solche, die fremd (oder fremd geworden) sind.

Deshalb haben diejenigen wissenschaftlichen Disziplinen, die sich wesentlich mit Texten zu beschäftigen haben, hermeneutische Konzepte entwickelt. Unter diesen Disziplinen sind vor allem die Theologie, die Jurisprudenz, die Philosophie sowie die Philologie bzw. Literaturwissenschaft. Die Ursprünge der Hermeneutik als regelgeleiteter Textauslegung liegen dementsprechend in der Antike im Bereich der Bibelexegese und der (vor allem auf den Text der Homerischen Epen bezogenen) Philologie.

Grundsätzlich ist der Gegenstand der Auslegung bzw. der Hermeneutik über den Bereich von Texten ausdehnbar. Denn auch ganz anders geartete Dinge oder Momente können bedeutsam sein, der Auslegung bedürftig, also Gegenstände eines Verstehensprozesses werden, so z. B. Handlungen, nicht-sprachliche Kunstwerke usw.

Während die Theologie auf die praxisbezogene Ausdeutung (Exegese) eines kanonischen Textes, die Jurisprudenz auf die Subsumption bestimmter realer 'Fälle' unter einen bestimmte Gesetzes text abzielt und während die Philosophie die Hermeneutik (als Textauslegung) zu einer das Verhältnis von Mensch und Welt betreffenden philosophischen Hermeneutik, also zu einer philosophischen Theorie umgebaut hat, geht es in der →*literaturwissenschaftlichen Hermeneutik* vornehmlich darum, nicht-kanonische, fremde oder (historisch) fremd gewordene Texte (von künstlerischer Bedeutung) in ihrem jeweiligen historischen oder kulturellen →*Kontext* rekonstruktiv zu verstehen. Ziel der literaturwissenschaftlichen bzw. genauer: der lite-

raturhistorischen Hermeneutik ist also das (bezogen auf den historischen / kulturellen Kontext) angemessene Verständnis eines literarischen Textes: seine Interpretation.

5.3.2 Hermeneutik (als literaturwissenschaftliche Methode)

Praxis und Theorie der (regelgeleiteten) Interpretation von (literarischen) Texten

Ziel der literaturwissenschaftlichen bzw. genauer: der literaturhistorischen Hermeneutik ist das angemessene Verständnis eines literarischen Textes: seine Interpretation.

Der literaturwissenschaftliche Textausleger hat also ein etwas anders geartetes Ziel als der gewöhnliche Leser, dessen primäres Interesse für gewöhnlich nicht dem historischen Kontext gilt und der sich
mit einem privaten subjektiven Textverständnis zufriedengeben kann.

Zentrales Problem jedes Verständnisprozesses, insbesondere aber
der literaturwissenschaftlichen Hermeneutik ist die Tatsache, daß es
im Prinzip keine feststehenden Fakten gibt, die für sich ohne einen
erneuten Verstehensprozeß zugänglich sind. Dieser sogenannte
→hermeneutische Zirkel besteht demnach darin, daß ich zum Verständnis eines Textes (oder Textteils) a auch die damit in Zusammenhang stehenden Texte (oder Textteile) b, c und d verstanden
haben muß, die ich wiederum nur dann verstehen kann, wenn ich
auch a verstanden habe. In gewöhnlichen Kommunikationssituatio-
nen wird dieses Fundamentalproblem selten relevant (und ist meist
schnell durch Nachfragen zu beseitigen), dann aber, wenn sich der
Autor und der Leser eines Textes in unterschiedlichen (historischen,
sprachlichen, kulturellen) Umgebungen befinden, läßt sich dieses
Problem kaum wirklich beseitigen, da hier die kulturelle Differenz
zwischen Autor/Text und Leser immer wieder erneut die Nichttrivia-
lität der Verstehensanstrengung belegt.

Dennoch scheint es durch akkumulierende Perpetuierung solcher
Verständnisprozesse und durch verschiedene Strategien, die eigenen
Verstehens- und Deutungsergebnisse abzusichern, möglich zu sein,

nicht nur plausible und intersubjektiv akzeptierbare Ergebnisse zu produzieren, sondern auch Plausibilitätskriterien für solche Ergebnisse zu formulieren. Solche Strategien beruhen vor allem auf den folgenden Momenten:

- der Annahme einer Autor-→*Intention* als regulativer Idee
- philologischer Arbeit (Textvergleiche, Überprüfung von Wortverwendungsweisen, Übersetzungen usw.)
- Einbeziehung der historischen Rezeption
- Rekonstruktion des Kontextes samt (historischem) →*Erwartungshorizont*
- Verwendung (literatur-)wissenschaftlicher Begrifflichkeit und Wissens
- Ausrichtung auf argumentative Schlüssigkeit und Konsistenz

Durch solche und ähnliche Strategien scheint es möglich zu sein, den hermeneutischen Zirkel zu einer (womöglich nicht abschließbaren) Spirale umzubauen.

Innerhalb der Entwicklung der Literaturwissenschaft im 20. Jahrhundert ist es allerdings immer wieder zu mehr oder minder deutlichen und mehr oder minder begründeten Versuchen gekommen, diese Form von Hermeneutik abzulehnen. In der literaturwissenschaftlichen Theorie und Methodologie stellt diese Ablehnung geradezu eine Art common sense dar, in der literaturwissenschaftlichen Interpretationspraxis scheint sie jedoch kaum eliminierbar zu sein.

5.3.3 Erwartungshorizont

Komplex von Erwartungen und Annahmen über ein (literarisches) Kunstwerk in seiner Zeit

Der Erwartungshorizont ist natürlich eine fiktive Größe, eher ein Konstrukt des Literaturhistorikers als eine Menge von Tatsachen. Auf deren Basis sollte er aber möglichst rekonstruiert werden, im allgemeinen auch unter Zuhilfenahme von Typisierungen, Verallgemeinerungen und Abstraktionen. Er umfaßt also alles, was begründetermaßen an zeitgenössischen Erwartungen bei Erscheinen eines literarischen Textes (oder eines anderen Kunstwerks) über ihn angenommen werden kann, und formuliert so die Rahmenbedingungen der (zeitgenössischen) →*Rezeption* eines Kunstwerks, die wiederum vom Autor des Werks schon mitbedacht worden sein können.

Zum Erwartungshorizont gehören Faktoren aus den unterschiedlichsten Bereichen, darunter insbesondere literarisches (oder anderes auf eine Kunst bezogenes) Wissen und solches über die zeitgenössische Lebenswirklichkeit, Kultur und Gesellschaft.

Zur ersten Gruppe gehören insbesondere das zeitgenössische Wissen über die Gattung des Werks, die Tradition, in der es steht, über den Autor, seine Gruppe, andere Werke von ihm, seine ästhetische oder politische Ausrichtung, über die zeittypischen ästhetischen Strategien usw. bzw. die aus diesen Vorannahmen resultierenden Erwartungen.

Zur zweiten Gruppe gehören unter anderem allgemeine Einsichten in die zeitgenössische Lebenswirklichkeit, in das besondere Problem- oder Vorliebenprofil der eigenen Zeit, über gesellschaftliche, kulturelle, wissenschaftliche oder politische Realitäten usw. bzw. die aus diesen Vorannahmen resultierenden Erwartungen.

Der Erwartungshorizont kann, wenn er zuverlässig rekonstruiert werden konnte, bei der Interpretation eines Textes von entscheidender Bedeutung sein – und steht deshalb in manchen Varianten →*literaturwissenschaftlicher Hermeneutik* im Zentrum des wissenschaftlichen Interesses.

Deshalb kann auch ein auf den Erwartungshorizont bezogenes Pendant zum *Generalproblem aller Verstehensanstrengungen* formuliert werden. Es besteht darin, daß natürlich der Erwartungshorizont der heutigen Leserschaft eines literarischen Textes (also auch der des Interpreten) i.a. nicht mit dem zeitgenössischen Erwartungshorizont zu identifizieren ist, das also auch hier eine Variante des →hermeneutischen Zirkels greift.

Andererseits lassen sich auf dieser Basis neue Verstehensmodelle formulieren: So kann man etwa die Kumulation aller historischen Verstehensprozesse zur eigentlichen Bedeutung eines Kunstwerks erklären oder man kann versuchen, ein auf Grundlage einer sogenannten →'Horizontverschmelzung' zustandegekommenes Werkverständnis, das den subjektiven Horizont des Interpreten bewußt miteinbezieht, als einzig mögliche Verstehensweise zu etablieren.

5.3.4 Intention

(lat.: *intentio* = Absicht)

handlungstheoretischer Grundbegriff: Absicht, die ein Handelnder mit seiner Handlung realisieren will
übertragen auf Literatur: Absicht, die der Autor eines Werks mit diesem vollziehen will

Die Annahme einer Autor-Intention setzt voraus, daß man das Verfassen (und Veröffentlichen) eines literarischen Werks (oder anderer Kunstwerke) als absichtsvolle Handlung begreift. Dabei können offensichtlich ganz unterschiedliche Absichten, Ziele und Interessen mit dem Verfassen eines literarischen Textes verbunden werden, wie etwas Bestimmtes auszusagen, etwas zu problematisieren, die Leser zu unterhalten, das Publikum zu rühren, die landläufige Moral als Doppelmoral zu entlarven, gegnerische Autoren zu beleidigen und dergleichen mehr. All dies schließt natürlich weder aus, daß der Autor eines literarischen Textes seine Absichten nicht gut kannte oder gar verkannte, noch daß er diese nicht adäquat umsetzen konnte.

Unter dieser Voraussetzung eines handlungstheoretisch begründeten Intentionsbegriffs ist die Autor-Intention ein geeigneter Kandidat für die Beurteilung von Interpretationen des betreffenden Werks. Diese sollten dann nämlich mit der Autor-Intention im wesentlichen übereinstimmen. Als solche 'regulative Idee' ist die Intention in manchen Versionen der →*Hermeneutik* auch zu verstehen.

Doch läßt sich auch in Bezug auf die Intention eine Analogie zum →hermeneutischen Zirkel formulieren, der sogenannte →'intentional fallacy' (Fehlschluß der Intentionalität). Dieser besagt, daß, wenn die Intention eines Autors mit seinem Werk vollzogen wird, wenn sie also nur im Werk realisiert ist, es ein Zirkelschluß ist, diese wiederum zur Interpretation des Werks heranzuziehen.

Aus diesem Grund verzichten andere Versionen der Hermeneutik – wie viele andere moderne und postmoderne literaturwissenschaftliche Methoden auch – bewußt auf die Einbeziehung der Autor-Intention.

Auf der anderen Seite sind aber natürlich unter Umständen auf Basis der →*Ko- und Kontexte* (Briefe, Tagebücher und dergleichen mehr), also unabhängig vom betreffenden Text selbst, Aussagen über die wahrscheinlich mit einem Werk angestrebten Absichten möglich. Unter dieser Perspektive ist nicht nachzuvollziehen, warum man diese nicht bei der Interpretation eines Textes berücksichtigen sollte, zumindest dann, wenn man ein (bezogen auf den historischen Kontext) angemessenes Verständnis eines Werkes anstrebt.

5.3.5 Rezeption

Aufnahme eines Kunstwerks bzw. literarischen Werks durch den bzw. die Rezipienten

Die Rezeption eines Textes, literarischen Textes oder allgemein: eines Kunstwerks stellt also – aus kommunikationstheoretischer Sicht – denjenigen Teil des Kommunikationsprozesses dar, der den Adressaten betrifft.

Im Fall von Literatur handelt es sich bei den Rezipienten im allgemeinen um Hörer oder Leser eines Textes, aber natürlich ist auch ein Zuschauer eines Theaterstücks dessen Rezipient.

Der Rezeptionsbegriff ist äußerst vielschichtig und wird von Literaturwissenschaft und Literaturgeschichtsschreibung dementsprechend unterschiedlich benutzt. So verwenden etwa empirisch arbeitende und sozialhistorisch ausgerichtete Literaturwissenschaftler einen Typ von Rezeptionsbegrifflichkeit, während die sogenannte 'Rezeptionsästhetik' auf ganz anderen Konzeptionen basiert.

Die Vielschichtigkeit des Begriffs kommt unter anderem dadurch zustande, daß die individuelle Rezeption eines Textes (etwa als Lektüreakt) kaum zu greifen ist. Der Rezeptionsforscher ist also auf die Folgen, Auswirkungen (oder Bedingungen) von solchen individuellen Rezeptionsakten angewiesen, etwa auf die Anzahl verkaufter Bücher, auf Tagebucheintragungen, Publikumsskandale, Rezensionen, literarische Texte usw., die er als Indizien deuten kann.

Dementsprechend kann der Leseprozeß Gegenstand psychologischen Zugriffs sein, aber auch – als zu konstruierender idealer Lektü - reprozeß, in dem sich der Text 'konkretisiert' – den literarischen Text als ästhetisch-kommunikative Disposition selbst betreffen (so in einer Variante der Rezeptionsästhetik).

Die Gesamtheit der Rezeption eines Textes (oder einer Textgruppe) kann empirisch untersucht werden. *Synchron* liefert eine solche Untersuchung soziologische Daten, *diachron* hingegen (kultur- oder literatur-)historische (so in den unterschiedlichen Varianten empirischer Rezeptionsforschung).

Als Verstehensprozeß unterliegt jede Rezeption den Problemen der →*Hermeneutik*, und so ist jede Rezeption eingebettet in einen spezifischen (historischen) Erwartungshorizont. Somit ist auch die Rezeptionsgeschichte eines Textes (oder einer Textgruppe) eng verknüpft mit Methodik und Problematik der Hermeneutik (und deshalb identifiziert eine andere Variante der Rezeptionsästhetik die Bedeutung eines Werks mit dieser Rezeptionsgeschichte).

Von besonderer Bedeutung für den Literaturwissenschaftler ist die Rezeption als →produktive Textrezeption. Derlei liegt dann vor, wenn die Rezeptionsfolge selbst ein literarischer Text (oder ein anderes Kunstwerk) ist, wenn also die Rezeption eines Textes A nachweislich auf die Produktion eines Textes B wirkte. So kann der B-Autor von A 'beeinflußt' worden sein, A und B können →*intertextuell* aufeinander bezogen sein (etwa weil B A parodiert), oder sie können in einer →*Gattungstradition* stehen.

5.4 Begriffe zum Verhältnis von Text(en) und Welt

Hier sollen vier sowohl literaturhistorisch als auch literaturwissenschaftlich äußerst bedeutsame Begriffe vorgestellt werden, die entweder mit dem Verhältnis von literarischem Text und realer Welt oder mit dem Verhältnis von literarischen Texten untereinander vernüpft sind.

→*Fiktionalität* betrifft den ersten Aspekt, →*Intertextualität* den zweiten. Genauso steht es mit dem Begriffspaar →*Mimesis – imitatio*.

5.4.1 Fiktionalität

charakteristisches Verhältnis zahlreicher literarischer Texte zur Welt: ihre Aussagen erheben keinen Wahrheitsanspruch, ihre Gegenstände müssen nicht existieren

'Fiktionalität' betrifft das Verhältnis von (literarischen) Texten zur realen Welt (von der sie selbst wiederum ein Teil sind). Fiktionale Texte oder kurz: Fiktionen unterscheiden sich fundamental von anderen, nicht-fiktionalen Texten (also etwa Zeitungsberichten, Erzählungen von Freunden, wissenschaftlichen Arbeiten usw.).

Dieser Unterschied ist auf zwei Arten und Weisen formulierbar und erläuterbar, die allerdings leicht unterschiedliche Fiktionaltätsbegriffe hervorrufen können:

(1) Begreift man – ausgehend von der Sprache – fiktionale Texte als *Texte* über etwas, so besteht das Charakteristikum darin, daß diese Texte offensichtlich keine Wahrheiten ausdrücken, ausdrücken können oder ausdrücken wollen, zumindest keine Wahrheiten über die Gegenstände von denen sie sprechen. Denn diese gibt es (in dieser Form) zumindest zum Teil nicht wirklich.

An der sprachlichen Gestaltung eines Textes allein ist jedoch nicht zu erkennen, ob er fiktional ist oder nicht.

(2) Begreift man – ausgehend von der Ontologie – fiktionale Texte als Texte über *etwas*, so besteht das Charakteristikum darin, daß die Gegenstände, von denen sie sprechen, zumindest zum Teil

(in dieser Form) nicht existieren, also fiktive Gegenstände sind, so
daß die Texte keine Wahrheiten über diese nicht-existierenden Gegenstände formulieren können. Fiktionale Texte handeln demnach
von Erfindungen.

Der Nachteil dieser Betrachtungsweise wird üblicherweise darin
gesehen, daß man hierbei von 'nicht-existierenden Gegenständen'
sprechen muß.

Ein zentrales Problem der Fiktionalität besteht nun darin, das
Verhältnis fiktionaler Texte zur Welt, das sich so deutlich von dem
nicht-fiktionaler Texte unterscheidet, zu klären. Denn offensichtlich
gesteht man Fiktionen gleichwohl zu, bedeutsam sein zu können oder
wahrhaftig, ja sogar, 'tiefere' Wahrheiten ausdrücken zu können.
Denn derlei Ansprüche scheinen nicht notwendig mit wahrheitsfähi-
gen Aussagen über einzelne existierende Gegenstände verknüpft zu
sein, sondern eher darauf zu beruhen, daß Weltbilder überzeugend,
nachvollziehbar und anschaulich modelliert und inszeniert werden
können. Insofern ist hier der →*Mimesis*-Begriff (aus der aristotelischen Tradition) einschlägig.

Ein weiteres Problem der Fiktionalität ist die Reichweite des Begriffs (nicht nur im Bereich der Literatur): Denn offensichtlich sind
zwar große Teile der erzählenden und dramatischen Literatur fiktional, aber mit Sicherheit nicht alle (man denke etwa an Tatsachenro-
mane). Ein ganz eigenartiges Sonderproblem stellt zudem die Lyrik
dar. Andere offenkundig literarische Texte (etwa Aphorismen, Essays
und dergleichen mehr) sind offenkundig nicht-fiktional, so daß auch
kein eindeutiger Zusammenhang zwischen Literarizität und Fiktionalität herzustellen ist.

5.4.2 Intertextualität

(ästhetisch bedeutsame) Bezugnahme eines (literarischen) Textes
auf einen anderen Text oder eine Gruppe von Texten (den sogenannten Prätext)

'Intertextualität' betrifft das Verhältnis von (literarischen) Texten untereinander – und das Phänomen dürfte so alt sein, wie die Literatur selbst.

In den Blick der Literaturwissenschaft ist die Intertextualtät allerdings erst in den letzten Jahrzehnten geraten, wobei vor allem die Reichweite des Begriffs umstritten ist: Einige sehen darin ein charakteristisches Moment aller Texte (bzw. aller Sprache), formulieren mit dem Begriff der Intertextualtät also eine sprachphilosophische These. Andere verwenden den Begriff ausschließlich in literaturwissenschaftlichen Zusammenhängen: Er zeichnet einige literarische Texte aus, andere nicht.

Ebenfalls umstritten ist, ob und inwiefern der Bezug auf ganze Gruppen oder Klassen von Texten (etwa Gattungen, Texte einer Gruppe oder Epoche) der Intertextualität zuzurechnen ist. Dies betrifft auch die diffizilen und komplexen Verhältnisse der folgenden literaturgeschichtlichen Phänomene zum Begriff der Intertextualität: →*imitatio veterum*, Epigonalität (griech.: Nachgeborenheit) und →*Gattungsbildung*.

Einige intertextuelle Phänomene (etwa Zitat, Übersetzung) sind nicht auf Literatur beschränkt, intertextuelle Bezugnahme in literarischen Texten hat aber wohl immer auch eine ästhetische Funktion, prägt also den Text als Kunstwerk – zum Teil entscheidend – mit.

Intertextuelle Phänomene sind auf vielfache Art zu unterscheiden. Einige dieser Kriterien sind:

Markierung: So sind einige markiert (etwa durch die Anführungszeichen eines Zitats), also deutlich erkennbar, andere nicht (etwa die bloße Anspielung).

Modifikation: Einige belassen den Prätextausschnitt völlig unverändert (etwa →*Zitat* oder →*Montage*), die meisten anderen verändern oder modifizieren ihn jedoch.

Strukturalität: Einige betreffen den gesamten Text oder seine strukturellen Eigenschaften (etwa wenn ein Text ausschließlich eine →*Parodie* oder →*Kontrafaktur* ist, wenn er die Imitation eines Vorbilds ist oder eine Übersetzung), die meisten betreffen aber nur eine bestimmte, punktuelle Textpassage.

Kommunikativität: Einige tragen als intertextuelle Erscheinungen offensichtlich zum kommunikativen Gehalt bei, müssen also vom Rezipienten als solche erkannt werden, andere betreffen den Gehalt des Textes als intertextuelle Phänomene nur marginal.

Dialogizität: Einige dokumentieren Zustimmung zu den Inhalten oder der Gestaltung des Prätextes (z.B. die Adaption, die Imitation, das Motto u.v.m.), andere (etwa Kontrafaktur und →Pastiche) sind diesbezüglich neutral, wieder andere sind klar gegen den Prätext, sei - ne Aussage, seinen Stil usw. gerichtet (vor allem →*Parodie* und →*Travestie*). Vor allem diese letzten Verhältnisse zwischen Text und Prätext oder noch komplexere 'dialogische' intertextuelle Bezugnahmen stehen in der neueren Literaturwissenschaft im Zentrum des Interesses, zumal sich gerade moderne und postmoderne Texte durch solche intertextuellen Bezugnahmen auszuzeichnen scheinen.

5.4.3 Mimesis – imitatio

(*mímesis* (gr.) = Nachahmung, Nachbildung; *imitatio* (lat.) = Nachahmumg)

Mimesis: Nachbildung der Welt im Sinne von Modellierung (eines Ausschnitts) der Welt (Aristoteles)

imitatio: Nachahmung als vorbildhaft anerkannter Mustertexte oder Textmuster (Horaz)

Der Zweck, dieses Begriffspaar hier zu erläutern, besteht darin, die beiden völlig verschiedenen Nachahmungsbegriffe, die zumeist mit ihren griechischen bzw. lateinischen Pendants wiedergegeben werden, deutlich voneinander zu trennen. Dies ist systematisch notwendig, da es historisch – insbesondere zu Zeiten der universalen Gültigkeit antiker Poetologie – gerade *nicht* geschah: Im Gegenteil, besonders in der Frühen Neuzeit wurden beide Nachahmungsbegriffe häufig aufeinander bezogen, dadurch relativiert, gar identifiziert oder schlicht nicht unterschieden.

Beide Begriffe gehen auf die beiden zentralen antiken Autoritäten in Sachen Poetologie zurück. 'Mimesis' auf die Poetik des Aristoteles, 'imitatio' auf die des Horaz.

Die Horazische →*imitatio veterum* (so der genaue und vollständige Terminus) ist andernorts schon erläutert worden. Sie formuliert die Notwendigkeit eines (spezifischen) Verhältnisses zwischen literarischen Texten.

Die Aristotelische Mimesis meint hingegen die Nachahmung der Welt bzw. eines relevanten Weltausschnitts. Dieser vielfach und zum Teil (im Lauf der Jahrhunderte seiner Wirkung) recht unterschiedlich gedeutete Begriff meint nicht die Abbildung der Welt, genau wie sie ist, und ist insofern eng mit dem modernen Konzept der →*Fiktionalität* verwandt. Es kommt Aristoteles und seinen Nachfolgern weniger auf Wahrheit als vielmehr auf Wahrscheinlichkeit und (interne) Stimmigkeit an. Mimesis meint also eher die Bezugnahme auf die Welt, wie sie jenseits ihrer wahrnehmbaren Oberfläche ist, wie sie sein könnte oder wie sie sein sollte. Insofern abstrahiert der Mimesis-Begriff von Spezifika der einen, historisch vorliegenden Welt zugunsten einer komplexen Struktur, die wiederum konkretisierbar ist – vor allem in oder als Literatur. Literatur qua Mimesis kann also als Modell der Wirklichkeit aufgefaßt werden.

6 Klassifikationen von Literatur

In diesem Kapitel geht es um die Möglichkeiten, Literatur bzw. literarische Texte zu klassifizieren oder zu gruppieren. Dafür hat die Literaturwissenschaft verschiedene →*Klassifikationsstrategien* entwikkelt, von den die wichtigsten vorgestellt werden.

Tatsächliche Klassifikationsbegriffe werden dann in den Kapiteln →*zur Lyrik*, →*zur Dramatik* und →*zur erzählenden Literatur* eingeführt. Deshalb kommen hier nur noch solche Klassifikationsbegriffe zur Sprache, die dort nicht anzusiedeln sind. Dazu gehören →*Schreibweisen* und einige →*andere Charakterisierungen*.

6.1 Klassifikationsstrategien

Es gibt sehr unterschiedliche Strategien, den großen Gesamtbereich der Literatur zu differenzieren, also bestimmte Gruppen oder Klassen von Texten von anderen zu unterscheiden. Zu den geläufigsten gehören sicherlich diejenigen nach der verwendeten Sprache und die nach der historischen Zugehörigkeit.

So kann etwa die deutschsprachige von der französischen Literatur unterschieden werden, oder die Literatur der Romantik von der des Realismus oder – durch Verbindung beider Kriterien – die Literatur der deutschsprachigen Romantik von der des deutschsprachigen Realismus usw.

Neben diesen beiden 'natürlichen' Kriterien, die gleichwohl noch genügend Einteilungsprobleme mit sich bringen, gibt es verschiedene andere Strategien zur Klassifikation oder Unterteilung. Von diesen sollen die wichtigsten hier vorgestellt werden.

Sie konzentrieren sich um die folgenden Termini:

→*Gattung*	→*Textsorte*
→*Grundbegriff oder Naturform*	→*Verfahren*
→*Schreibweise*	

Dabei werden auch die folgenden Termini implizit angesprochen:
→Gattungstrias   →Textverfahren
→Epik – Lyrik – Dramatik

6.1.1 Gattung

durch Klassifikation nach Merkmalen bzw. Merkmalskombinationen und/oder historische Begrenzungen und/oder Traditionsbildungen realisierte Einteilung der Dichtung

Der Begriff der Gattung ist – sowohl was seine Gesamtkonzeption als auch was einzelne Gattungsbegriffe betrifft – problematisch. Er wird hier aber deutlich von der Trias der →*Grundbegriffe oder Naturformen* abgegrenzt.

Grund für diese Abgrenzung ist vor allem die Tatsache, daß Gattungen wesentlich historisch sind, also immer (nur) unter bestimmten historischen Bedingungen und in bestimmten begrenzten Zeiträumen (in ihrer Eigenart) realisiert werden. Zu diesen Bedingungen können nicht nur geistes-, kultur- oder sozialgeschichtliche Rahmenbedingungen gehören, sondern auch (und vor allem) literaturgeschichtliche. Insbesondere innerliterarische Traditionsbildungen, die sich (per →*intertextueller Bezugnahme* oder →*imitatio*) auf Vorbilder beziehen, können im Prozeß der historischen Gattungsbildung eine entscheidende Rolle spielen.

Eine Folge aus der Abgrenzung von der Trias der Grundbegriffe ist die Tatsache, daß man mit ungleich mehr als nur drei Gattungen zu rechnen hat bzw. mehr als drei Gattungen anerkennen kann. Dabei sind aber natürlich auch hierarchisch organisierte Ordnungen möglich, die Sub-Gattungen von Gattungen unterscheiden und dergleichen mehr.

Diese beiden Aspekte entsprechen durchaus den Gattungsverständnissen, die historisch (bis zur Goethezeit in Deutschland) vorliegen.

Historische Rahmenbedingen und Traditionsbildungen reichen aber für gewöhnlich (und in den meisten Gattungskonzeptionen) nicht aus, um einzelne Gattungen zu bestimmen. Deshalb tritt in der Regel die Vorstellung hinzu, daß die Texte, die zu einer Gattung gehören, einander in bestimmten Hinsichten ähnlich sind, also gemeinsame Merkmale (oder Merkmalskombinationen) aufweisen. Welche Merkmale dafür in Frage kommen können, ist dabei durchaus umstritten. Formale und inhaltliche Charakteristika der Texte und ihre spezifischen Kombinationen dürften aber wohl dazugehören.

Eine Möglichkeit, diese gattungsbestimmenden Merkmale zu fassen, ist das Konzept der →*Schreibweise*. Nach dieser einflußreichen und stimmigen Konzeption ist eine Gattung die historisch konkrete und begrenzte Realisation einer ahistorischen Schreibweise.

Durch alle diese näheren Bestimmungen des Begriffs der Gattung ist dieses bedeutendste literaturwissenschaftliche/literaturhistorische Einteilungskonzept zwar umrissen, die Möglichkeit, bestimmte vorliegende Konzepte als Gattungsbegriffe zu etablieren, ist damit aber ebensowenig garantiert wie die Zuordnung einzelner Texte zu einer solchen Gattung. Dazu bedarf es jeweils – zum Teil womöglich noch nicht geleisteter – literaturhistorischer Forschungsarbeit.

Beispiel

Aufgrund der Abgrenzung von der Trias der →*Naturformen* kommt etwa die →*Epik* nicht als Gattungsbegriff in Frage, der →*Roman* z.B. als historische bzw. historisch variable Realisation einer epischen Schreibweise hingegen sehr wohl.

Für gewöhnlich werden Gattungskonzepte aber eher kleiner angelegt, umfassen also einen weniger großen Realisationszeitraum (der Roman ist seit der Spätantike bekannt und bis heute beliebt) und eine weniger große Menge von zugehörigen Texten.

So kann etwa der Begriff des Bildungsromans als Gattung (oder als Subgattung von Roman) konzipiert werden: Alle →*Bildungsromane* weisen bestimmte, hier nicht zu erörternde Gemeinsamkeiten auf (die für sich wiederum umstritten sein können), sie kommen nur in einem historisch begrenzten Zeitraum vor (erst ab dem ausgehenden 18. Jahrhundert, womöglich ausklingend im Laufe des 19. Jahrhunderts) und sind auf einen (oder einige wenige) gattungskonstituierende Mustertexte bezogen. Ähnliches läßt sich zum Beispiel auch für die frühneuzeitliche →*Utopie*, das →*Bürgerliche Trauerspiel*, den Kriminalroman, die klassische griechische Tragödie oder die Ode des 18. Jahrhunderts behaupten.

Dabei spielen zumeist neben formalen Merkmalen (wie etwa Umfang, Äußerungsart, Versifikation, Sprachstil und dergleichen) auch inhaltliche Momente eine entscheidende Rolle. Deshalb ist es eventuell problematisch, rein formale Merkmalskomplexe (wie etwa das →*Sonett*) als Gattungen aufzufassen, da keinerlei inhaltliche Festlegungen gemacht werden können.

Die Beziehung, in der die Konzeptionen von Schreibweise und Gattung zueinander stehen, gibt den für die Gattungsbestimmung in Frage kommenden Merkmale eine etwas andere Ausrichtung. Sie bezieht explizit funktionale Elemente (also die Realisierung von Intentionen oder Wirkungen) mit ein. So kann man etwa die Schreibweise des Herrscherlobs bestimmen, die vor allem als soziale Kommunikationsleistung anzusehen sein dürfte. Diese (zu allen Zeiten realisierbare) Schreibweise kann wiederum in unterschiedlichen Epochen ganz unterschiedlich realisiert werden, beispielsweise durch typisch barocke Fest- und Gelegenheitsgedichte.

Übrigens: Die Gattungszuschreibung durch den Autor (der seinen Roman mit 'Ein Roman' betitelt) ist als für die Interpretation relevante Tatsache natürlich absolut ernstzunehmen. Dies betrifft auch die Gattungszugehörigkeit des Textes. Nicht nur, weil historisch vorliegende Gattungsverständnisse nicht unbedingt mit den heutigen übereinstimmen, kann es aber dazu kommen, daß eine solche Zuschreibung durch den Autor nicht akzeptiert werden kann.

6.1.2 Grundbegriff / Naturform

fundamentalpoetische und anthropologisch fundierte Einteilung der Dichtung nach drei Grundbegriffen (bzw. in drei Naturformen): Epik, Lyrik und Dramatik

Die Möglichkeit der Einteilung nach 'Naturformen' hat sich vor allem im Bereich der deutschen Literatur entwickelt und als Einteilungsschema durchgesetzt. Seine Durchsetzung ist insbesondere mit dem Namen Goethes verknüpft. Anderen und älteren deutschen Traditionen ist diese Einteilungsstrategie hingegen eher fremd.

Die deutsche Literaturwissenschaft des 19. und 20. Jahrhunderts entwickelte aus Goethes 'Naturformen' die 'Grundbegriffe' bzw. ihre Trias von →Epik – Lyrik – Dramatik mit einigen hier nicht zu thematisierenden Modifikationen. Naturformen und Grundbegriffe werden als 'fundamentalpoetisch' betrachtet, da sie grundsätzlich unterscheidbare menschliche Äußerungsformen unterscheiden, nämlich

- das auf klares Erzählen abhebende und vor allem Vorstellungen erweckende *Epische*,
- das auf (emotionalen) Ausdruck des Subjekts und seines 'Inneren' abzielende *Lyrische* und
- das auf die Präsentation individueller Handlungen (und deren Spannung) angewiesene *Dramatische*.

Diese Naturformen oder Grundbegriffe des Lyrischen, Epischen und Dramatischen sind nicht als Klassifikationsbegriffe aufzufassen – und lassen demzufolge 'Mischungen' ausdrücklich zu: etwa die →*Ballade* als Mischung aller drei Formen, die →*Novelle* als dramatische Erzählung oder das lyrische Drama usw.

Die daraus resultierende Trias von Epik, Lyrik und Dramatik wurde und wird jedoch gerne auch als Klassifikationsschema verstanden und verwendet (etwa in Bibliotheken, Buchläden, Gesamtausgaben oder in diesem Basislexikon): als sogenannte →Gattungstrias. Diese Verwendungsweise steht jedoch in Widerspruch zu sonst üblichen →*Gattungskonzepten*. Dies betrifft insbesondere die historische Konzipierung von Gattungen, die der ahistorischen Ausrichtung der Naturformen entgegensteht, aber nicht – wie die der →*Schreib-weisen* – mit ihr vermittelt ist.

Nicht zuletzt durch die Etablierung der Trias wurde (und wird) Literatur, die nicht in diese Trias passen will und früher oft zur *didaktischen Poesie* zusammengefaßt wurde, marginalisiert. Diese Marginalisierung betrifft im Grunde alle diejenigen literarischen Texte und Textstrategien, die sich nicht auf das plastische Erzählen von Handlungen und Sachverhalten (etwa in Epos und Roman), die emotionale Selbstaussprache eines Subjekts (etwa in bestimmten Typen von Lyrik des 18. und 19. Jahrhunderts) oder das direkte Präsentieren spannungsgeladener und zur Identifikation einladender Handlungen (etwa im 'aristotelischen' oder 'klassischen') Drama beschränken lassen.

6.1.3 Schreibweise

auf Funktionen ausgerichteter Merkmalskomplex, der historisch konstant ist, aber historisch variablen Texten oder Textklassen unterliegt

Die Schreibweise meint also in erster Linie diejenigen Merkmale von Texten, die diese aufweisen müssen, wenn sie eine bestimmte Funktion erfüllen sollen. Solange eine solche Funktion konstant bleibt (etwa: erzählen, loben, sich lustig machen über usw.), bleiben es auch diese Textmerkmale.

Diese Gruppe von Merkmalen kann im Einzelfall natürlich komplex strukturiert sein. Sie dürfte im allgemeinen aus Erfüllungen von bestimmten Funktionen und deren Präsuppositionen oder Voraussetzungen bestehen.

Die Schreibweise kann demzufolge als funktionale Struktur aufgefaßt werden, die einem Text oder einer historisch begrenzten Menge oder Klasse von Texten zugrundeliegt. Eine solche historisch konkrete Textklasse kann dann als →*Gattung* konzipiert werden.

Der Begriff der Schreibweise wird üblicherweise als begrenzt auf Texte aufgefaßt. Insofern repräsentiert die Schreibweise den Spezialfall des allgemeinen, nicht auf ein Kommunikationsmedium beschränkten →*Verfahrens*.

Das mit beiden Begriffen verwandte Konzept des →Textverfahrens bezieht sich demgegenüber weniger auf die strukturellen oder funktionalen Grundlagen einer Menge von Texten (oder Werken in anderen Kommunikationsmedien), sondern vor allem auf die technische Seite ihrer Produktion oder Verfertigung.

Hier werden einige →*Schreibweisen* näher vorgestellt.

Beispiel

Der Begriff der Schreibweise hat sich zwar in der Literaturwissenschaft etabliert, die literaturwissenschaftliche Erforschung von Schreibweisen steckt freilich noch in den Kinderschuhen.

Die →*Parodie* stellt jedoch – ähnlich wie etwa die →*Kontrafaktur* – ein gut erforschtes Beispiel für eine ahistorische Schreibweise dar.

Ähnlich kann der lange Zeit als historische Epoche oder als Stil aufgefaßte Manierismus als literarische Schreibweise bzw. als allgemeines künstlerisches Verfahren konzipiert werden, dessen funktionaler Kern darin bestehen dürfte, (1) bestimmte künstlerische (oder literarische) Techniken (oder Textverfahren) perfekt und quasi akrobatisch zu beherrschen und (2) dies demonstrieren zu wollen. Welche Techniken dabei demonstriert werden, ist somit historisch variabel, nicht aber, daß welche demonstriert werden.

Ein weniger gut umrissener und als Schreibweise erfaßter Kandidat für solche Schreibweisen ist etwa die →*Satire*.

6.1.4 Textsorte

(funktionale) Klasse von Texten

Der Begriff der Textsorte ist in der Linguistik bzw. in linguistisch orientierter Literaturwissenschaft entwickelt und etabliert worden.

Dementsprechend kann sich 'Textsorte' – im Unterschied zu →'*Gattung*' – grundsätzlich auf alle Arten von Texten beziehen, auch solche also, die keinerlei künstlerische Absicht verfolgen. Der Begriff der Textsorte ist zudem nicht historisch ausgerichtet.

Im Unterschied zur Konzeption von Schreibweise ist der Textsortenbegriff aber nicht auf grundlegende Strukturen bezogen, sondern eher auf erkenn- und dokumentierbare Textmerkmale. Wie →'*Schreibweise*' zielt aber auch 'Textsorte' durchaus auf die Funktionalität von Texten ab und begreift sie als (funktional) eingebunden in eine soziale Realität.

Die zur Klassifikation einer Textsorte heranzuziehenden Merkmale oder Merkmalskomplexe sind somit prinzipiell beliebig, oft aber stammen sie aus dem Bereich ihrer Funktionalität oder ihrer Oberflächenbeschreibung.

So weist etwa die Textsorte Kochrezept bestimmte charakteristische Merkmale an der Textoberfläche auf (Dominanz von Nomina für Lebensmittel, Auflistung, knappe eindeutige Handlungsanweisungen usw.), die auf die pragmatische Rolle dieser Textsorte zugeschnitten sind.

Ähnliches gilt für weniger deutlich funktionale Textsorten, etwa im Übergangsbereich von Alltag und Kunst (z.B. bei den verschiedenen journalistischen Textsorten wie Reportage, Nachricht, Glosse, Kommentar usw.), aber auch im engeren Bereich der Literatur, wo selbstverständlich auch Textsorten (per Merkmalsübereinstimmung) konstruiert werden können. Diese sind aber tendenziell im Nachteil gegenüber Gattungsbegriffen, da sie – ex post und damit quasi zufällig – konstruiert sind und nicht auf die historische Verortung von Gattungen (etwa im Selbstverständnis der Autoren) eingehen können.

6.1.5 Verfahren

auf Funktionen ausgerichteter Merkmalskomplex, der historisch konstant ist, aber historisch variablen Kunstwerken, Kommunikationsakten oder Klassen derselben unterliegt

Der Begriff des Verfahrens meint also weitgehend dasselbe wie das Konzept der →*Schreibweise*, ist aber nicht auf das eine Medium Text und somit auf Literatur begrenzt, sondern umfaßt auch die anderen Künste und Medien, insbesondere in ihrer Kombination miteinander.

Als Verfahren kann somit ein (möglicherweise strukturierter) Komplex von Merkmalen bezeichnet werden, der sich aus der Übernahme bestimmter Funktionen ergibt, die Kunstwerke oder andere Kommunikationsakte erfüllen wollen.

Die auf die Produktion von Texten bezogene Schreibweise des Manierismus kann somit in Musik, Malerei, Architektur, aber etwa auch in der Festkultur ihr Verfahrenspendant aufweisen. Ähnliches gilt sicherlich ebenso für das →*Parodieren* von Musikstücken oder Bildern.

Mitunter hebt der Begriff des Verfahrens auch – dann analog zu →'Textverfahren' – eher auf die technische Seite der Produktion bestimmter Kunstwerke oder des Zustandebringens bestimmter Kommunikationsleistungen ab. So kann etwa die Photomontage als ein solches (bildkünstlerisches oder rein funktionales) Verfahren angesehen werden.

6.2 Schreibweisen

Unter den Schreibweisen sind insbesondere diejenigen schon klar umrissen, die eine klare Funktionalität aufweisen und – im Sinne eines →Textverfahrens – einen deutlich produktionstechnischen Aspekt aufweisen.

Dementsprechend werden hier die folgenden vier Schreibweisen vorgestellt, die allesamt wesentlich →*intertextuell* sind:

→*Cento*
→*Kontrafaktur*
→*Parodie*
→*Travestie*

Hinzu kommen die Textverfahren →*Zitat* und →*Montage*.

Implizit werden außerdem die Begriffe →Pastiche und →Collage eingeführt.

6.2.1 Cento

(lat. u. ital.: *cento* = Flickendecke, Flickenteppich)

Text, der ausschließlich oder überwiegend aus bereits vorliegenden Textteilen zusammengesetzt ist, die neu kombiniert werden

Der Cento geht also auf ein bestimmtes →Textverfahren zurück. Dieses besteht darin, Textteile (Wörter, kleinere Syntagmen, Teilsätze, Sätze, Verse oder ganze Satz- oder Versgruppen) aus einem bestimmten Textkorpus (einem einzelnen Text, dem Werk eines Autors, einer bestimmten Autorengruppe, einer bestimmten Gattung usw.) auszuwählen und so neu zu kombinieren, daß sich ein neuer Sinnzusammenhang ergibt. Insofern besteht der Text eines Cento ausschließlich aus fremdem Text, der – wie eine Decke aus einzelnen Flicken zusammengenäht werden kann – die verschiedenen Teile zu einem neuen Ganzen vereinigt, ohne die 'Nahtstellen' eigens zu markieren.

Dieses aufwendige und extrem kunstvolle Textverfahren dient häufig dazu, die (allgemeinere) Schreibweise der →*Parodie* zu realisieren, also das zugrundeliegende prätextuelle Textkorpus nachzuahmen oder es lächerlich zu machen. Seltener dient es – vergleichbar der allgemeineren Schreibweise der →*Kontrafaktur* entsprechend – dazu, das Kommunikationspotential der Vorlage für eine eigene Botschaft auszunutzen. In beiden Fällen ist der Cento jedoch darauf angewiesen, das sein Leser die Vorlage kennt und als Vorlage erkennt.

Dementsprechend war der Cento vor allem in Literaturepochen beliebt, die – wie die Antike oder die Frühe Neuzeit – ohnehin auf die Produktion von Texten aus Texten heraus setzten (im Sinne der →*imitatio veterum*). In der Literatur nach 1770 ist er jedoch – schon seines hohen Aufwands wegen – die absolute Ausnahme.

Was als Textverfahren Cento heißt, ist – als allgemeines Verfahren – natürlich auch in anderen Kunstformen bekannt, man denke etwa an das Sampling im Bereich der Popmusik.

Beispiel

Ein signifikantes Beispiel für einen Cento liefert der spätantike Leon Philosophus (5. Jh. n. Chr.) mit dem folgenden →*Epigramm*:

> Mutter, du böse Mutter, von unempfindlicher Seele,
> schwer ist die Wunde an mir, die ein sterblicher Mann mir geschlagen
> tief in der finsteren Nacht, da andere Sterbliche schlafen;
> nackt kam er, er hatte nicht Helm noch Schlachtschild und Lanze
> und seine ganze Klinge ward warm vom Blute; dann aber
> sandte er jählings auf mich eine Feuchtigkeit, lau und gelinde.

Dieses setzt sich – wie leicht zu erkennen ist, wenn man die Vorlage kennt – aus verschiedenen 'Textbausteinen' aus Homers Epen zusammen:

Ilias V, 361 [Aphrodite ist im Schlachtgetümmel verletzt worden und bittet nun ihren Bruder Ares darum, sie zurück zum Olymp zu bringen, wo sie hofft zu genesen]:

> schwer ist die Wunde an mir, die ein sterblicher Mann mir geschlagen

Ilias X, 83 [Agamemnon ist nachts unterwegs, um seine Leute zu wecken. Nestor, gerade geweckt, fährt ihn an und fragt, wer ihn denn da um seinen Schlaf bringe]:

> tief in der finsteren Nacht, da andere Sterbliche schlafen

Ilias XVI, 333 [Ajas tötet Kleobulos mit dem Schwert]:

> und seine Klinge ward warm vom Blute; die Augen aber ...

Ilias XXI, 50 [Der rasende Achilleus stürzt sich im Blutrausch auf jeden beliebigen Gegner, nun auf Lykaon, der gar nicht auf einen Kampf eingestellt ist]:

> nackt kam er her, er hatte nicht Helm noch Schlachtschild und Lanze

Odyssee I, 123 [Telemach begrüßt die als Fremder verkleidete Göttin Athene]:

> Heil dir, Fremder! Bei uns sei dir Freundschaft. Dann aber

Odyssee V, 268 [Kalypso entläßt Odysseus und gibt ihm günstige Bedingungen mit]:

sandte sie jählings auf mich einen Wind, lau und gelinde

Odyssee XXIII, 97 [Telemach wendet sich gegen seine Mutter Penelope, die sich seiner Meinung nach nicht mehr im passenden Maß nach Odysseus sehnt]:

Mutter, du böse Mutter, von unempfindlicher Seele

6.2.2 Kontrafaktur

(lat.: *contra* = gegen, entgegen; *facere* = machen)

→*intertextuelle* →*Schreibweise* (bzw. →*Verfahren*): Übernahme erkennbarer Struktur- und Gestaltungsmerkmale einer Vorlage zur Realisierung einer eigenständigen, von der Vorlage unabhängigen Kommunikationsleistung

Als 'Kontrafaktur' konnte lange Zeit jede Abbildung, also jedes Nach-Gemachte verstanden werden, insbesondere die Nachbildung eines geistlichen Liedes mit einem weltlichen Text (oder umgekehrt), wie sie in der Frühen Neuzeit üblich war. Dabei bleiben Melodie, Rhythmus usw. und mit ihnen die Struktur der Strophen und Verse, womöglich auch das Wortmaterial (insbesondere seine Klangqualitäten) erhalten, der ursprüngliche geistliche Text wird jedoch durch einen weltlichen (oder vice versa) ersetzt. So kann dieser Inhalt vom Bekanntheitsgrad und der Eingängigkeit der Vorlage profitieren.

Dieses spezifische Verfahren ist zu einem präzisen Kontrafaktur-Begriff ausweitbar, der innerhalb der Literaturwissenschaft als Schreibweise aufzufassen ist, aber sicherlich – etwa im Bereich der bildenden Kunst – sein Pendant als Bildbearbeitungsverfahren hat.

Dieser Begriff besagt, daß von einer bestimmten Vorlage (gegebenenfalls auch einer eng umgrenzten Klasse von Vorlagen) die erkennbaren und leicht wiedererkennbaren Strukturierungen und Formungen beibehalten werden, um ihr kommunikatives Potential auszunutzen. Dies meint sowohl die Wiedererkennbarkeit der Vorlage als auch die Vorgaben durch die spezifische Gestaltung der Vorlage.

Die Vorlage muß also – um die Kommunikation gelingen zu lassen – bei den angezielten Rezipienten bekannt sein.

Unter den – im Fall der Literatur – Strukturierungen und Formungen des Textes sind in erster Linie die folgenden Momente zu verstehen: das Wortmaterial, seine klanglichen Qualitäten, Vers-, Reim- oder Strophenstrukturen, syntaktische, semantische oder stilistische Eigenheiten und dergleichen mehr.

Im Unterschied zur →*Parodie*, die zwar ähnlich vorgeht, richtet sich die Kontrafaktur aber nicht gegen ihre Vorlage, zumindest nicht in der Hauptsache; vielmehr sitzt sie ihr – quasi wie ein Parasit – auf, um eine *eigene* Botschaft, *eigene* Inhalte zu transportieren, die oft – ähnlich wie im Falle 'Geistlich' - 'Weltlich' – einem ganz anderen Themenbereich angehören.

Das heißt aber nicht, daß die Kontrafaktur ohne Agressivität und Witz sein muß. Diese können durchaus vorhanden sein, richten sich aber nicht gegen die Vorlage, sondern, wie z.B. im Fall einer →*satirischen* Kontrafaktur, gegen die Zeitläufte, also gänzlich text*externe* Faktoren.

Beispiel 1

Ein klarer Fall für die geistliche Kontrafaktur eines bekannten weltlichen Volksliedes ist Heinrich Knausts „Insbruck ich muß dich laßen, christlich geändert" von 1571:

> O welt, ich muß dich laßen
> und far dahin mein straßen
> ins vaterland hinein.
> irdisch freud ist mir gnommen,
> die ich nicht mer bger zu bekommen,
> weil ich in elend bin.
>
> Groß leid muß ich jetzt tragen,
> das ich allein tu klagen
> dem liebsten herren mein:

ach Got, nu laß mich armen
im herzen dein erbarmen,
weil ich so arm muß sein!

Mein trost in allen leiden,
von dir sol mich nicht scheiden
kein not in diser welt,
kein armut sein so schwere,
mein sin und all mein bgere
zu dir allein gestellt.

Die damals populäre Vorlage dieser Kontrafaktur, der natürlich dieselbe Melodie unterlegt ist, lautet so:

Isbruck ich muß dich lassen

Isbruck ich muß dich lassen
ich far dohin mein strassen
in fremde landt do hin
mein freud ist mir genomen
die ich nit weiß bekummen
wo ich im elend bin.

Groß leid muß ich yetz tragen
das ich allein thu klagen
dem liebsten bulen mein,
ach lieb nun laß mich armen
im hertzen dein erbarmen
das ich muß von dannen sein!

Meyn trost ob allen weyben
dein thu ich ewig pleyben
stet trew der eren frumm
nun muß dich Gott bewaren
in aller thugent sparen
biß das ich wider kumm!

Beispiel 2

Daß Kontrafakturen zu bestimmten, durchaus kritisierbaren Zwecken eingesetzt werden können, macht dieser Fall deutlich: Karl Kraus führt in seiner „Fackel" aus dem Kriegsjahr 1917 die folgende, ebenso plump-ironische wie siegessicher auf die aktuelle militärische Lage anspielende Kontrafaktur in Goethes „Ein Gleiches" an, um sich sogleich in einem Nachsatz von dieser Art von Textverarbeitung zu distanzieren:

> Im Frankfurter Generalanzeiger lesen wir:
>
> Frei nach Goethe!
> Ein englischer Kapitän an den Kollegen.
>
> Unter allen Wassern ist – 'U'.
> Von Englands Flotte spürest du
> Kaum einen Rauch ...
> Mein Schiff versank, daß es knallte,
> Warte nur, balde
> R – U – hast du auch!
>
> Wo in aller Welt ließe sich so wenig Ehrfurcht aufbringen, den letzten, tiefsten Atemzug des größten Dichters zu diesem entsetzlichen Rasseln umzuhöhnen? [...]

Goethes Vorlage ist ja bekannt:

> Über allen Gipfeln
> Ist Ruh,
> In allen Wipfeln
> Spürest du
> Kaum einen Hauch;
> Die Vögelein schweigen im Walde.
> Warte nur, balde
> Ruhest du auch.

6.2.3 Parodie

(griech.: *par-odé* = Nach- oder Gegengesang)

→*intertextuelle* →*Schreibweise* (bzw. →*Verfahren*): Übernahme erkennbarer Struktur- und Gestaltungsmerkmale einer Vorlage zur Komisierung und Herabsetzung dieser Vorlage (bzw. einer mit ihr verknüpften Haltung, ihrer Rezeption usw.)

Der ursprünglich aus dem Bereich der (antiken) Musik stammende Begriff der Parodie hat – entsprechend der Doppeldeutigkeit der griechischen Präposition 'para' als 'nach' und 'gegen' – im Grunde zwei voneinander unabhängige Bedeutungen, die de facto oft aber nur schwer voneinander zu trennen sind:

Der eine Begriff, Nach-Gesang oder Nach-Dichtung, meint in erster Linie die Adaption eines Werk-, Autor-, Gruppen- oder Epochenstils zum Zweck der Demonstration eigener Fähigkeiten, zur Übung, aber auch zur Offenlegung der stilbildenden Prinzipien. Derlei ist auch als →Pastiche zu bezeichnen.

Der andere Begriff, Gegen-Gesang oder -Dichtung, ist derjenige, der sich nicht nur in der Literaturwissenschaft schließlich durchgesetzt hat. Er geht von der Offenlegung des Stils aus, zielt letztendlich aber darauf ab, die Vorlage lächerlich zu machen und sie (oder ihr Ansehen) so zu beschädigen. Dementsprechend kann auch die Rezeption eines Textes, die Haltung, die er initiiert hat, die Ideologie, zu der er ausgebaut worden ist, und dergleichen mehr Ziel der parodistischen Komisierung sein. Im Unterschied zur →*Kontrafaktur*, die ja eigene, vorlagenunabhängige Inhalte vermitteln will, ist die Parodie also in der Hauptsache gegen ihre Vorlage gerichtet.

Auch hier könnte aber noch zwischen einer bloß komischen und einer kritisch-komischen Parodie unterschieden werden.

Die eigentliche Text- oder Vorlagenverarbeitung ist allerdings der der Kontrafaktur ähnlich: Die erkennbaren und leicht wiedererkennbaren Strukturierungen und Formungen eines bestimmten Textes (oder einer bestimmten, fest umrissenen Textklasse) werden grundsätzlich beibehalten. Entsprechendes kann natürlich auch für das Verfahren der Parodie in anderen Künsten und Medien gelten.

Es lassen sich allerdings zwei unterschiedliche Typen der parodistischen Textverarbeitung ausmachen:

Der erste, *untererfüllende* Typ behält insbesondere alle Strukturierungen und Formungen der Vorlage (Wortmaterial, Wortklang, Vers-, Reim- und Strophenstrukturen) bei. Er ersetzt aber, oft nur an wenigen, aber entscheidenden Stellen die zugehörigen Inhalte so, daß die neuen Inhalte der Parodie wesentlich 'niedriger' ausfallen als die der Vorlage, so daß es zu einer 'Familiarisierung' oder Profanierung der Vorlageninhalte kommt. So können etwa philosophische Gedanken durch Schülerwitze oder ernsthafte Liebesschwüre durch rein sexuelle Anspielungen ersetzt werden.

Der zweite, *übererfüllende* Typ überzeichnet im Unterschied dazu die charakteristischen Struktur- und vor allem Stileigenheiten so deutlich, daß diese Eigenheiten nicht nur erkennbar, sondern zugleich auch lächerlich gemacht werden.

Beispiel 1

Schon die wohl älteste erhaltene Textparodie aus der Antike ist klar dem ersten, untererfüllenden Parodietyp zuzuordnen. Die wohl nachklassische „Batrachomyomachia" (wörtlich: „Froschmäusekrieg") setzt dem hehren Heldenepos Homers einen (wohl bloß) komischen Gesang über den Krieg zwischen Mäusen und Fröschen entgegen. Die kleinen Tiere ersetzen hier mithin die 'großen Helden' der Ilias, das Kriegsgeschehen und seine Darstellung bleiben jedoch weitgehend intakt.

Schon kritischer, wenn auch nur auf eine zeitgenössische Dichtungsmode bezogen, ist das folgende →*Distichon* von Matthias Claudius aus dem Jahr 1797, das sich über die Distichenmode der Weimarer Klassiker lustig macht und so ihr Geschmacksdiktat unterläuft und kritisch hinterfragt.

Das Distichon

> Im Hexameter zieht der ästhetische Dudelsack Wind ein;
> Im Pentameter drauf läßt er ihn wieder heraus.

Vorlage für dieses parodistische Distichon sind wohl die Distichen (bzw. Xenien) Goethes und Schillers überhaupt, konkret aber wohl das folgende Verspaar Schillers von 1796, das ebenso seine eigene Form thematisiert, aber eben dazu die Metapher des Springquells, nicht die des Dudelsacks verwendet:

> Im Hexameter steigt des Springquells silberne Säule,
> Im Pentameter drauf fällt sie melodisch herab.

Beispiel 2

Die übererfüllende Parodie ist sicherlich gut dazu geeignet, auf ganze Textklassen komisch (oder auch kritisch-komisch) Bezug zu nehmen.

So bezieht sich etwa Johann Heinrich Voß' „Klingsonate" von 1808 offenkundig auf die Gedichtform →*Sonett*, dessen Bauprinzip sie offenlegt, indem sie sich darauf beschränkt:

> Mit
> Prall-
> Hall
> Sprüht
> Süd-
> Tral-
> Lal-
> Lied.
> Kling-
> klang
> Singt;
> Sing-
> Sang
> Klingt

Hier wird wohl sowohl der Inhalt 'untererfüllt' als auch – durch den fast völligen Verzicht auf Inhalt – die Textstruktur übererfüllt.

Die Großstadtlyrik des Expressionismus nimmt Friedrich Torberg in seinem gleichnamigen Gedicht von 1932 aufs Korn, indem er dessen ebenso typisches wie grauenerregendes Wortmaterial – bzw. die dadurch evozierten Vorstellungen – so pointiert einsetzt, daß es als Überzeichnung angesehen werden muß. Die zu erwartende Leserreaktion liefert er, um nicht mißverstanden zu werden, gleich mit:

Großstadtlyrik

Fabriken stehen Schlot an Schlot,
vorm Hurenhaus das Licht ist rot.
Ein blinder Bettler starrt zur Höh,
ein kleines Kind hat Gonorrhoe.
Eitrig der Mond vom Himmel trotzt.
Ein Dichter schreibt. Ein Leser kotzt.

6.2.4 Travestie

(ital./frz.: *travestir(e)* = verkleiden)

→*intertextuelle* →*Schreibweise*: Übernahme erkennbarer Inhalte einer Vorlage, aber Veränderung der Formung dieser Inhalte zur Herabsetzung und Komisierung der Vorlage

Mit der Schreibweise der Travestie sind also ähnliche Absichten und Wirkungen zu realisieren wie mit der →*Parodie*.

Das Vorgehen ist aber ein anderes: Während nämlich die Parodie die Inhalte der Vorlage durch Ersetzungsoperationen verändert, Form, Struktur und Stil der Vorlage aber übernimmt oder gar vorführt, geht die Travestie gerade umgekehrt mit ihrer Vorlage um: Die wesentlichen Inhalte werden mindestens so weit beibehalten, daß sie wiedererkennbar sind, und zwar als Inhalte eines bestimmten Textes bzw. einer eng umgrenzten Klasse von Texten. Form, Stil, Aufbau, Struktur, Gattungszugehörigkeit usw. werden hingegen verändert, und zwar so, daß der Inhalt nunmehr – üblicher Auffassung nach – mit seiner Präsentationsweise konfligiert, diese also als nicht adäquat erscheint und gegenüber der Präsentationsweise des Originals abfällt.

So bezieht sich die Travestie ebenso wie die Parodie bloß komisch oder kritisch-komisch auf ihre Vorlage oder die mit dieser verknüpften Haltung, Weltanschauung usw.

Bei den Inhalten, die im Falle einer travestierenden Textverarbeitung beibehalten werden, handelt es sich zumeist um Elemente oder Strukturen der Handlung (samt Figuren) der (erzählenden oder dramatischen) Vorlage.

Die 'abfallende' Form geht häufig mit einem Form- oder Gattungswechsel einher, wobei die neue Form der Travestie zumeist in geringerem Ansehen steht als die der Vorlage: So kann etwa das →*Epos* in einen →*Roman* oder gar in eine volkstümliche →Moritat überführt werden, die feierliche →*Ode* in ein einfaches →*Lied* usw. Doch schon allein der – etwa betont einfache, volkstümliche oder laxe – Stil oder Sprechton einer solchen Textverarbeitung kann sich ähnlich auswirken.

Beispiel

Geradezu prototypische Travestien brachte eine Mode des 18. Jahrhunderts hervor, die der „Aeneis"-Travestien nämlich, die das antike Heldenepos Vergils um den legendären Begründer Roms in eine sehr viel weniger anspruchsvolle Form mit einer entsprechend unpathetischen Sprache überführen. So präsentiert etwa Aloys Blumauer in seiner Aeneis-Travestie von 1788 das Geschehen um Aeneas in der Form des Bänkelsangs – und nimmt ihr somit das leer gewordene Pathos. Man vergleiche, wie Blumauer und Vergil ihren Helden im Gespräch mit Dido, einer mythischen Fürstin, auftreten und sprechen lassen:

> Im rothdamastnen Armstuhl sprach
> Aeneas nun mit Gähnen:
> Infantinn! laßt das Ding mir nach,
> Es kostet mich nur Thränen.
> Doch alles spitzte schon das Ohr:
> Frau Dido warf die Nas' empor,
> Und schien fast ungehalten.

Was wollt' er thun? Er mußte wohl
Den Schlaf vom Aug sich reiben:
Er nahm zwo Prisen Spaniol,
Sich's Nicken zu vertreiben:
Drauf räuspert' er sich dreymal, sann
Ein wenig nach, und legte dann
Sein Heldenmaul in Falten.

„Die Griechen hielten uns umschanzt
Zehn volle Jahr' und drüber:
Allein wo man Kartätschen pflanzt,
Da setzt es Nasenstieber.
Dieß schien den Griechen nun kein Spaß,
Denn – unter uns – sie hielten was
Auf unversengte Nasen. [...]"

Bei Vergil findet sich das inhaltliche Pendant zu dieser Passage zu
Beginn des zweiten Gesangs:

Alle verstummten ringsum, voll Spannung blickte ihr Auge.
Nunmehr begann vom erhabenen Sitz der Vater Aeneas:
„Unaussprechlichen Schmerz erneuert, o Fürstin, dein Wort mir
Wie die trojanische Macht, das Reich, das würdig der Tränen,
Starb unter Danaerhänden, wieviel ich des Elends gesehen,
Was ich auch selber erlitt – wer könnte, erzählte er dieses,
Myrmidon, Doloper oder Soldat des wilden Ulyxes,
Wehren dem Strom seiner Tränen? Auch eilt vom Himmel die Nacht schon
Tauend herab, es laden zum Schlummer die sinkenden Sterne. [...]"

6.2.5 Zitat – Montage

Zitat – Textverfahren: üblicherweise markierte Übernahme eines
fremden (oder eigenen) Textes oder Textausschnitts in einen eigenen Text

Montage – künstlerisches Verfahren: Übernahme fremden Materials zur Erstellung eines eigenen Werks

Montage – literarische Schreibweise / Textverfahren: Übernahme fremden Textes zur Erstellung eines eigenen Textes

Das Zitat ist natürlich kein spezifisch literarisches →Textverfahren. Es ist aber – als Prototyp →*intertextueller Bezugnahme* – durchaus auch zu literarischen Zwecken einsetzbar, etwa wenn die zitierte fremde Textpassage in einen dialogischen oder kritischen Zusammenhang mit seinem neuen →*Ko-Text* gestellt wird. Üblicherweise sind Zitate, beispielsweise durch Anführungszeichen, als solche markiert und somit erkennbar.

Eng mit dem Zitat verwandt ist die literarische Schreibweise der Montage. Von Montage kann man – in Bezug auf Texte – dann sprechen, wenn die Übernahme fremder Texte wesentlich zur Formung des eigenen Textes beiträgt. Dabei sind die einmontierten Textpassagen – etwa durch den gegenseitigen Kontrast oder durch den Kontrast mit dem eigenen Ko-Text – üblicherweise ebenfalls markiert und insofern als Fremdkörper erkennbar.

Dieses →*Verfahren* findet sich natürlich auch in anderen Künsten, etwa in der Bildenden Kunst, wo derlei meist als →Collage bezeichnet wird. Der auch in der Literaturwissenschaft verwendbare Begriff der Collage hebt dementsprechend insbesondere darauf ab, zu betonen, daß das Montierte bereits fertig vorlag und nun als Ganzes übernommen wird.

In Bezug auf →*fiktionale* Texte hat somit insbesondere die markierte Übernahme nicht-fiktionaler Textbausteine als Montage in diesem Sinne bzw. als Collage zu gelten.

Über die Analogie zum filmtechnischen Verfahren der Montage, das – als Filmschnitt – etwa Szenen- oder Perspektivwechsel realisiert, ist in der Literaturwissenschaft aber auch von Montage die Rede, wenn in fiktionalen Erzähltexten abschnittsweise das →*Erzählverhalten* verändert wird. Das ist insbesondere der Fall, sobald die Figur, von deren →*point of view* aus erzählt wird, wechselt. Dieser zweite Montagebegriff stellt eine erhebliche Ausweitung gegenüber dem ersten dar und zielt ausschließlich auf die Bruchstelle zwischen zwei unterscheidbaren Textpassagen ab, von denen aber keine aus einem fremden Text übernommen worden sein muß.

Eine andere, in der Literaturwissenschaft ebenfalls zu findende Unterscheidung von Collage und Montage besteht darin, diese als das Verfahren anzusehen, das jene als Produkt hervorbringt.

Beispiel 1

Edlef Köppens Roman „Heeresbericht" von 1930, der die Kriegserlebnisse des fiktiven Frontsoldaten Adolf Reisiger wiedergibt, dürfte einer der ersten deutschsprachigen Romane sein, der die Schreibweise der Montage im engeren Sinne benutzt. Er setzt mit einigen offiziellen Dokumenten aus den Kriegsjahren ein, bevor die eigentliche fiktionale Erzählung beginnt, die selbst immer wieder durch einmontierte Dokumente, Zeitungsartikel usw. unterbrochen wird. Die einmontierten Texte, die durch Kursivdruck im Text abgehoben sind, erfüllen dabei die unterschiedlichsten Funktionen, insgesamt aber werden sie durch das fiktive Geschehen des Romans kritisch hinterfragt. Dies gilt insbesondere für das einleitende Dokument, dem der Roman in toto widerspricht:

> *OBERZENSURSTELLE NR. 123 O. Z. 23.3.15:*
>
> *Es ist nicht erwünscht, daß Darstellungen, die größere Abschnitte des Krieges umfassen, von Persönlichkeiten veröffentlicht werden, die nach Maßgabe ihrer Dienststellung und Erfahrung gar nicht imstande gewesen sein können, die Zusammenhänge überall richtig zu erfassen. Die Entstehung einer solchen Literatur würde in weiten Volkskreisen zu ganz einseitiger Beurteilung der Ereignisse führen.*

Genau den umgekehrten Zweck erfüllen diejenigen Passagen, die Alfred Döblin ein Jahr zuvor in den Großstadtroman „Berlin Alexanderplatz" stellenweise einmontiert hat: Sie sollen die Authentizität des fiktiven Textes steigern, indem sie – als 'Realitätspartikel' – zu einem authentischen Berlin-Bild beitragen. Zumeist sind die Annoncen, Plakate usw., die Döblin in den Wahrnehmungsbereich seines fiktiven Helden Franz Biberkopf bringt, zwar wohl tatsächlich authentisch, nur selten sind sie jedoch markiert. So auch diese Zigarrenwerbung:

> Loeser und Wolff mit dem Mosaikschild haben sie abgerissen, 10 Meter weiter steht er schon wieder auf und drüben vor dem Bahnhof steht er nochmal. Loeser und Wolff, Berlin-Elbing, erstklassige Qualitäten in allen Geschmacksrichtungen, Brasil, Havanna, Mexiko, Kleine Trösterin, Liliput, Zigarre Nr. 8, das Stück 25 Pfennig, Winterballade, Packung mit 25 Stück, 20 Pfennig, Zigarillos Nr. 10, unsortiert, Sumatradecke, eine Spezialleistung in dieser Preislage, in Kisten zu hundert Stück, 10 Pfennig. Ich schlage alles, du schlägst alles, er schlägt alles mit Kisten zu 50 Stück und Kartonpackung zu 10 Stück, Versand nach allen Ländern der Erde, Boyero 25 Pfennig, diese Neuigkeit brachte uns viele Freunde, ich schlage alles, du schlägst lang hin.

Beispiel 2

Das Montage-Verfahren des Filmszenen-Schnitts, das in Literatur nachgebildet werden kann, indem zwei unterschiedliche Szenen (mit unterschiedlichen Figuren, Perspektiven usw.) innerhalb eines fiktiven Gesamtgeschehens unvermittelt hintereinander gestellt werden, ist mittlerweile in der modernen und postmodernen Erzählliteratur üblich geworden, auch und insbesondere in 'trivialen' Genres wie etwa dem Thriller.

In der deutschen Literaturgeschichte ist ein Nachkriegsroman aus den 50er Jahren bekannt dafür, dieses Verfahren extensiv und zu ästhetischen Zwecken verwendet und damit in die deutsche Literatur eingeführt zu haben. Wolfgang Koeppens Roman über die „Tauben im Gras" wechselt nämlich von Abschnitt zu Abschnitt die menschlichen 'Tauben', immer wieder wendet er sich einer neuen zu, oft aber so, daß ein Wort oder eine andere Übereinstimmung die 'montierten' Szenen miteinander verbindet. Etwa hier, gegen Ende des Romans:

[Edwin ist unterwegs auf dem Schwulen-Strich ...] Edwin sah ihre Gesichter. Er dachte 'sie sind stolz und schön'. Er übersah nicht ihre Fäuste, ihre großen und grausamen Fäuste, aber hielt sich an ihre Gesichter, stolz und schön.

Es war ein Fest ohne Stolz und Schönheit. War es ein Fest? Was feierten sie? Feierten sie das Nichts? [... und so wendet sich der Erzähler einem Fest der Bohème der Stadt zu.]

6.3 Andere Charakterisierungen

Die Strategien, Literatur einzuteilen und zu klassifizieren, sind vielfältig – und bilden kein konsistentes System.

So gibt es etwa eine ganze Reihe von Beschreibungs- und Klassifikationstermini, die nur schwer einer bestimmten Strategie (etwa →*Schreibweise* oder →*Gattung*) zuzuordnen sind. Oft sind es solche Begriffe, deren Gegenstandsbereich über das begrenzte Gebiet der Literatur hinausreicht.

Dies dürfte wohl auch für die folgenden Begriffe gelten, die hier vorgestellt werden sollen, da sie besonders gerne zur Charakterisierung von bestimmten Texten herangezogen werden:

→*Groteske*   →*Satire*
→*Komik*   →*Utopie* (→utopischer Roman, →Science
→*Humor*   Fiction-Roman, →Dystopie)

Implizit wird hier außerdem vorgestellt: →Witz

6.3.1 Groteske

(ital.: *grottesco* = verzerrt)

Verfahren (Schreibweise) oder allgemeines Gestaltungs- und Wirkungsprinzip: antimimetische Verbindung von Disparatem und/oder radikale Übertreibung, die auf die Erregung von Grauen und/oder (zugleich) Gelächter abzielt

„*Die* Groteske" ist ursprünglich ein Name für bestimmte Ornament-Formen in der Malerei und Baukunst der Antike, der Gotik und der Renaissance. Die Formungsprinzipien dieser mit der Arabeske verwandten Ornamente wurden auch auf andere Bereiche der bildenden Kunst sowie auf andere Künste, etwa die Literatur übertragen: als der groteske Stil oder *das* Groteske.

Groteske Kunst und Literatur steht insofern im Widerspruch zu jeder klassischen oder klassizistischen Ästhetik, als sie bewußt und wirkungsorientiert gegen deren ästhetischen Gesetze verstößt: Sie bevorzugt das Verzerrte gegenüber dem Gleichmäßigen und Symmetrischen, sie überzeichnet, übertreibt und übersteigert, statt sich an der →*mimetischen* Abbildung der Realität zu orientieren, und sie ignoriert die rhetorische Regel vom →*aptum* aller Bestandteile, indem sie bewußt Disparates und nicht Zusammengehöriges verbindet und vermischt.

Diesem Verfahren, das in bildender Kunst sicherlich einfacher und präziser zu bestimmen ist als in Literatur, steht auf der Inhaltsebene dann eine groteske bzw. grotesk erscheinende Wirklichkeit gegenüber, die entweder als grundlegend →*verfremdet* der bekannten üblichen Wirklichkeit gegenübersteht oder als deren angemessene Darstellung erscheint.

Dementsprechend ist die Funktion des Grotesken entweder zwiefach oder hochgradig ambivalent: Denn sie zielt zum einen auf die Erregung von Grauen beim Betrachter oder Leser ab, indem sie seine Wirklichkeit ins Fratzenhafte verzerrt, zum anderen aber kann und will sie ihn zum Lachen bringen, indem sie ihm fast spielerisch eine ganz andere Weltauffassung vorführt, vor allem aber kann und will sie oft beides zusammen.

Weitgehend umstritten und insofern ungeklärt ist – von diesem Begriffskern abgesehen – innerhalb der Literaturwissenschaft allerdings, ob Groteske als Stil, →*Schreibweise*, Darstellungsweise, wirkungsästhetische oder Inhaltskategorie anzusehen ist. Ebenso problematisch sind demzufolge die Grenzziehung zu benachbarten Begriffen wie →*Satire*, Manierismus oder →*Komik* und die Ausweisung bestimmter Texte oder Textklassen als grotesk.

Letzteres gilt umso mehr, als auch zwei weitere Aspekte nicht klar bestimmt sind. So ist (a) die Frage nicht abschließend beantwortet, auf welcher Ebene (etwa Inhalt versus Darstellung; Makrostruktur versus Stil) die grotesken Verzerrungen und Vermischungen anzusiedeln sind. Ebenso umstritten ist (b), ob das Groteske als ahistorisches →*Verfahren* (bzw. in der Literatur als Schreibweise) anzusehen ist, das zu unterschiedlichen Zeiten neu realisiert wird und etablierte Literatur- oder Kunstformen samt ihrer Weltauffassung unterläuft, oder ob es eher ein spezifisches Phänomen der Moderne darstellt, die etwa mit der →*Tragikomödie* und ihrem Weltverhältnis paradigmatische Kandidaten für groteske Literatur anbietet.

6.3.2 Komik – Humor

(griech.: *kómos* = trunkener Festumzug; lat.: *humor* = Feuchtigkeit)

Komik – wirkungsästhetische Kategorie: Erregung von Lachen (durch pointiertes Durchbrechen von Erwartungen, Normen oder gewohnten Proportionen und Verbindungen)

Humor – produktionsästhetische Kategorie: distanzierte Haltung gegenüber einem (dargestellten) Gegenstand oder Thema (und entsprechende formale oder stilistische Präsentation desselben)

Die Begriffe 'Komik' und 'Humor' sind wesentlich aufeinander (und auf eine ganze Reihe verwandter Begriffe) bezogen. Die hier vorgeschlagene Unterscheidung zwischen der eher wirkungsästhetischen Kategorie der Komik und der eher produktionsästhetischen Kategorie des Humors ist *eine* plausible Unterscheidung von vielen möglichen.

Ebenso weit verbreitet und plausibel ist sicherlich eine Auffassung, die Humor und Komik in Bezug auf ihre Intensität unterscheidet. Demnach zielt die Komik eher auf das Verlachen des Gegenstandes ab, der mildere Humor hingegen belächelt ihn eher.

Beidem entsprechen ihre Wortursprünge, wonach Komik das typische Resultat feucht-fröhlicher Zechtouren junger Männer, Humor hingegen eher eine milde 'Laune' ist.

Ebenso schwer zu identifizieren bzw. zu trennen sind die – auf Texte bezogen – Text- oder Gestaltungsverfahren, die zu komischen Wirkungen führen bzw. ein humoristisches Temperament zur Entfaltung kommen lassen. Für gewöhnlich beziehen sich Komik- bzw. Humor-Theorien aber darauf, zweierlei möglichst unerwartet und pointiert in einen Gegensatz zu bringen: die Realität und ein Ideal, das Dargestellte und eine Norm, Schein und Sein, Aufwand und Ergebnis, Anspruch und Wirklichkeit und dergleichen mehr. Dementsprechend lassen sich Verbindungen zu verwandten Begriffen wie etwa dem der →*Satire* oder der →*Parodie* ziehen, aber auch Binnendifferenzierungen vornehmen, etwa wenn man figuren- bzw. personenbezogene Komik von sprachlicher oder Situationskomik unterscheidet.

Paradigmatisch für den Begriff der Komik sind sicherlich zwei Gattungsbegriffe, die relativ fest umrissene Textklassen bezeichnen: So ist zum einen natürlich die Gattungstradition der →*Komödie* eng mit der Absicht verknüpft, ihr Publikum mit verschiedenen Mitteln und Strategien zum Lachen zu bringen.

Zum anderen stellt der →Witz eine →*Gattung* (oder →*Textsorte*) dar, in dem ebenso kurz und prägnant die Verfahrensweise der Komik deutlich wird (oder der Humor seines Urhebers): Der Witz ist eine kurze, im allgemeinen mündliche Erzählung, die in einer unerwarteten Pointe gipfelt, in der die bis dahin aufgebauten Erwartungen des Hörers jäh durchbrochen werden und insofern eine neuartige Perspektive auf den thematisierten Gegenstand eröffnet wird.

Die Vorgeschichte des Wortes 'Witz' ist aber ebenfalls eher psychologisch-produktionsästhetisch, meinte 'Witz' doch gerade im 18. Jahrhundert das geistige Vermögen, unerwartete und insofern überraschende Ähnlichkeiten erkennen zu können.

6.3.3 Satire

(wohl lat.: *satura* = Opfer- oder Fruchtschüssel)

Schreibweise (bzw. Verfahren): überzeichnende und oft indirekte Abbildung einer außerliterarischen Realität, um diese als defizitär in Bezug auf eine bestimmte Norm zu entlarven

Gattung oder Gruppe von Gattungen der Antike (und Frühen Neuzeit): römische Verssatire, die in stilisierter Form und mit moraldidaktischem Anspruch auf zeittypisches Fehlverhalten aufmerksam macht, und/oder menippeische Satire, die eher auf die Komisierung und Herabsetzung ihrer Gegenstände setzt und dabei individuelle Darstellungsformen entwickelt

Die beiden antiken →*Gattungen* oder Gattungstypen, die vor allem mit den Namen Horaz (Verssatire) und Lukian (Menippee) verbunden sind, wurden in vielfacher Weise in der Literatur der Neuzeit adaptiert und weiterentwickelt, so daß auch hier – ähnlich wie von ihren antiken Vorbildern – von Gattungen oder Subgattungen gesprochen wird.

Leistungsfähiger und flexibler scheint jedoch eine Konzeption der Satire als →*Schreibweise* oder →*Verfahren* zu sein, zumal so das Verfahren an verschiedene, historisch differierende Realisierungsformen angebunden werden kann, wobei schon die beiden antiken Gattungstypen in etwa die funktionale Spannweite dieser Schreibweise zwischen Moraldidaxe und →*Komik* repräsentieren können.

Denn in beiden Fällen wird auf eine außerliterarische, zumeist zeitgenössische, oft gesellschaftliche Realität Bezug genommen. Diese wird als negativ angesehen und dementsprechend dargestellt. Dies wiederum setzt – so wird jedenfalls häufig angenommen – zumindest implizit, oft aber auch explizit einen bestimmten Maßstab, etwa eine moralische Norm, voraus, nach dem dieser Wirklichkeitsausschnitt abgewertet oder negativ beurteilt wird. Somit wird in der Satire oft ein defizitäres Sein einem idealen Sollen gegenübergestellt.

Zur Darstellung kommt dabei aber nur das 'defizitäre Sein', das zumeist indirekt angesprochen wird, dennoch aber im Prinzip als Mißstand erkennbar bleibt. So fehlen häufig Namensnennungen, wenn es um politische Mißstände geht, oder die gemeinten Personen werden per Allegorie 'verkleidet', die Mißstände der eigenen Gesellschaft in ein fernes Land verlegt usw.

So besteht die zentrale Funktion allen satirischen Schreibens (oder allgemeiner: Darstellens) darin, den betreffenden Ausschnitt der Wirklichkeit als Mißstand darzustellen, ihn mithin – etwa auch gegen die herrschende oder vorherrschende Meinung – als solchen zu entlarven. Insofern ist die Satire potentiell immer auch gesellschaftspolitisches Instrument.

Diese Darstellung überspitzt und überzeichnet im allgemeinen das Dargestellte, indem sie es sachlich bzw. inhaltlich übertreibt und/ oder sprachlich pointiert. Sie arbeitet also (wie etwa die menippeische Satire) immer auch mit Komisierungsstrategien, die den erkannten Mißstand und seine Verantwortlichen lächerlich machen, und/ oder (wie die römische Verssatire) mit sprachlichem Witz, der die Defizite der Realität offenlegt und der überlegenen geistig-moralischen Haltung des Satirenautors gegenüberstellt.

Beispiel

Die unterschiedlichen Realisationsformen der Satire sind fast so weit gefaßt wie die Literatur überhaupt.

Die römische Verssatire ist ein langes Gedicht in →*Hexametern*, doch auch lyrische Kurzformen wie etwa das →*Lied* (z.B. Heinrich Heines „Deutschland, ein Wintermärchen") oder das →*Epigramm* (etwa die „Xenien" der Weimarer Klassiker) eignen sich für die satirische Schreibweise.

Das Gleiche gilt für prosaische Kurzformen wie etwa Glosse, Aphorismus und Apophthegma, und natürlich auch für erzählende Literatur, man denke an den satirischen Roman von Rabelais' „Gargantua und Pantagruel" über Swifts „Gullivers Reisen" und Heinrich Manns „Untertan" bis hin zu aktuellen satirischen Schlüsselromanen.

Auch →*Dramen* (wie z.B. Karl Kraus' „Die letzten Tage der Menschheit" oder schon die Komödie des Aristophanes) oder verwandte Darstellungsmodi wie das Kabarett sind geeignet, satirische Zwecke zu verfolgen.

Auf die antiken menippeischen Satiren gehen außerdem verschiedene typisch satirische Formen wie das Totengespräch (in dem sich tote und insofern wissende Personen über die Welt unterhalten) oder fiktive Briefsammlungen (wie etwa Ulrich Huttens „Dunkelmännerbriefe") zurück, die als Gespräche organisiert sind.

Karikatur und satirische Photomontage (etwa John Heartfields) können zudem das allgemeine Verfahren der Satire auch in anderen Künsten und Medien belegen. Ähnliches belegen die 'gemischt medialen' Bildergeschichten eines Wilhelm Busch oder die Hefte satirischer Zeitschriften vom „Simplizissimus" bis „Titanic".

6.3.4 Utopie

(griech.: *u* + *topos* = nicht + Ort)

Thema darstellender Literatur: konkreter philosophisch-politischer Entwurf einer (idealen, anderen) Gesellschaft

Dieses besondere Thema der Literatur ist natürlich nicht an sie gebunden, vielmehr ist die Utopie bzw. utopisches Denken genuiner Gegenstand von Philosophie oder Soziologie.

Gleichwohl ist es – nach Vorläufern in antiker philosophischer Literatur – spätestens seit der namengebenden „Utopia" von Thomas Morus (1516) üblich, solche utopischen philosophisch-politischen Denkmodelle literarisch zu realisieren, insbesondere als Romane.

Der →utopische Roman beinhaltet dementsprechend ein utopisches Denkmodell. Dieses stellt zwar immer auch einen (positiven) Gegenentwurf zur herrschenden Gesellschaftsform dar, ist aber gerade deshalb seiner Herkunftskultur und -gesellschaft erkennbar verpflichtet. Denn es benutzt einerseits deren Konzepte, ist jedoch auch – ähnlich wie die →*Satire* – kritisch auf sie bezogen.

Die für den Roman typische ausgreifende Erzählung erlaubt es zudem, die entworfene Gesellschaftsform konkret darzustellen und somit den theoretischen Entwurf gleichsam hypothetisch zu realisieren. So können in einem utopischen Roman die verschiedensten gesellschaftlichen Aspekte und Teilbereiche thematisiert werden, vom Arbeitsalltag der Bevölkerung über die Strukturierung gesellschaftlicher Gruppen oder politischer Institutionen bis hin zur Moralphilosophie, Weltanschauung oder Religion der entworfenen Idealgesellschaft.

Zwei Grundtypen sind dabei zu unterscheiden, die aber beide von einer Distanz zwischen entworfener und realer Welt ausgehen: In der ersten, älteren Version wird die U-topie an einen fremden, nur schwer zugänglichen Ort verlegt. Diese utopische Gesellschaft steht somit in einem statischen Gegensatz zur realen der Zeitgenossen. Die zweite, etwas jüngere Version verlegt die utopische Gesellschaft hingegen in die Zukunft, wodurch eine dynamische Entwicklung auf diese hin insinuiert wird.

Der traditionelle utopische Roman ist vor allem im 16., 17. und 18. Jahrhundert beliebt. Da aber in der Moderne eine enorme Steigerung der Möglichkeiten und der gesellschaftlichen Bedeutung von Technik ebenso wie eine grundlegende Skepsis gegenüber umfassenden Gesellschaftsentwürfen dominant geworden sind, ist die Utopie als Denkmodell zunehmend verdrängt und der utopische Roman von zwei Nachfolgern abgelöst worden: dem →Science Fiction-Roman (bzw. allgemein SF), der in erster Linie die Möglichkeiten und Folgen möglich erscheinender technischer Entwicklungen 'durchspielt' und der sogenannten →Dystopie, die – wie etwa George Orwells „1984" – eine überwiegend negative U- oder eben Dys-Topie in die Zukunft verlegt, damit aber vor allem kritisch auf zeitgenössische Entwicklungen aufmerksam machen will. Dabei liegt die Aufmerksamkeit insbesondere auf dem Einsatz technischer Möglichkeiten zur Durchsetzung einer autoritären, unfreien Gesellschafts- und Staatsform.

7 zur Lyrik

Dieses Kapitel befaßt sich mit wesentlichen →*Grundbegriffen der Lyrik* und stellt einige der wichtigsten →*Klassifikationen von Lyrik* vor.

7.1 Grundbegriffe der Lyrik

An dieser Stelle sollen einige grundlegende Begrifflichkeiten zum Thema Lyrik näher bestimmt werden, die – nicht zufällig – alle das Wort 'lyrisch' beinhalten oder umfassen. Diese sind

→*Lyrik*   →*lyrisches Gedicht*
→*lyrisch (das Lyrische)*   →*lyrisches Ich*

7.1.1 Lyrik – lyrisch – lyrisches Gedicht

(griech.: *lýra* = Leier)

Lyrik / lyrisches Gedicht – Klasse oder Gruppe von Klassen von Texten, die sich durch die folgenden Merkmale auszeichnen: relative Kürze, (unvermittelte) Einzelrede, starke Strukturierung der Textoberfläche (vor allem durch musikalische Strukturen wie Wortklang, Versform, rhythmische Strukturen, aber auch durch semantische Dichte)

Lyrik / das Lyrische – Grundbegriff/Naturform: unmittelbarer Ausdruck des Subjekts, insbesondere seiner Innerlichkeit und Erlebniswelt

lyrisch – Adjektiv zu 'Lyrik' im einen oder im anderen Sinne

Der Begriff der Lyrik ist problematisch im Hinblick auf die fundamentalpoetische Einteilung der Dichtung nach der →Gattungstrias und die zugehörigen →*Grundbegriffe*. Hier wird das Lyrische bzw.

Lyrik in erster Linie mit der authentischen, unmittelbaren und direkten Selbstaussprache des dichterischen Subjekts und seiner subjektiven Erlebniswelt identifiziert, also eng mit dem Konzept der →*Erlebnislyrik* verknüpft, das somit allgemeinere Gültigkeit beansprucht als ihm historisch zusteht. Denn dieses Konzept ist erst im 18. Jahrhundert entstanden und mit Einsetzen der Moderne weitgehend marginalisiert. Dennoch verbindet man mit dem Adjektiv 'lyrisch' gerne noch entsprechende Vorstellungen.

Es erscheint daher sinnvoller, Lyrik als literaturwissenschaftlichen Sammelbegriff aufzufassen, der – übergreifend – alle diejenigen Texte bezeichnet, die als lyrisches Gedicht aufzufassen sind.

Der antiken Wort- und Begriffsherkunft nach wird Lyrik (bzw. das lyrische Gedicht) im allgemeinen mit einer gewissen Nähe zu musikalischen Strukturen verbunden, war sie doch in der griechischen Antike immer ein gesungenes und (von der Lyra) begleitetes →*Lied*. Allgemeiner gesprochen: Sie ist üblicherweise geprägt von starker Strukturierung der Textoberfläche, etwa von der Rhythmik der Worte, ihrem Klang, →*Vers-*, →*Reim-* oder →*Strophenstrukturierungen*.

Dem korrespondiert häufig eine stark konzentrierte Präsentation der Worte (eines lyrischen Gedichts) in Bezug auf ihren Bedeutungsgehalt und ihr Assoziationspotential, zumal sich Lyrik gerne relativ kurz faßt, ihre Inhalte gleichsam 'ver-dichtet'.

Zentral für alle Lyrik scheint auch zu sein, daß sie unvermittelte Einzelrede ist, in ihr also nur eine sprechende (oder singende) Instanz zu Wort kommt, die meist als →*lyrisches Ich* bezeichnet wird. Lyrik unterscheidet sich dadurch von →*dramatischen* und erzählenden (→*epischen*) Texten, die keine Einzelrede oder eben vermittelte Rede sind.

Alle drei Kriterien- bzw. Kriteriengruppen sind jedoch umstritten und/oder unpräzise: Für den Begriff des lyrischen Gedichts dürfte Versrede wohl wesentlich sein, eine Ausweitung von 'Lyrik' auf (stark strukturierte und verdichtete) 'Prosalyrik' scheint gleichwohl nicht unplausibel. Auch die Unvermitteltheit lyrischen Sprechens ist – etwa angesichts von →*Rollengedichten*, →*Balladen* oder des Verschwindens eines lyrischen Ich – problematisch. Die Vagheit des Kriteriums der relativen Kürze liegt auf der Hand.

7.1.2 lyrisches Ich

Textfunktion eines lyrischen Gedichts: Aussagesubjekt desselben

Das lyrische Ich ist also eine literaturwissenschaftliche Konstruktion und meint die unvermittelt sprechende (oder singende) Instanz eines →*lyrischen Gedichts*, wie es sich in ihm präsentiert.

Es zielt als Textfunktion in erster Linie darauf ab, den (Empfindungs-, Wahrnehmungs-) Gehalt eines Gedichts als subjektiv geformten zu präsentieren, insofern kann es dem Leser oder Hörer ein Identifikationsangebot machen und den Gehalt somit gegenüber einer rein individuellen Aussage verallgemeinern. Es korrespondiert also der ästhetischen oder poetischen Gestaltung des Gedichts und ist somit nicht mit dem realen Autor des Textes zu identifizieren.

Durch seine Funktionen der (ästhetischen) Verallgemeinerung und des Identifikationsangebots ist es auch nicht ohne weiteres mit der sprechenden Instanz eines →*Rollengedichts* zu identifizieren.

Die literaturwissenschaftliche (Re-)Konstruktion des lyrischen Ich ist jedoch in mindestens zwei Hinsichten problematisch:

Zum einen fungiert sie als reichlich vage, aber grundlegende Annahme, die zumeist auch lyrischen Texten unterstellt wird, die diesem erst im 20. Jahrhundert entwickelten Konzept, nachweislich nicht verpflichtet sind. Es besteht also immer die Gefahr, durch diese Vor-Annahme den (tatsächlichen) Gehalt eines Gedichts zu verfehlen. Dies betrifft insbesondere die Tatsache, daß das Konzept des lyrischen Ich stark auf die Interpretation und Gestaltung von →*Erlebnislyrik* ausgerichtet ist.

Zum anderen gibt es – gerade vor und nach der literaturhistorischen Dominanz von Erlebnislyrik im späten 18. und im 19. Jahrhundert – zahlreiche Texte, die wohl als lyrische Gedichte anzusehen sind, aber nicht erkennbar als (unmittelbare) Aussprache eines Subjekts (bzw. Ich) gestaltet sind. Dies betrifft etwa die →*Gedankenlyrik*, aber auch andere 'nicht-subjektive' Gattungen oder Formen von Lyrik wie etwa das →*Gelegenheitsgedicht.* Dies betrifft genauso viele moderne lyrische Texte, die ganz andere Aussage- und Gestaltungsabsichten haben als die Erlebnislyrik und insofern auf ein (lyrisches) Ich bewußt verzichten.

7.2 Klassifikationen von Lyrik

Die verschiedenen Möglichkeiten, lyrische Texte (oder eben Lyrik insgesamt) zu klassifizieren, sind nicht systematisch aufeinander bezogen, sondern gehen zumeist von historischen Entwicklungen in der Geschichte der Lyrik aus.

Eine Möglichkeit, lyrische Texte zu klassifizieren, stellt sicherlich ihre (Textoberflächen) Formung dar – und kann somit →*Vers-,* →*Strophen-* und →*Gedichtformen* unterscheiden.

Weitere Klassifikationsbegriffe beziehen auch andere, zumeist inhaltliche oder aussage-strukturelle Kriterien mit ein.

Von diesen sollen die wichtigsten hier vorgestellt werden:

→*Ballade*	→*Gedankenlyrik*
→*Dinggedicht*	→*Gelegenheitsdichtung* (*Casualpoesie*)
→*Elegie*	→*Hymne*
→*Epigramm*	→*Lied*
→*Erlebnislyrik*	→*Rollengedicht*

Implizit werden die folgenden Begriffe eingeführt:

→Bänkelsang	→Epitaphion
→Chanson	→Genethliakon
→Epithalamion	→Lehrdichtung

→Moritat   →Protestsong
→Onomastikon   →Psalm
→Panegyrik   →Romanze
                            →Volksballade

7.2.1 Ballade

(ital.: *ballata* = Tanzlied)

Gattung: Erzählung einer abgeschlossenen, als bedeutsam präsentierten Handlung in einfacher Vers-, Reim- und Strophengestaltung

Die eigentliche literarische Ballade, die im deutschsprachigen Raum
vor allem vom Sturm und Drang an bis weit ins 19. Jahrhundert hinein beliebt war und in der Goethezeit als 'Kunstballade' konzipiert
wurde, geht auf ältere Gattungen und Formen zurück. Diese gelten
als volksnah oder volkstümlich, weil sie einfach strukturierte, aber
interessante, bemerkenswerte oder wundersame Inhalte und Handlungen in einfacher lyrischer Gestaltung präsentieren. Dazu zählen die
sogenannten →Volksballaden des Mittelalters und der Frühen Neuzeit, aber auch die →Moritaten und →Bänkelsänge des Jahrmarktes.
Erstere beinhalten zumeist quasi-historische oder mythische Erzählungen, letztere hingegen eher aktuelle Skandalgeschichten.

Die Ballade ist zudem verwandt mit verschiedenen ähnlichen Traditionen in anderen Literaturen, etwa der spanischen →Romanze.

An diese Volkstraditionen schließt sich die (literarische) Ballade
der Goethezeit bewußt an: Sie erzählt abgeschlossene Handlungen,
die einfach, aber aufsehenerregend, oft sogar wunderbar oder numi-
nos sind, mitunter auch eine moralisch-didaktische Position oder sogar eine kritische Haltung vertreten und die auf einen oder einige wenige Höhepunkte zusteuern. Die Erzählung selbst ist ebenfalls hand-
lungsorientiert, operiert mit einem vermittelnden Erzähler, der gele-

gentlich jedoch zugunsten der Wiedergabe von Dialogen zurücktritt. Sie ist in einfachen Vers-, Reim- und Strophenstrukturen gestaltet, zumeist in kontinuierlicher Wiederholung desselben strophischen Formprinzips, etwa dem einer bestimmten →*Volksliedstrophe*.

Aufgrund dieser Konzeption galt die Ballade qua dramatisch gestaltetes Erzähllied insbesondere in der Goethezeit als eine Art Ursprung der Dichtung, da in ihr alle drei →*Naturformen* vereinigt sind: die *dramatische* Gestaltung der Handlung und die *lyrische* Formung der *epischen* Erzählung.

Gegen Ende des 19. und im Verlauf des 20. Jahrhunderts verlor die Kunstballade erkennbar an Bedeutung, diente jedoch – wie verwandte Traditionen von Erzählliedern – zuweilen noch als (kritischer) Bezugspunkt für spezifisch moderne Formen und Gattungen, die in lyrischer Gestaltung erzählen und insbesondere den Aspekt der Volksnähe und das gesellschaftskritische Potential dieser Traditionen reaktivieren. Dies geschieht etwa im →*Protestsong*, dem →*Chanson* (des Kabarett) oder in der politischen Ballade.

Beispiel

Gottfried August Bürgers berühmte Ballade „Lenore" von 1773 soll hier als prototypisches Beispiel dienen, vereint dieser erzählende Text doch eine dramatische, erkennbar auf Schnelligkeit abzielende, schauerliche, auf einen tödlichen Höhepunkt zusteuernde Handlung innerhalb eines Handlungsrahmens, der von Krieg und Elend geprägt ist, aber in den phantastisch-magischen Grenzraum zwischen Leben und Tod transzendiert wird, mit einer typischen einfach kreuz- und dann paarreimenden Strophenform mit acht Versen und der Verwendung zahlreicher, oft wiederholter Figurenrede (auch in Dialogen). Die Titelheldin wartet auf den Geliebten, der nicht aus dem Krieg zurückzukommen scheint. Als er endlich doch kommt, entpuppt er sich als Toter – und das ersehnte Brautbett wird zum Grab:

Lenore fuhr ums Morgenrot
Empor aus schweren Träumen:
„Bist untreu, Wilhelm, oder tot?
Wie lange willst du säumen?" –
Er war mit König Friedrichs Macht
Gezogen in die Prager Schlacht,
Und hatte nicht geschrieben:
Ob er gesund geblieben.

[... Dies ist die beklagte Ausgangssituation, doch der ersehnte Wilhelm kommt und nimmt Lenore mit ...]

Wie flog, was rund der Mond beschien,
Wie flog es in die Ferne!
Wie flogen oben über hin
Der Himmel und die Sterne! –
„Graut Liebchen auch? – – Der Mond scheint hell!
Hurra! die Toten reiten schnell!
Graut Liebchen auch vor Toten?" –
„O weh! Laß ruhn die Toten!" – – –

[... er entpuppt sich als das, was Leser und Lenore schon ahnen, als Toter ...]

Ha sieh! Ha sieh! im Augenblick,
Huhu! ein gräßlich Wunder!
Des Reiters Koller, Stück für Stück,
Fiel ab, wie mürber Zunder.
Zum Schädel, ohne Zopf und Schopf,
Zum nackten Schädel ward sein Kopf;
Sein Körper zum Gerippe,
Mit Stundenglas und Hippe.

Hoch bäumte sich, wild schnob der Rapp',
Und sprühte Feuerfunken;
Und hui! war 's unter ihr hinab
Verschwunden und versunken.
Geheul! Geheul aus hoher Luft,
Gewinsel kam aus tiefer Gruft.

Lenorens Herz, mit Beben,
Rang zwischen Tod und Leben. [...]

→*Parodistisch* abgekürzt ('die wohl kürzeste Parodie der Welt') geht
die Ballade so:

Lenore fuhr ums Morgenrot
und als sie rum war, war sie tot.

7.2.2 Dinggedicht

Klasse lyrischer Gedichte: poetische Gestaltung von Gegenständen und ihrer Wahrnehmung

Der Terminus 'Dinggedicht' meint eine durch ein vor allem inhaltliches Kriterium bestimmte Klasse von lyrischen Texten: Im Zentrum
eines Dinggedichts steht ein Ding, ein Gegenstand, ein Objekt sowie
seine Wahrnehmung, Erfahrung, Deutung und Wertung, freilich ohne das wahrnehmende, deutende oder wertende Subjekt hervortreten
zu lassen.

Solche Dinge sind gemeinhin die Gebrauchsgegenstände des All-
tags oder Kunstwerke, kleine Sächelchen oder große Bauten, unbelebte Objekte oder Lebewesen (Tiere und Pflanzen) usw. Ebensowenig festgelegt ist, ob die betreffenden Dinge konkret, real und identi-
fizierbar zu sein haben.

Das Dinggedicht stellt – als Text – eine Beschreibung oder Deutung dieses Gegenstandes dar, im allgemeinen eine, die den betreffenden Gegenstand objektiviert, von seiner Konkretheit abstrahiert,
ihn symbolisch überhöht oder auf andere Weise verallgemeinert bzw.
transzendiert. Insofern ist das Dinggedicht als Kunstwerk selbst ein
Ding, das in einem komplexen Bezugsverhältnis zu dem Ding steht,
das es darstellt.

Dabei zieht der so bestimmte Inhalt eines Dinggedichts keinerlei
Folgen auf der Ebene formaler oder Gestaltungskonventionen nach

sich. Sehr wohl aber kann das wahrgenommene Ding des Dinggedichts auch durch poetische Verfahren zur Darstellung kommen, die über die Semantik von Wörtern hinausgeht, also etwa über die Anordnung von Versen usw.

Das Dinggedicht wird in der deutschen Literaturgeschichte als auf die Lyrik des 19. und 20. Jahrhunderts beschränkt angesehen.

Beispiel

In Eduard Mörikes Gedicht „Auf eine Lampe" von 1846, das immer wieder als paradigmatisches Dinggedicht bezeichnet wird, steht die Beschreibung einer kunstvollen Lampe in ihrer Umgebung, die es an Anmut mit der Lampe selbst aufnehmen will, was das Gedicht in sei - ner poetologischen Schlußwendung anzudeuten scheint:

> Noch unverrückt, o schöne Lampe, schmückest du,
> An leichten Ketten zierlich aufgehangen hier,
> Die Decke des nun fast vergessnen Lustgemachs.
> Auf deiner weissen Marmorschale, deren Rand
> Der Efeukranz von goldengrünemem Erz umflicht,
> Schlingt fröhlich eine Kinderschar den Ringelreihn.
> Wie reizend alles! lachend, und ein sanfter Geist
> Des Ernstes doch ergossen um die ganze Form –
> Ein Kunstgebild der echten Art. Wer achtet sein?
> Was aber schön ist, selig scheint es in ihm selbst.

Mindestens ebenso bekannt sind die Dinggedichte, die einen wesentlichen Bestandteil von Rainer Maria Rilkes „Neuen Gedichten" und ihrer spezifischen Poetik repräsentieren. Sie sind häufig auf Dinge bezogen, die auf tatsächliche Beobachtungen des Dichters zurückzugehen scheinen, so etwa „Das Karussell", das 1906 in Paris entstanden ist und – so ist die Ortsangabe „Jardin du Luxembourg" im Untertitel wohl zu verstehen – ein Pariser Karussell darstellt, ausdeutet und dessen Kreisbewegung in der Versanordnung imitiert:

Mit einem Dach und seinem Schatten dreht
sich eine kleine Weile der Bestand
von bunten Pferden, alle aus dem Land,
das lange zögert, eh es untergeht. [...]

Sogar ein Hirsch ist da, ganz wie im Wald,
nur daß er einen Sattel trägt und drüber
ein kleines blaues Mädchen aufgeschnallt.

Und auf dem Löwen reitet weiß ein Junge
und hält sich mit der kleinen heißen Hand,
dieweil der Löwe Zähne zeigt und Zunge.

Und dann und wann ein weißer Elefant.

Und auf den Pferden kommen sie vorüber,
auch Mädchen, helle, diesem Pferdesprunge
fast schon entwachsen; mitten in dem Schwunge
schauen sie auf, irgendwohin, herüber –

Und dann und wann ein weißer Elefant.

Und das geht hin und eilt sich, daß es endet,
und kreist und dreht sich nur und hat kein Ziel.
Ein Rot, ein Grün, ein Grau vorbeigesendet,
ein kleines kaum begonnenes Profil – .
Und manchesmal ein Lächeln, hergewendet,
ein seliges, das blendet und verschwendet
an dieses atemlose blinde Spiel ...

7.2.3 Elegie

Gedichtform: Gedicht in (elegischen) Distichen
(lyrische) Gattung: Gedicht, das eine verhaltene resignative Klage artikuliert

Seit den Ursprüngen der Elegie in der griechischen Antike gehen
beide Bestimmungen der Elegie zusammen oder nebeneinander her.

Als (formal definiertes) Gedicht in (elegischen) →*Distichen* ist die Elegie vom →*Epigramm*, das zumindest in der Antike ebenfalls in Distichen verfaßt ist, kaum zu unterscheiden.

Oft geht aber – etwa in den Elegien der antiken Lyrik oder in neuzeitlichen Gedichten, die darauf explizit Bezug nehmen – diese Form mit einer bestimmten inhaltlichen Ausrichtung einher. Diese besteht im Ausdruck verhaltener Klage. Dabei kann unterschieden werden, ob auf der einen Seite ein individueller Verlust oder Schmerz thematisiert und beklagt wird, insbesondere die Resignation angesichts des Verlustes des oder der Geliebten, oder ob auf der anderen Seite in der Klage auf einen überindividuellen Mißstand aufmerksam gemacht wird.

Demzufolge kann auch die inhaltliche Ausrichtung alleine als konstitutiv für eine →*Gattung* Elegie angesehen werden, die dann auch in anderen →*Vers-* und →*Strophenmaßen* realisiert werden kann. So war etwa die deutschsprachige Elegie des 17. Jahrhunderts für gewöhnlich in →kreuz*reimenden* sogenannten 'elegischen' →*Alexandrinern* verfaßt, aber natürlich wurden auch zahlreiche andere Strukturierungen – darunter auch der bewußte Rückgriff auf das antikisierende Distichon – in der Neuzeit realisiert.

Beispiel

Die Elegie als in Distichen geformte Liebesklage findet bei den Dichtern der römischen Klassik ihren ersten Höhepunkt, etwa bei Ovid, in seinen „Amores":

> Non ego nobilium sedeo studiosus equorum;
> > Cui tamen ipsa faves, vincat ut ille, precor.
> Ut loquerer tecum, veni, tecumque sederem,
> > Ne tibi non notus, quen facis, esset amor. [...]

> Nein, ich sitze hier nicht als ein Liebhaber rassiger Pferde;
>> Dem, zu dem du hältst, wünsche ich freilich den Sieg.
> Nur um mit dir zu sprechen, kam ich, bei dir will ich sitzen,
>> Daß dir nicht unbekannt sei, welch eine Liebe du weckst. [...]

Bewußt ähnlich in Form, Ton und Inhalt gestaltete Goethe 1800 Jahre später seine „Römischen Elegien":

> Laß dich, Geliebte, nicht reun, daß du mir so schnell dich ergeben!
> Glaub es, ich denke nicht frech, denke nicht niedrig von dir.
> Vielfach wirken die Pfeile des Amors: einige ritzen,
> Und vom schleichenden Gift kranket auf Jahre das Herz. [...]

Der andere Weimarer Klassiker, Schiller, nutzt die Form der Elegie zu ganz anderen, philosophischeren Inhalten, etwa im berühmten „Spaziergang", der aber auch auf einer Klage angesichts des Mißverhältnisses von Ideal und (gesellschaftlicher) Wirklichkeit beruht:

> Sei mir gegrüßt, mein Berg mit dem röthlich strahlenden Gipfel!
>> Sei mir, Sonne, gegrüßt, die ihn so lieblich bescheint!
> Dich auch grüß' ich, belebte Flur, euch, säuselnde Linden,
>> Und den fröhlichen Chor, der auf den Ästen sich wiegt,
> Ruhige Bläue, dich auch, die unermeßlich sich ausgießt
>> Um das braune Gebirg, über den grünenden Wald,
> Auch um mich, der, endlich entflohn des Zimmers Gefängniß
>> Und dem engen Gespräch, freudig sich rettet zu dir. [...]

Den Charakter verhaltener Klage weisen auch Rilkes „Duineser Elegien" auf. Sie sind freilich in eine je eigene Form gebracht, die mitunter noch an die Gestaltungstraditionen seit der Antike erinnert. Der Gedichtzyklus setzt so ein:

Wer, wenn ich schriee, hörte mich denn aus der Engel
Ordnungen? und gesetzt selbst, es nähme
einer mich plötzlich ans Herz: ich verginge von seinem
stärkeren Dasein. Denn das Schöne ist nichts
als des Schrecklichen Anfang, den wir noch grade ertragen,
und wir bewundern es so, weil es gelassen verschmäht,
uns zu zerstören. Ein jeder Engel ist schrecklich. [...]

7.2.4 Epigramm

(griech.: *epí-gramma* = Inschrift)

(lyrische) Gattung oder Form: geistreiche, sinnvolle, witzige und/
oder angriffslustige, immer aber knappe und pointierte Aussage
in einer ebenso knappen, versifizierten Form (traditionellerweise
in Distichen)

Das Epigramm ist eine bereits in der Antike entwickelte lyrische
→*Gattung*, die ursprünglich gerne für Inschriften auf Grabsteinen
oder Opfergaben verwendet wurde. In der Frühen Neuzeit wurde es
dann unter Rückgriff auf die antiken Vorbilder in die verschiedenen
neuen Literaturen eingeführt.

Während das antike Epigramm jedoch auf die Strophenform des
→*Distichon* verpflichtet war und zumeist in einem oder einigen we ni-
gen Distichen realisiert wurde, fanden im 16., 17. und 18. Jahrhundert auch andere Vers- und Strophenformen Verwendung.

Sie haben jedoch allesamt eines gemeinsam: Sie unterstützen
durch ihre deutliche Kürze die inhaltliche Pointiertheit des Epigramms.

Diese Prägnanz bleibt nämlich – den antiken Vorbildern verpflichtet – erhalten. Der Aussagegehalt eines Epigramms ist immer
knapp und auf den Punkt gebracht – und läßt zumeist an Deutlichkeit
wenig zu wünschen übrig.

Gleichwohl sind im Prinzip zwei (inhaltliche) Ausrichtungen des Epigramms zu unterscheiden: Da ist zum einen das geistreiche oder gar weise 'Sinngedicht' (so eine deutscher Name des Epigramms), das sich – in ebenso kluger wie oft witziger Weise – einem allgemein menschlichen, moralischen oder aktuellen Thema zuwendet. Und da ist zum anderen der – insgesamt wohl dominante – scharfsinnige und witzige Angriff auf eine Person, eine Mode der Zeit, eine politische oder moralische Entwicklung, die kritisch angegriffen und →*satirisch* präsentiert wird.

Beispiel

Der römische Satiriker Martial ist wohl der einflußreichste Autor von Epigrammen, zumindest von satirischen, kritischen oder spottenden Epigrammen. Nichts und niemand war vor seinen witzigen und 'epigrammatisch' pointierten Angriffen sicher, schon gar nicht die dilettierende Zunft der Ärzte im Rom seiner Zeit:

> Chirurgus fuerat, nunc est vispillo Diaulus.
>   coepit quo poterat clinicus esse modo.
>
> Arzt war Diaulus, jetzt ist er Leichenträger.
>   Auf die Art, wie er konnte, hat er von Beginn an die Leute
>   auf die Bahre gelegt.

Die von Martial etablierte Epigrammatik findet in der Neuzeit zahlreiche Adaptionen und Fortsetzungen, die Weimarer Klassiker benutzten für ihre „Xenien" (also: Feindseligkeiten) sogar das antike Strophenmaß des Distichon bei ihren Schlägen gegen die Zeitgenossen, zum Beispiel den Erz-Aufklärer Nicolai:

> Querkopf! schreiet ergrimmt in unsere Wälder Herr Nickel.
> Leerkopf! schallt es darauf lustig zum Walde heraus.

Daß Goethe und Schiller wegen ihrer anachronistischen Benutzung der alten Form kritisierbar wurden, bestätigt uns ein Epigramm von Matthias Claudius:

> Im Hexameter zieht der ästhetische Dudelsack Wind ein;
> Im Pentameter drauf läßt er ihn wieder heraus.

Einen ganz anderen Ton schlagen die 'Sinngedichte' Friedrich von Logaus an, dem wichtigsten deutschen Epigrammatiker der Barockzeit. Formuliert wird hier die Einsicht in das Wesen der Zeitläufte samt der daraus resultierenden Klage über sie:

> Die schamhafte Zeit
>
> Sie sei sonst, wie sie will, die Zeit,
> So liebt sie doch Verschämlichkeit:
> Sie kann die Wahrheit nackt nicht leiden,
> Drum ist sie emsig, sie zu kleiden.

7.2.5 Erlebnislyrik

Klasse lyrischer Gedichte: poetische Gestaltung von (individuellen bzw. subjektiven) Erlebnissen und ihren Gehalten

Erlebnislyrik ist eine durch ein vor allem inhaltliches Kriterium bestimmte Klasse von →*lyrischen Gedichten*. Der Begriff bzw. – genauer – die Verwender des Begriffs der Erlebnislyrik gehen jedoch im allgemeinen von einem adäquaten Ausdrucksverhältnis zwischen dem Erlebnis und seinem Gehalt auf der einen Seite und deren sprachlicher, symbolischer und ästhetischer Gestaltung auf der anderen Seite aus.

Somit ist – idealiter und dieser Konzeption nach – der Rezipient eines Erlebnisgedichts in der Lage, das Gedicht zu verstehen, indem er das zum Ausdruck gebrachte 'Erlebnis' gleichsam nach-erlebt.

Das der Erlebnislyrik zugrundeliegende 'Erlebnis' ist wesentlich mit dem Konzept individueller Subjektivität verknüpft, es setzt diese voraus. Daraus ergeben sich zwei Folgerungen: (1) Wenn man der Erlebnislyrik bzw. ihren Erlebnis- und Stimmungsgehalten objektive Gültigkeit zuschreiben möchte, so muß man dies mit dem poetischen Ausdruck in einem lyrischen Gedicht begründen. (2) Da sich ein solches Konzept von Subjektivität erst im Laufe des 18. Jahrhunderts entwickelte, muß der Erlebnislyrik eine historische Begrenzung auf den Zeitraum nach 1750/1770 zugewiesen werden. Tatsächlich dominierte sie vor allem in der Goethezeit die deutschsprachige Lyrik, in der Zeit also, da mit der Genieästhetik eine das herausragende künstlerische Subjekt betonende Ästhetik die Künste dominierte.

Beidem widerspricht jedoch die literaturwissenschaftliche Begriffseinführung und -verwendung von 'Erlebnislyrik' um 1900 bis weit ins 20. Jahrhundert hinein: Denn (1) kann die vor allem durch das →*lyrische Ich* des Erlebnisgedichts realisierte Subjektivität nicht ohne weiteres auf die Person und das Leben des Autors bezogen werden, genau dies wurde jedoch getan. Und (2) kann dieser historisch begrenzten Klasse oder Menge von lyrischen Gedichten keine Allgemeingültigkeit bezüglich der Bestimmung von →*Lyrik* überhaupt zugeschrieben werden. Doch gerade diese Konzeption von Lyrik dominierte die germanistische Literaturgeschichtsschreibung in der ersten Hälfte des 20. Jahrhunderts.

Mithin ist der Begriff der Erlebnislyrik – zumindest verknüpft mit einem universalen, überhistorischen Geltungsanspruch – sicherlich verfehlt. Für zahlreiche Texte aus dem späten 18. und dem 19. Jahrhundert scheint er gleichwohl sehr geeignet zu sein, insofern diese den objektivierenden poetischen Ausdruck subjektiver Erlebnis- und Gefühlsgehalte realisieren.

Die Authentizität der betreffenden Erlebnisse ist damit natürlich nicht unbedingt gewährleistet, so daß der Begriff der Erlebnislyrik in einem komplexen Verhältnis zum Begriff der Rollenlyrik, bzw. des →*Rollengedichts* steht, die ebenfalls subjektive, aber eben einem Rollen-Ich entsprechende Erlebnisgehalte zum Ausdruck bringen kann.

Beispiel

Paradigmenbildend und prototypisch für den Begriff der Erlebnislyrik
ist sicherlich die Lyrik des jungen Goethe, insbesondere die sogenannten 'Sessenheimer Gedichte' aus den frühen 1770er Jahren, die
auf den Aufenthalt Goethes im elsässischen Sesenheim zurückgehen.
Das ursprünglich „Maifest" betitelte und damit auf ein authentisches
Erlebnis noch anspielende Gedicht trägt nach späteren Umarbeitun-
gen den allgemeiner gehaltenen Titel „Mailied": Das Fest des Mai
besteht in der subjektiv erlebten und poetisch evozierten Einheit von
Ich und Natur unter dem gemeinsamen Band der schwärmenden
Liebe:

Wie herrlich leuchtet
Mir die Natur!
Wie glänzt die Sonne!
Wie lacht die Flur!

Es dringen Blüthen
Aus jedem Zweig
Und tausend Stimmen
Aus dem Gesträuch.

Und Freud' und Wonne
Aus jeder Brust.
O Erd', o Sonne!
O Glück, o Lust!

O Lieb', o Liebe!
So golden schön,
Wie Morgenwolken
Auf jenen Höhn!

Du segnest herrlich
Das frische Feld,
Im Blüthendampfe
Die volle Welt.

O Mädchen, Mädchen,
Wie lieb' ich dich!
Wie blickt dein Auge!
Wie liebst du mich!

So liebt die Lerche
Gesang und Luft,
Und Morgenblumen
Den Himmelsduft,

Wie ich dich liebe
Mit warmem Blut,
Die du mir Jugend
Und Freud' und Muth

Zu neuen Liedern
Und Tänzen gibst.
Sei ewig glücklich,
Wie du mich liebst!

7.2.6 Gedankenlyrik

Klasse lyrischer Gedichte: poetische Gestaltung von Reflexionen (meist philosophisch-weltanschaulicher Art)

Gedankenlyrik ist eine durch ein vor allem inhaltliches Kriterium bestimmte Klasse von →*lyrischen Gedichten*, die – zu verschiedenen Zeiten – in ganz unterschiedlichen Formen und Gattungen realisiert worden sind. Die Struktur und die Reichweite dieses Begriffs ist somit literaturwissenschaftlich durchaus problematisch, zumal sich im Einzelfall natürlich Fragen der inhaltlichen Dominanz stellen.

Kann also etwa das →*Epigramm* als für lyrische Reflexionsgestaltung einschlägige Gattung oder Form angesehen werden, so können ähnliche Inhalte aber auch in ganz anderen Gestaltungsformen realisiert werden – und dementsprechend kennt die deutsche Literaturgeschichte ganz unterschiedliche gedankenlyrische Texte vom Mittelalter bis ins 19. Jahrhundert. Dabei dürfte vor allem die weltanschaulich-philosophische Gedankenlyrik der Weimarer Klassiker einen gewissen Höhepunkt darstellen.

Die Inhalte der Gedankenlyrik sind kaum genau zu bestimmen, kreisen aber im allgemeinen um die großen Fragen aus Philosophie, Theologie, Anthropologie usw.

Klar ist aber, daß es nicht um die bloße (versifizierte oder sonst gestaltete) Vermittlung gedanklicher Gehalte geht. Insofern unterscheidet sich die Gedankenlyrik von der reinen →*Lehrdichtung*, die – vor allem von der Antike bis ins 18. Jahrhundert – genau dies realisierte und so die Rede von Poesie als Magd der Philosophie bzw. der Wissenschaften bestätigen konnte. Vielmehr geht es um den individuellen Ausdruck von Reflexionen, so daß der gedankliche Gehalt der Gedankenlyrik immer auch auf das Subjekt der Reflexionen (oder auch den Leser) bezogen ist.

Auf der anderen Seite unterscheidet sich die Gedankenlyrik aber durch ihre Inhalte sehr wohl von der →*Erlebnislyrik* insofern, als sie

– im Unterschied zu jener – nicht Ausdruck subjektiven Empfindens und Erlebens ist, sondern sachbezogene Reflexionen gestaltet.

Beispiel

Andreas Gryphius' wohl berühmtestes Sonett „Es ist alles eitel", geschrieben in den Zeiten des Dreißigjährigen Krieges, bestätigt in Beobachtungen und Reflexionen seinen aus dem Neuen Testament entnommenen Titelsatz – und bezieht ihn somit auf die Zeitläufte. Insofern handelt es sich hier um Gedankenlyrik:

> Du siehst, wohin du siehst nur Eitelkeit auf Erden.
> Was dieser heute baut, reist jener morgen ein:
> Wo itzund Städte stehn, wird eine Wiese sein
> Auf der ein Schäferskind wird spielen mit den Herden:
> Was itzund prächtig blüht, soll bald zertreten werden.
> Was itzt so pocht und trotzt ist Morgen Asch und Bein
> Nichts ist, das ewig sei, kein Erz, kein Marmorstein.
> Itzt lacht das Glück uns an, bald donnern die Beschwerden.
> Der hohen Taten Ruhm muß wie ein Traum vergehn.
> Soll denn das Spiel der Zeit, der leichte Mensch bestehn?
> Ach! was ist alles dies, was wir für köstlich achten,
> Als schlechte Nichtigkeit, als Schatten, Staub und Wind;
> Als eine Wiesenblum, die man nicht wiederfind't.
> Noch will was ewig ist kein einig Mensch betrachten!

Zum Inbegriff der Konzeption von Gedankenlyrik hingegen gehört die philosophische Lyrik des klassischen Friedrich Schiller, etwa sein strophisch gegliedertes „Das Ideal und das Leben" von 1795, wo er die anthropologischen Konsequenzen der (eigenen) idealistischen Philosophie in der Nachfolge Kants zieht – und für den Leser formuliert:

Ewigklar und spiegelrein und eben
Fließt das zephyrleichte Leben
Im Olymp den Seligen dahin.
Monde wechseln, und Geschlechter fliehen;
Ihrer Götterjugend Rosen blühen
Wandellos im ewigen Ruin.
Zwischen Sinnenglück und Seelenfrieden
Bleibt dem Menschen nur die bange Wahl;
Auf der Stirn des hohen Uraniden
Leuchtet ihr vermählter Strahl.

Wollt ihr schon auf Erden Göttern gleichen,
Frei sein in des Todes Reichen,
Brechet nicht von seines Gartens Frucht!
An dem Scheine mag der Blick sich weiden;
Des Genusses wandelbare Freuden
Rächet schleunig der Begierde Frucht.
Selbst der Styx, der neunfach sie umwindet,
Wehrt die Rückkehr Ceres' Tochter nicht;
Nach dem Apfel greift sie, und es bindet
Ewig sie des Orkus Pflicht. [...]

7.2.7 Gelegenheitsdichtung

Familie von Gattungen: inhaltlich und performativ stark anlaßbezogene Gedichte meist panegyrischen Gehalts

Gelegenheitsdichtung, Gelegenheitslyrik oder *Casualpoesie* (lat.: *ca-
sus* = Fall) umfaßt einerseits eine ganze Reihe von kleinen, streng
nach Anlaß- bzw. Gelegenheitstypen und Inhalten unterschiedenen
→*Gattungen*, andererseits auch stark anlaßbezogene Dichtung überhaupt.

Gelegenheitsdichtung ist in zwei unterscheidbaren, aber eng zu-
sammengehörenden Hinsichten auf bestimmte, konkrete Anlässe oder
Gelegenheiten bezogen: Zum einen thematisiert sie einen bestimmten

Anlaß, zum anderen trägt sie – oft unterstützt durch andere Künste –
dazu bei, ihn in einem mehr oder minder öffentlichen Rahmen repräsentativ zu gestalten. Sie ist somit nicht-fiktional, im Prinzip datier-
bar, direkt auf einen konkreten Kreis von Adressaten bezogen und
populär vor allem in Kulturen und Gesellschaften, die eine repräsentative Öffentlichkeit kennen, etwa die antiken Stadtkulturen Roms
und Athens oder das Leben an einem frühneuzeitlichen Hof.

Die Gestaltung von Casualpoesie ist – der Standardisierung feierlicher Anlässe entsprechend – im allgemeinen stark auf Konventionen der betreffenden Gattungen ausgerichtet, die sich im Hinblick auf
die Textproduktion wiederum gerade in Antike und Früher Neuzeit
an den Vorgaben aus →*Topik* und →*Rhetorik* orientieren. Solche
Dichtung läuft natürlich einem Dichtungskonzept zuwider, das – wie
etwa die →*Erlebnislyrik* – vor allem auf den Ausdruck subjektiven
Erlebens ausgerichtet ist.

Der gesellschaftlichen Funktion von Gelegenheitslyrik gemäß verbindet sie inhaltlich die Thematisierung und Ausgestaltung des jeweiligen Anlasses mit dem Lob der betreffenden Person bzw. der betreffenden Sache. Insofern ist sie – im konkreten Einzelfall wie gene-
rell – kaum von der →*Panegyrik* zu unterscheiden, von Dichtung, Literatur und Texten also, bei denen das Lob einer Person oder Sache
im Zentrum der Aussageabsicht steht.

In einem Begräbnisgedicht oder →*Epitaphion* (griech. etwa = bei
einer Bestattung) beispielsweise, das anläßlich der Bestattung einer
Persönlichkeit geschrieben, vorgetragen und gegebenenfalls auch veröffentlicht wird, werden die Charakteristika des Verstorbenen als Tugenden gelobt, seine Taten gerühmt und sein Tod bedauert. Die Gedichte bei Namenstagen (→*Onomastikon*, griech.: *ónoma* = Name)
oder Geburtstagen (→*Genethliakon*, griech.: *genéthlios* = geburts-)
fügen dem Lob noch entsprechende Glückwünsche hinzu, die auch
für das Hochzeitsgedicht (→*Epithalamion*, griech. etwa = bei einer
Hochzeit) kennzeichnend sind, das sein Lob aber natürlich auf meh-

rere Personen zu verteilen hat. Daß die festliche Ausgestaltung solcher und ähnlicher Anlässe bei Hofe oder in einer überschaubaren Stadtkultur nicht auf Literatur oder gar Poesie beschränkt ist, sondern um andere Künste und Kunsthandwerksformen ergänzt werden kann, liegt auf der Hand.

Wie das reine, nicht klar einem konkreten Anlaß zuzuordnende oder zugeordnete Lobgedicht kann auch bei der panegyrischen Gelegenheitsdichtung das Lob hochgestellter Personen verbunden werden mit der Formulierung von Normen, Bitten oder Ansprüchen an die Adresse des Gelobten oder der Festgesellschaft.

Beispiel

Als Beispiel für Gelegenheitsdichtung soll hier ein in der Tradition des panegyrischen Herrscherlobs stehendes Neujahrsgedicht angeführt werden, das der Dichter Salomon Hase 1655 seinem Fürsten überreichte. Es ist von manieristischer Kunstfertigkeit und bezeugt insofern nicht nur die Fertigkeiten des Dichters, sondern auch die Hochschätzung, die die Poeten am Braunschweigischen Hofe erfahren (sollten). Denn es folgt einer am ABC orientierten Topik des Lobens:

> Pappierenes New=Jahres=Geschencke.
> Das ist:
> Augustisch=Fürstlich=Braunschweig=Lünäburgisches
> Ruhm= und Tugend A.B.C.

> Vor= und rückwerts vollenkommen zu lesen / Wann die zweybedeutende Buchstaben in ihre Ein=bedeutende auffgelöset werden / Nemlich: W in UV. oder VU. X in CS. GS. und VS. Y i II. und Z in SS.

> In aller Einfalt gedichtet / unzierlich geschrieben / und in Unterthänig= und demütigem Gehorsam übergeben / Von SALOMONE HASAEO [...]

Vorwerts.

Augustus Begierig Christ=Dienender Ehre /
Fürcht Gott Hertz=Indringlichst: Käzzerisch Lehre
Meidt; Nichtiget Offenbahr Päpstisches Quärcken.

   Oder:

(Furcht Gottes Hagt Inniglich: Käzzerisch Lehre
Meidt; Namentlich Ostermahl Päpstlerey Quählet.)
Regiert Sein Thun Vorsichtig: Vermaledeyet
Unfriede: Clar Schreibet: Guts Schaffet: Vernewet
Schutz Jederman; Ja Schulen Stifft.

Gott woll' ihn stärcken!
Von Gott erwählet.

   Oder: Rückwerts.

Schrifft Samlen Ist Immerdar Seine Verrichtung:
Seine Gnade Scheint Clärlich; Und Unser Vernichtung
Treweiferig Straffet Rechts Quellende Probe.
Ohn Niemandes Mangel Lehrt Kräfftig Im Hertzleid:
Giebt Frölich; Erduldet Des Creutzes Bürd' Allzeit.

So ehret / so mehret Augustisches Lobe!

7.2.8 Hymne

(griech.: *hýmnos* = Lobgesang)

lyrische Gattung oder Tradition: feierlicher Lob- oder Preisge-
sang einer göttlichen oder übergeordneten Instanz mit entsprechendem sprachlichen und formalen Aufwand

Die Hymnendichtung hat ihre Ursprünge sowohl in den (festlichen)
Lob- und Feiergesängen der griechischen Antike und ihrer religiösen
Kulte als auch in der jüdisch-christlichen Tradition mit ihrer →psal-
mendichtung. Gegenstände des Lobs und Gegenüber des damit ver-

bundenen Gebets ist im allgemeinen eine antike Gottheit oder der jüdisch-christliche Gott.

Diese Bindung an erhabene feierliche Gegenstände wird in der Adaption der Hymnendichtung in der Neuzeit beibehalten, die ausschließliche Ausrichtung auf Transzendentes aber zunehmend aufgekündigt zugunsten der Möglichkeit, auch Natürliches und Innerweltliches zu preisen. Hier ist die Hymne in direkter Nachbarschaft zur feierlich lobenden, aber immer deutlich anlaßbezogenen →*Gelegenheitsdichtung* zu sehen. Seit dem 18. Jahrhundert dient die Tradition der Hymne außerdem der Realisation des Ausdrucks subjektiver Ergriffenheit.

Nicht modifiziert wird hingegen die dem Gegenstand (und womöglich auch dem feierlichen Anlaß) angemessene aufwendige Gestaltung der Hymne: Hier dominieren eine pathetisch-erhabene Sprache mit entsprechendem Stil und Ton sowie aufwendige →*Vers-* und →*Strophenformungen.*

In allen Aspekten ist die Hymne eng mit der →*Ode* verwandt und mitunter kaum von ihr zu unterscheiden. In diesem Basislexikon wird die Ode als Familie von Gedichtmaßen eingeführt, die prinzipiell auch für Hymnen geeignet sind oder die die fest geformte Ode von der freien, immer individuell geformten Hymne unterscheiden – je nach Auffassung.

Die Ode kann aber ebenso wie die Hymne als →*Gattungstradition* konzipiert werden, die – als feierliches →*Lied* ganz allgemein – entweder die der Hymne mitumfaßt oder sich von ihr insofern unterscheidet, als sie weniger elitären oder göttlichen Gegenständen vor behalten ist und sich insofern mit etwas weniger Pathos und Enthusiasmus zufriedengibt.

Beispiel

Friedrich Gottlieb Klopstocks „Die Frühlingsfeyer", das Gedicht also,
auf das Lotte in Goethes „Werther" so enthusiastisch reagierte, ist eine Hymne im charakterisierten Sinne. Das Gedicht, das 1759 entstanden war, trägt seinen bekannten Titel erst seit der Umarbeitung für
die Ausgabe der Klopstockschen „Oden" 1771, in der die ursprüngliche Textgestaltung in freien Versen von elaborierter Rhythmik, aber
ohne feste Verslänge oder strophische Strukturierung in eine strophische Form umgearbeitet worden ist. Es ist insofern bezeichnend für
die Abgrenzungsproblematik von Hymne und Ode. Es ist aber auch
enorm einflußreich für die deutschsprachige Hymnendichtung überhaupt, und formal wie inhaltlich paradigmatisch, wird hier doch in
feierlich erhabener Sprache, unter Rückgriff auf zahlreiche Texte und
Sprachformeln des Alten Testaments und mit hochartifiziellen, aber
individuell gestalteten Versen dem enthusiastischen Hochgefühl eines
Ich Ausdruck verliehen, das seinen Gott in der Natur immer wieder
neu findet und diesen in und mit ihr preist:

> Nicht in den Ocean
> Der Welten alle
> Will ich mich stürzen!
> Nicht schweben, wo die ersten Erschafnen,
> Wo die Jubelchöre der Söhne des Lichts
> Anbeten, tief anbeten,
> Und in Entzückung vergehn!
>
> Nur um den Tropfen am Eimer,
> Um die Erde nur, will ich schweben,
> Und anbeten!
>
> Halleluja! Halleluja!
> Auch der Tropfen am Eimer
> Rann aus der Hand des Allmächtigen! [...]

Mit tiefer Ehrfurcht,
Schau ich die Schöpfung an!
Denn Du,
Namenlosester, Du!
Erschufst sie!

Lüfte, die um mich wehn,
Und süsse Kühlung
Auf mein glühendes Angesicht giessen,
Euch, wunderbare Lüfte,
Sendet der Herr? Der Unendliche? [...]

Siehe, nun kömmt Jehovah nicht mehr im Wetter!
Im stillen, sanften Säuseln
Kömmt Jehovah!
Und unter ihm neigt sich der Bogen des Friedens.

7.2.9 Lied

Familie von (lyrischen) Gattungen und Formen: gesungene oder singbare lyrische Gedichte

Das zentrale Merkmal des Liedes bzw. aller Lieder, ihre Singbarkeit, umfaßt insbesondere eine relativ überschaubare metrische Organisation, eine strophische Gliederung und die rhythmische Anlehnung an eine Melodie, so daß das Lied immer auch als ein musikalischer Gegenstand angesehen werden muß.

Die Liedhaftigkeit von →*Lyrik* entspricht ihrem Ursprung in der griechischen Antike, durchzieht aber die Geschichte der Lyrik bis heute und umfaßt so unterschiedliche →*Gattungen* und Formen wie die griechische *Chorlyrik* und *Dithyrambendichtung*, die Oden- und Hymnendichtung der Antike und der Neuzeit, den alttestamentarischen →*Psalm*, den christlichen Choral und die weltlichen →*volkslieder*, →*Balladen*, →Chansons, →Protest-, Folk- und Pop-Songs.

Dabei kann im Prinzip zwischen individuell gestalteten Kunst-
und gleichsam aus der Überlieferungstradition herrührenden Volks-
Liedern unterschieden werden. Desgleichen bieten sich inhaltliche
Differenzierungen an, so daß man weltliche und geistlich-religiöse
Lieder, Trink- und Liebeslieder und dergleichen mehr begrifflich
voneinander trennen kann.

Eine eigene Gattungstradition des (neuzeitlichen) Liedes, die sich
von benachbarten Gattungen wie →*Ode*/→*Hymne*, Volkslied, Choral
usw. abgrenzen läßt, ist möglicherweise (re)konstruierbar. Sie reicht
von der humanistischen bzw. Barock-Tradition des festlichen →*Gele-
genheitsliedes* über die empfindsamen Lieder des 18. Jahrhunderts
und die Rückgriffe der Romantik auf das (mittelalterliche) Volkslied
bis zur Lieddichtung des 20. Jahrhunderts. Sie umfaßt somit verschiedene künstlerische, auf Sangbarkeit abzielende lyrische Gedichte und Gedichtkonzeptionen, deren Gattungsidentität natürlich hoch-
problematisch ist.

7.2.10 Rollengedicht

Klasse lyrischer Gedichte: lyrisches Gedicht, das in Gehalt und
Sprache erkennbar die Position einer bestimmten Person bzw. eines spezifischen Personentyps vertritt

Das Rollengedicht unterscheidet sich insofern von anderen →*lyrischen Gedichten*, als es als Aussprache einer bestimmten Rolle erkennbar ist, unabhängig davon, ob es konventionelle Gedanken in
rhetorisch standardisierter Sprache, das Seelenleben des Betreffenden
in adäquatem poetischem Ausdruck, philosophische Reflexionen oder
etwas ganz anderes zur Sprache bringt – bzw. in die Form eines lyrischen Gedichts bringt.

Daß in einem solchen Rollengedicht aber eine Person, ein Perso-
nentyp, der Repräsentant einer bestimmten Gruppe, Klasse usw.
spricht, ist erkennbar, zumeist entweder durch Bennennung dieser

Rolle im Titel usw. oder durch den Inhalt des Gedichts selbst. Häufig sind es für eine Epoche, Kultur oder für einen bestimmten Handlungs- oder Kommunikationszusammenhang besonders repräsentative oder wichtige Rollen, die sich in Rollengedichten äußern.

Somit kommt dem Rollengedicht – ähnlich wie Rollenprosa oder der dramatischen Figurenrede – eine ganz andere kommunikative Leistung zu als anderen Gedichten, sagt es doch mehr über seinen Sprecher, eben die Rolle aus als über das, worüber dieser spricht. Denn im Vordergrund steht beim Rollengedicht die Präsentation dieser Rolle und ihrer eigenen Weltaneignung, -deutung und Sprache.

Insofern ist die sprechende Instanz eines Rollengedichts auch kaum mit dem Begriff des →*lyrischen Ich* zu vermitteln.

Auf der anderen Seite eröffnet diese kommunikative Grundstruktur von Rollen-Literatur auch dem Rollengedicht eine Vielzahl von Einsatzmöglichkeiten, etwa innerhalb von erzählenden Texten, wo Figuren durch die lyrischen Gedichte, die sie vortragen, eingeführt oder charakterisiert werden können.

Aber auch ohne eine solche Einbindung in einen derartigen Handlungsrahmen begleitet das Rollengedicht die Geschichte der Lyrik von der Antike bis in die Moderne und Postmoderne, es wandelte sich in Gehalt, Ausdruck, Form und Anspruch mit der →*Lyrik* überhaupt, auch wenn ihm das große Thema Liebe besonders nahezustehen scheint.

Beispiel

Wer kennt nicht das Lied des Mädchens Mignon aus „Wilhelm Meisters Lehrjahren" bzw. seiner „Theatralischen Sendung", mit dem Goethe diese Figur innerhalb des Romans sich selbst und seine Heimat charakterisieren läßt:

Kennst du das Land, wo die Zitronen blühn,
Im dunklen Laub die Goldorangen glühn,
Ein sanfter Wind vom blauen Himmel weht,
Die Myrte still und hoch der Lorbeer steht?
Kennst du es wohl?
Dahin, dahin
Möcht ich mit dir, o mein Geliebter, ziehn!

Kennst du das Haus? Auf Säulen ruht sein Dach.
Es glänzt der Saal, es schimmert das Gemach,
Und Marmorbilder stehn und sehn mich an:
Was hat man dir, du armes Kind, getan? –
Kennst du es wohl?
Dahin, dahin
Möcht ich mit dir, o mein Beschützer, ziehn!

Kennst du den Berg und seinen Wolkensteg?
Das Maultier sucht im Nebel seinen Weg.
In Hoehlen wohnt der Drachen alte Brut.
Es stuerzt der Fels und über ihn die Flut.
Kennst du ihn wohl?
Dahin, dahin
Geht unser Weg.
O Vater, lass uns ziehn!

Im 17. und im beginnenden 18. Jahrhundert lag die ersehnte Heimat des Menschen noch nicht in Italien, sondern in der aus literarischen Traditionen und Konventionen gebildeten Idylle Arkadiens, der Welt der Schäfer und Nymphen, der Freundschaft und der Liebe. Der anakreontische Dichter Johann Peter Uz läßt Mitte des 18. Jahrhunderts in seinem Rollengedicht „Der Schäfer" diesen auftreten, um eine ländliche Idylle und ihre Gestalten noch einmal literarisch zu evozieren, bevor die „traurige Vernunft" erwacht (und die Rolle zu durchbrechen ansetzt):

Arkadien! sei mir gegrüßt!
Du Land beglückter Hirten,
Wo unter unentweihten Myrten
Ein zärtlich Herz allein noch rühmlich ist!

Ich will mit sanftem Hirtenstab
Hier meine Schafe weiden.
Hier, Liebe! schenke mir die Freuden,
Die mir die Stadt, die stolze Stadt nicht gab.

Wie schäfermäßig, wie getreu
Will ich Climenen lieben,
Bis meinen ehrfurchtvollen Trieben,
Ihr Mund erlaubt, daß ich ihr Schäfer sei!

Welch süßem Träume geb ich Raum,
Der mich zum Schäfer machet!
Die traurige Vernunft erwachet:
Das Herz träumt fort und liebet seinen Traum.

8 zur Dramatik

Dieses Kapitel befaßt sich mit zentralen →*Grundbegriffen der Dramatik*, charakterisiert die wichtigsten →*Bauelemente* und →*bauformen des Dramas* und stellt einige →*Klassifikationen von Dramatik* vor.

8.1 Grundbegriffe der Dramatik

An dieser Stelle sollen einige grundlegende Begrifflichkeiten näher bestimmt werden, die man dem Themenbereich Dramatik zuordnen kann. Diese sind

→*Dramatik*   →*Theater*
→*dramatisch (das Dramatische)*   →*Tragik*
→*dramatisches Gedicht / Drama*

    Zudem werden implizit die Begriffe →Haupttext und →Nebentext eingeführt.

8.1.1 Dramatik – dramatisch – dramatisches Gedicht

(griech.: *dráma* = Handlung; Schauspiel)

Dramatik / dramatisches Gedicht oder Drama – Klasse oder Gruppe von Klassen von Texten, die sich vor allem durch die besondere Kommunikationssituation des Theaters auszeichnen, auf die sie ausgerichtet sind: auf eine plurimediale, unmittelbare, gegenwärtige und auf agierende Figuren konzentrierte Präsentation von Handlung oder Geschehen

Dramatik / das Dramatische – Grundbegriff/Naturform: unmittelbare Präsentation individueller, spannungsreicher Handlungen

dramatisch – Adjektiv zu 'Dramatik' in einem der beiden Sinne (oder im zweiten verkürzt auf: spannungsreich)

Der Begriff der Dramatik ist weniger problematisch im Hinblick auf die fundamentalpoetische Einteilung der Dichtung nach der →Gattungstrias und die zugehörigen →*Grundbegriffe* als etwa der der →*Lyrik*. Denn sowohl die literaturwissenschaftliche Auffassung von Dramatik als Sammelbegriff als auch die fundamentalpoetische Fundierung stimmen mit der dramenpoetologischen Tradition im Grunde darin überein, daß die spezifische, auf die →*theatrale Aufführung* ausgerichtete Kommunikationssituation von Dramen für diese wesentlich kennzeichnend sind.

Daran anschließende Festlegungen der Inhalte von Dramen (etwa auf spannungsreiche Geschehnisse zwischen und mit individuellen Figuren oder gar →*Handlungen*) bleiben hingegen – vor allem angesichts moderner Dramatik – problematisch.

Entsprechend der antiken Wort- und Begriffsherkunft und der charakterisierten Kommunikationssituation ist aber eine gewisse Ausrichtung auf unmittelbar darstellbares Geschehen festzustellen. Die unmittelbare, plurimediale Kommunikationsstruktur des →*Theaters* erfordert nun einmal erkennbare Figuren, die in Handlungs- oder Geschehenszusammenhänge verwickelt sind. Und die Fixierung der Literatur auf das Medium Text macht den Einsatz sprechender Figuren in Dramen zum Normalfall: Diese Figurenrede stellt nun wiederum eine dramentypische doppelte Kommunikation dar: Denn zum einen sprechen die Figuren für sich oder miteinander, zum anderen sprechen sie immer auch für ein zuhörendes Publikum.

Zu unterscheiden ist prinzipiell zwischen dem Text eines Dramas und seinen verschiedenen Aufführungen. Diese sind tatsächlich plurimediale, kollektive und je einmalige performative Ereignisse, jener ist im Prinzip nur auf potentielle (und oft schwierig zu realisierende) Aufführungen hin ausgerichtet, welche die Textvorgaben konkretisieren. Das literarische Drama umfaßt somit üblicherweise zwei unterscheidbare Textmodi: den →Haupttext mit der Figurenrede und den →Nebentext, in dem wesentliche Festlegungen für potentielle Aufführungen getroffen werden, an die die theatralische Realisation allerdings oft nicht gebunden ist. Beide Textmodi können freilich je für sich stark zurücktreten oder gar wegfallen (so daß die Aufführung auf

Basis des jeweils anderen Textmodus konkretisiert werden muß), nie aber beide gemeinsam.

8.1.2 Theater

(griech.: *théatron* = Schaubühne)

Aufführungsort und -umgebung für Dramen

Mit 'Theater' bezeichnet man seit der griechischen Antike den Ort, an dem →*Dramen* aufgeführt werden. Die Besonderheiten und die Strukturierung dieses Ortes wirken sich somit wesentlich auf die individuelle Aufführung aus, sie kann aber auch die Dramentexte, die für eine bestimmtes Theater oder für einen bestimmten Typ von Theater geschrieben worden sind, mitprägen.

Das Theater als Ort und Umgebung von Dramenaufführungen ist hauptsächlich gekennzeichnet durch die gegenseitige Ausrichtung zweier Räume: An dem einen Ort, der Bühne, gibt es etwas zu beobachten und zu hören. Von dem anderen aus, wo sich das Publikum der Theateraufführung aufhält, kann das Bühnengeschehen beobachtet und gehört werden.

Die je individuelle Theateraufführung steht dabei in einem Verhältnis der Konkretisation zu einer dramatischen Textvorlage, für die – neben den Vorgaben durch den Dramentext – das Theaterpersonal, insbesondere der Regisseur, der Bühnen- und der Kostümbildner und die Schauspieler verantwortlich sind. Denn es wird durch die in (sichtbarem) Raum und (durch Hörbares spürbare) Zeit angesiedelte Aufführung eines Dramas eine Vielzahl von zusätzlichen Festlegungen verlangt, die nicht (alle) vom Dramentext vorgegeben sind.

Durch die unmittelbare Gegenwärtigkeit und die daraus resultierende sinnliche Präsenz einer Dramenaufführung schreibt man dieser üblicherweise eine intensivere Wirkung auf das (kollektive) Publikum zu als dem (individuell gelesenen) reinen Text des Dramas. Beide sind zumindest strikt voneinander zu unterscheiden, zumal Dramenaufführungen oft auch (mitunter bewußt gewollte) Rückkoppelungseffekte mit dem Publikum auslösen.

Das Theater ist zudem in seiner Ausrichtung auf ein Publikum eine gesellschaftliche Institution, das eine kollektive Öffentlichkeit herstellt. Die Besonderheiten der Institution Theater sind historisch und kulturell sehr vielfältig. Sie stehen aber im allgemeinen in einer engen Wechselwirkung mit der jeweiligen Dramenaufführung, den jeweils zugrundeliegenden Dramentexten und den ihnen unterliegenden Strukturen.

8.1.3 Tragik

(griech.: *tragikós* = zur Tragödie gehörig)

wirkungsästhetische Kategorie: Erregung von Mitgefühl, Entsetzen, Mitleid, Schrecken und dergleichen mehr durch die Darstellung des Untergangs oder Scheiterns einer Figur, die dies nicht unbedingt verdient hat

Man kann dieser Bestimmung nach also unterscheiden zwischen einem tragischen Geschehen und den daraus resultierenden Wirkungen. Beides ist aber wesentlich aufeinander bezogen und wird für gewöhnlich mit der besonders intensiven und somit affektfreudigen Kommunikationssituation des →*Theaters* in Verbindung gebracht. Demzufolge ist das tragische Geschehen oft und ursprünglich in bestimmten Dramen, den →*Tragödien*, zu finden, die entsprechenden Wirkungen bei ihrem Publikum.

Weder die Wirkung noch das tragische Geschehen sind aber auf die Tragödie des Theaters beschränkt, sondern können auch in anderen (literarischen) →*Gattungen* (etwa der →*Ballade*) und Medien (etwa im Film) vorkommen, der Begriff der 'Tragik' wird – entgegen seinem Ursprung in der Ästhetik – mitunter sogar auf reale Geschehnisse bezogen.

Genauere Bestimmungen der tragischen Wirkung einserseits und des tragischen Geschehens andererseits sind seit Beginn des Nachdenkens über die Tragödie in der Antike ebenso oft vorgetragen wie verworfen worden. Beides ist insofern kaum verbindlich zu fassen.

Die Wirkungen der Tragödienhandlung (bzw. des tragischen Geschehens) sind aber wohl nicht anders denn als Affekte, also als starke, emotionale Regungen aufzufassen, denen der Zuschauer oder Rezipient sich kaum entziehen kann. Diese beinhalten gleichwohl auch
ein rationales Moment, beruhen sie doch auch darauf, das dargestellte
Geschehen auf sich selbst und das eigene Leben zurückzubeziehen,
freilich in der ebenso sicheren Gewißheit, daß es ein bloßes Theater-
geschehen ist. Um die grundlegende Identifikation mit dem scheiternden Helden leisten zu können, müssen dieser und das tragische
Geschehen um ihn bestimmte Charakteristika aufweisen.

So geht man gemeinhin davon aus, daß der tragische Held ein
'mittlerer Held' sei, also weder besonders gut noch besonders
schlecht oder gar böse. Damit ist er dem Publikum ähnlich und kann
insofern als Identifikationsfigur dienen. Er ist aber vor allem fähig,
so zu scheitern oder umzukommen, daß ihm dieser Untergang weder
allein angelastet noch daß er von aller Mitverantwortung freigesprochen werden kann. Die →*Katastrophe*, wie ein solcher Untergang in
der Tragödie genannt wird, ist somit auf ein komplexes und mitunter
paradoxes Zusammenspiel von Schuld und Unschuld, Freiheit und
Notwendigkeit, Zufall und Schicksal, Verantwortung und Verstrik-
kung, Kampf und Leid zurückzuführen (dessen Details zudem historisch variabel sind). Im allgemeinen ist die jeweilige Kernproblema-
tik dem tragischen Helden zudem (bedingt) bewußt.

8.2 Bauelemente des Dramas

Dramen und die in ihnen zur Darstellung kommenden →*Handlungen*
weisen – nicht nur in verschiedenen Traditionen, Gattungs- oder
Funktionszusammenhängen – häufig eine identifizierbare 'Konstruktion' mit identifizierbaren Einzelteilen auf, die man gerne mit Hilfe
der Metapher vom 'Bauen' bezeichnet.

Somit sind bestimmte →*Bauformen* und Bauelemente isolierbar,
die einzeln betrachtet werden können. Die folgenden dramatischen
Bauelemente werden hier erklärt:

→*Chor des Dramas*
→*drei Einheiten*
→*Exposition*
→*Monolog*
→*Parabase*
→*Anagnorisis*, →*Peripetie* und →*Katastrophe*
→*Teichoskopie* und →*Botenbericht* (→verdeckte Handlung)

8.2.1 Chor (des Dramas)

(griech.: *chorós* = Tanzplatz; Tanz- und Sing-Chor)

dramatisches Bauelement und komplexe Figur insbesondere antiker Dramen: singende und tanzende Gruppe, die nicht immer (ganz) in das fiktive Dramengeschehen integriert ist, mit verschiedenen Funktionen

Der Chor ist ein zentrales Bauelement der antiken, insbesondere der klassischen griechischen Dramen, der →*Komödien* wie der →*Tragödien*. Er dürfte zudem den Ursprung der Dramatik in der religiösen Praxis der Griechen markieren. Doch auch in der Neuzeit gibt es verschiedene Versuche und Modi, den Chor oder doch zumindest musikalisch-gesangliche und/oder tänzerische Elemente (wieder) in die Dramatik zu integrieren, etwa in den verschiedenen Gattungen des Musiktheaters.

Die Stellung bestimmter Chorauftritte in den griechischen Tragödien und (weniger stark) in den Komödien ist relativ fix, so daß die Chorauftritte die Dramenhandlungen gliedern. So treten etwa die Chöre der Tragödien wie der Komödien immer erst nach der ersten Szene auf, so daß ihr Erscheinen bewußt nachvollziehbar ist. Mit der →*Parabase* kennt die alte Komödie zudem eine bestimmte Form des Chorauftritts, die das fiktive Bühnengeschehen bewußt unterbricht.

Zudem verweisen die Chorauftritte in diesem Zusammenhang immer auch auf den kultischen Ursprung der Dramatik.

Besonders in den klassischen Tragödien und Komödien des 5.
Jahrhunderts v. Chr. ist der jeweilige dramatische Chor mehr oder
minder deutlich als komplexe Figur in den Handlungszusammenhang
integriert und agiert als Gruppenfigur, die zumeist die (gesellschaftliche) Öffentlichkeit – und damit wiederum das Theaterpublikum – repräsentiert. Als solche Figur ist der Chor jederzeit bereit und in der
Lage, das Geschehen (bzw. die anderen Figuren) zu beeinflussen, indem er es bewertet und kommentiert.

Später verselbständigt sich diese Kommentar-Funktion: Der Chor
tritt aus dem eigentlichen Dramengeschehen heraus und trägt 'nur
noch' (mehr oder minder) auf das Bühnengeschehen bezogene glie-
dernde Einlagen vor.

Vor allem aber sorgen der antike Dramenchor und seine neuzeitlichen Nachfolger für eine Anreicherung der sinnlichen Präsentation
der →*Theateraufführung*, indem sie rhythmisch gestaltete, im allgemeinen instrumental begleitete Gesangspartien auf der einen Seite,
tänzerische 'Choreographien' auf der anderen zum 'Gesamtkunst-
werk' der Dramenaufführung beisteuern.

8.2.2 drei Einheiten:
Einheit der Handlung, des Orts, der Zeit

Normen traditioneller Dramatik für die dramatische Handlung:
diese soll einheitlich und in sich abgeschlossen sein, sich ohne
Ortswechsel abspielen und innerhalb eines überschaubaren Zeitraums

Die Einheit der →*Handlung*, des Orts und der Zeit, die weniger auf
Aristoteles selbst als auf seine Rezeption in der Frühen Neuzeit und
die Ausrichtung an antiken Vorbildern zurückgeht, dominierte das
europäische →*Drama* bis weit in die Neuzeit. Sie ist der zentrale Bestandteil der →*geschlossenen Form* traditioneller Dramatik. Als un-
umstößliche Norm galt diese Lehre insbesondere im 17. und 18. Jahrhundert.

Die Einheit der Handlung ist dabei sicherlich die wichtigste Anforderung an das 'geschlossene' Drama. Sie umfaßt im Grunde vier Teilaspekte: Die Dramenhandlung soll (1) in sich geschlossen sein, also ein Anfangsmoment und einen Abschluß haben, sie soll (2) keine bedeutenden Nebenhandlungen haben, also im Prinzip nur den einen 'Hauptstrang' umfassen, dieser soll (3) zielgerichtet auf den Abschluß hinführen, wobei die einzelnen Handlungssequenzen (4) kausal, also nach dem Prinzip von Ursache und Wirkung, Aktion und Reaktion miteinander verknüpft sind.

Die Einheit des Orts verlangt, daß der Schauplatz eines dramatischen Geschehens möglichst für die gesamte Dauer der Handlung (bzw. der Aufführung) erkennbar derselbe bleibt, daß also keine (oder möglichst wenige) Schauplatzwechsel stattfinden.

Die Einheit der Zeit fordert Entsprechendes für die Dauer des dramatischen Geschehens: Dieses soll innerhalb eines überschaubaren (und kontinuierlich ausgefüllten) Zeitrahmens – einem Tag etwa – zum Abschluß kommen.

Die Norm der drei Einheiten beruht sicherlich auch auf den Bestrebungen klassizistischer Ästhetik nach Geschlossenheit, Ganzheit und Ausgewogenheit ihrer Kunstwerke. Zudem fördert ihre Einhaltung natürlich den Illusionscharakter der dramatischen Handlung, da so die Differenz zwischen dem →*fiktiven* dramatischen Geschehen und dem gezeigten Bühnengeschehen minimiert wird.

Die Norm der drei Einheiten hat aber auch praktische Gründe und Hintergründe, erleichtert die Erfüllung dieser Norm doch die Aufführungspraxis (und fördert so den Illusionscharakter), indem sie Szenenwechsel verbietet, Zeitsprünge verdammt und komplexe Handlungsgefüge ausschließt.

Beispiel

In der „Poetik" des Aristoteles wird von den drei Einheiten nur die der Handlung explizit gefordert (und die Forderung begründet), insbesondere in ihrem Aspekt der Geschlossenheit. Die Einheiten von Ort und Zeit waren jedoch – wohl aus aufführungspraktischen Grün-

den – in den Dramen, auf die sich die „Poetik" bezieht, weitgehend
gegeben: in den klassischen griechischen Tragödien des 5. Jahrhunderts von Aischylos, Sophokles und Euripides.

Seit der Wiederentdeckung der „Poetik" zu Beginn der Neuzeit
entstand dann die dreifache und breit gültige Norm für alle Dramatik
(die den Anspruch erhebt, ‘wahre Kunst' zu sein), die drei Einheiten
zu realisieren. Dies kulminierte in der französischen Klassik des 17.
Jahrhunderts mit den Tragödien Racines und Corneilles und wurde in
der deutschen Dramatik des frühen 18. Jahrhunderts (befördert und
gefordert durch Gottsched) fortgesetzt.

Die zentrale Poetik der französischen Klassik, Nicolas Boileaus
„L'Art poetique" von 1674 weist im dritten Gesang überdeutlich darauf hin und begründet es mit der ‘Vernunft':

> Wir aber, die den Regeln der Vernunft verpflichtet sind, wol-
> len, daß die Handlung in angemessener Weise abläuft: jedes
> Stück darf nur eine einzige abgeschlossene Handlung haben,
> die sich an einem Ort und innerhalb eines Tages realisiert –
> dann harrt das Publikum aus, bis der Vorhang fällt.

Die uneingeschränkte Gültigkeit dieser Norm verfiel im Verlauf des
18. Jahrhunderts in allen europäischen Literaturen, bestimmte poetische Programme und Schulen, etwa die Weimarer Klassik, aktivier-
ten sie aber noch einmal. Es setzte sich dennoch zunehmend die →*offene Form* der dramatischen Handlung durch, zumal sie sich mit
Shakespeare auf ein Vorbild beziehen konnte.

8.2.3 Exposition

(lat.: *expositio* = Darlegung, Erklärung)

dramatisches Bauelement: die erste Sequenz der dramatischen
Handlung, in der die Vorgeschichte vorgestellt, in die Ausgangssituation eingeführt und die eigentliche Handlung angestoßen
wird

Die Exposition stellt eine funktionale Einheit innerhalb der gesamten Dramenhandlung dar, die innerhalb derselben am Anfang steht – und dementsprechend auch zu Beginn der dramatischen Aufführung zu finden ist, also in den ersten Szenen, dem ersten Akt usw.

Ihre dreifache Funktionalität besteht darin, erstens die Vor-Geschichte dem Publikum bekannt zu machen, also alles das, was zum Verständnis des weiteren Dramengeschehens sinnvoll ist, aber (im fiktiven Geschehenszusammenhang) zeitlich vor der eigentlichen Dramenhandlung liegt. Sie führt zweitens in die Situation ein, in der sich die Figuren gerade befinden. Diese Situation ist Ausgangspunkt der →*dramatischen Handlung*, die somit drittens ebenfalls in der Exposition ausgelöst oder angestoßen wird.

Die Exposition liefert also dem Zuschauer oder Leser des Dramas zahlreiche Informationen. Sie tut dies im allgemeinen implizit, also dramentypisch: durch die Rede von Figuren (die etwa von ihrer Sicht der Vorgeschichte erzählen können), durch die Gestaltung der Figuren und des Schauplatzes (was zahlreiche Informationen über die Situation miteinschließt) oder durch die Reaktionen der Figuren aufeinander (was schon künftige Konflikte andeutet) usw.

Durch ihre Funktionalität ist die Exposition aber auch auf bestimmte Dramentypen beschränkt, erfordert sie doch zumindest eine erkennbare dramatische Handlung – eine Handlung, die idealerweise sogar einheitlich (im Sinne der →*drei Einheiten*) und in sich abgeschlossen (im Sinne der →*geschlossenen Form*) ist. Andernfalls wäre ja die Vorgeschichte kaum von der eigentlichen Dramenhandlung zu unterscheiden, wären – für mehrere Handlungsstränge – mehrere Expositionen nötig oder wären motivierende oder verursachende Handlungsmomente gar nicht gegeben.

In einer bestimmten dramatischen Bauform, dem →*analytischen Drama*, erstreckt sich die Exposition, zumindest ihrer Funktionen der Einführung in die Vorgeschichte und die Situation nach, sogar über die gesamte dramatische Handlung.

8.2.4 Monolog

(griech.: *mónos* = ein(s); *lógos* = Rede, Wort)

Element des Dramas: nicht an das Publikum oder eine andere Dramenfigur gerichtete, für das Publikum aber hörbare Rede einer Figur

Für gewöhnlich – etwa mit der Ausnahme des *Monodramas* – agieren und sprechen in Dramen mehrere Figuren miteinander, gegeneinander oder auch 'aneinander vorbei'. Somit kommt es für gewöhnlich zu Gesprächen miteinander, oft zu Dialogen zwischen zwei oder mehr Figuren.

Dem steht der in einigen Dramen bewußt eingesetzte, oft an einer zentralen Stelle des Dramengeschehens positionierte Monolog einer dramatischen Figur, üblicherweise (einer) der Hauptfigur(en) als eine somit markierte Ausnahme gegenüber.

Im Monolog spricht die monologisierende (Haupt-)Figur nur für oder mit sich. Er stellt insofern ein typisches Beispiel für die →*dramenspezifische doppelte Kommunikation* dar, als er – obwohl als Selbstgespräch im fiktiven Geschehen verortet – gleichwohl natürlich dem zuhörenden Publikum zugänglich ist.

Als Selbstgespräch beinhaltet ein solcher dramatischer Monolog gerne die emotionale Aussprache einer Figur und/oder Versuche, sich selbst zu reflektieren. Er ist daher zumeist an zentralen Positionen der dramatischen Gesamthandlung angesiedelt, an Stellen also, an denen die Figur existentielle Entscheidungen zu treffen hat oder durch die bisherigen Ereignisse hochgradig erregt ist.

Durch die emotionale und/oder selbstreflexive Grundausrichtung des dramatischen Figurenmonologs kann dieser aber immer auch dazu dienen, die Figur in ihrer (individuellen) Besonderheit dem Publikum gegenüber zu charakterisieren.

Beispiel

Der bekannteste Monolog der dramatischen Weltliteratur ist wohl der
Hamlets zu Beginn des dritten Aktes in Shakespeares gleichnamiger
Tragödie. Hamlet spricht hier ausschließlich für sich (wird aber von
seinen Widersachern belauscht), er ringt mit sich, ob er sich gegen
die ihn umgebende und betreffende Ungerechtigkeit auflehnen, den
Mord am Vater rächen soll, räsoniert dabei über moralische Fragen,
verschiedene Lebensentwürfe und die eigene Existenz gleichermaßen,
und gibt dem Publikum so einen Eindruck von seinem hochkomple-
xen Charakter. Der Monolog endet, als Ophelia hinzutritt:

> To be, or not to be, that is the question:
> Whether 'tis nobler in the mind to suffer
> The slings and arrows of outrageous fortune,
> Or to take arms against a sea of troubles
> And by opposing end them. To die – to sleep,
> No more; and by a sleep to say we end
> The heart-ache and the thousand natural shocks
> That flesh is heir to: 'tis a consummation
> Devoutly to be wish'd. To die, to sleep;
> To sleep, perchance to dream – ay, there's the rub:
> For in that sleep of death what dreams may come,
> When we have shuffled off this mortal coil,
> Must give us pause – there's the respect
> That makes calamity of so long life. [...]
>   Soft you now,
> The fair Ophelia! Nymph, in thy orisons
> Be all my sins remember'd.

8.2.5 Parabase

(griech.: *pará-basis* = Fehltritt, Abschweifung)

Bauelement der alten attischen Komödie: der dramatische Chor
tritt aus seiner fiktionsinternen Rolle und spricht in eigener Sache oder der des Dichters direkt zum Publikum

Die Parabase ist als spezifisches Bauelement der →alten attischen Komödie, das zudem durch einen weitgehend festgelegten Ort innerhalb des Dramenganzen und durch verschiedene formale, stilistische und inhaltliche Vorgaben zusätzlich definiert ist, sicherlich nicht mehr als eine historische Besonderheit.

Sie ist allerdings sowohl prototypisch als auch zum Teil einflußnehmend auf zahlreiche verwandte Verfahren und Bauelemente in der Geschichte der →Dramatik.

In rhetorischer Terminologie handelt es sich bei der Parabase um eine →Apostrophe: Der Sprecher – hier: der Komödienchor mit seinem Chorführer – wendet sich einem neuen Gegenüber zu. Er wechselt also von Unterredungen mit den anderen Komödienfiguren zum neuen Gegenüber Publikum. Dem tritt er als fiktionsexterner →Chor (der etwa seine Lieder gut geübt hat) gegenüber, zum Teil wird er zum Sprachrohr des Autors. Die Inhalte sind entsprechend verändert: Es geht meist um die Kritik oder Schmähung realer Zustände oder Personen (insbesondere Politiker oder Konkurrenten des Autors).

Diese Parabase ist ein zentraler und notwendiger Bestandteil der alten attischen Komödie, die immer auch auf die politische, gesellschaftliche und kulturelle Realität ihres Aufführungsortes, also der Stadt Athen, bezogen ist.

Der Bezugnahme auf möglicherweise aktuelle politische, gesellschaftliche oder kulturelle Sachverhalte dienen auch Verfahren anderer Dramenformen oder Aufführungstypen, die der Parabase vor allem darin ähnlich sind, daß Figuren aus ihrer fiktiven Rolle treten und sich fiktionsextern und direkt zu realen Sachverhalten äußern. Zu nennen sind etwa verschiedene Elemente des →epischen Theaters oder zahlreiche Strategien des Kabaretts.

Mit diesen und ähnlichen Elementen kann aber nicht nur direkt auf mehr oder minder konkrete und aktuelle Geschehnisse in der Realität eingegangen werden. Sie können auch dazu dienen, den Fiktions- oder Spielcharakter der gesamten Aufführung bzw. des ganzen Dramas zu unterstreichen.

Beispiel

Die folgende Parabase stammt aus der Komödie „Acharner" von Aristophanes, dem einzigen Dichter der alten attischen Komödie, von dem uns vollständige Stücke erhalten sind. Die „Acharner" wurden 425 erstmals aufgeführt – Athen befindet sich im Krieg mit Sparta –, und die Parabase ist ganz auf die Umstände dieses Jahres bezogen: auf das Verhalten der Kriegsparteien, zuerst aber auf das Publikum, das Volk von Athen, das auch politischer Entscheidungsträger ist, und den Autor des Textes. Zudem ist der apostrophische Übergang in eine andere Rolle in der Parabaseneinleitung markiert (die Parabase mußte in '→*anapästischen* Rhythmen' vorgetragen werden):

Chorführer:

Was für ein fertiger Redner! Es glückt ihm gewiß, für den Frieden das Volk
    zu bereden! –
Jetzt weg mit den Mänteln, und laßt uns mit Tanz anapästische Rhythmen
    beginnen. –
Seitdem unser Meister dem Volk sich gezeigt an der Spitze der komischen
    Chöre,
Hat er nie noch gewagt, den Versammelten hier zu reden von seinen
    Verdiensten.
Doch verunglimpft jüngst durch der Gegner Haß vor den unbedachten
    Athenern,
Daß er unsere Stadt mit komischem Scherz verhöhnt und die Bürger
    beleidigt,
Nun muß er ja wohl antworten darauf, vor den wohlbedachten Athenern.
Denn er ist sich bewußt, der Dichter, daß euch er nur Gutes gesucht zu
    bereiten.
So steuert' er doch dem Unfug, daß euch mit Reden die Fremden berückten,
Daß ihr ködern euch ließt mit schmeichelndem Wort, aufhorchend mit
    offenen Mäulern.
Vormals, wenn euch die Gesandten der Stadt eine Nase zu drehen gedachten,
Da hießt ihr: „das veilchenbekränzte Volk", und wenn einer euch also
    betitelt,
Da recktet ihr, über die Kränze entzückt, euch empor auf stolzem Podex,
Und wenn einer sodann in bezauberndem Ton von dem „glänzenden, fetten
    Athen" sprach,

Der hatte von euch, was er wollte, dieweil er mit „Fett" euch wie Gründlinge
    ölte.
Das hat er bewirkt; des Guten fürwahr nicht wenig verdankt ihr dem Dichter.
Denn er zeigt' euch im Spiegel die Demokratie, wie die Städte des Bunds sie
    haben.
Kein Wunder, daß jetzt die Verbündeten, wenn den Tribut zu entrichten sie
    kommen,
Voll Verlangen sind, den Poeten zu sehn, den trefflichen, der es gewagt hat,
Mit eigner Gefahr dem athenischen Volk zu sagen, was Recht ist und
    Wahrheit. [...]

Ebenfalls außerhalb der →*Fiktion* des 'Parabelstücks' anzusiedeln ist
etwa der 'Ansager' aus Brechts „Der aufhaltsame Aufstieg des Arturo
Ui". Er beschreibt zwar in seinem 'Prolog' in erster Linie das nun
nachfolgend zur Aufführung kommende 'Gangsterstück' (und präsentiert es somit ganz im Sinne der Brechtschen →*Verfremdungs-
ästhetik als* fiktives Geschehen), schließt aber auch mit einem Hinweis auf den Parabelcharakter, durch den es mit der Wirklichkeit im
Europa der 30er Jahre verbunden ist:

> [...] Jedoch ist alles streng wirklichkeitsgetreu
> Denn was Sie heut abend sehen, ist nicht neu
> Nicht erfunden und ausgedacht
> Zensuriert und für Sie zurechtgemacht:
> Was wir hier zeigen, weiß der ganze Kontinent:
> Es ist das Gangsterstück, das jeder kennt!

8.2.6 Anagnorisis – Peripetie – Katastrophe

(griech.: *ana-gnórisis* = Wiedererkennen; *peri-péteia* = plötzliche
Wendung; *kata-strophé* = Ende, Untergang)

Anagnorisis – dramatisches Handlungselement: Erkennen der
(vorher verkannten oder verstellten) wahren Identität von Dra-
menpersonen, das handlungsrelevant wird

Peripetie – dramatisches Handlungselement: unerwartete Umkehr des Handlungsverlaufs im Hinblick auf seinen (guten oder schlechten) Ausgang

Katastrophe – dramatisches Handlungselement: negativer, d.h. leidvoller Ausgang einer dramatischen (Tragödien-)Handlung, zumeist als Tod oder Untergang eines der bzw. des Protagonisten

Die drei hier gemeinsam vorgestellten dramatischen Bauelemente betreffen allesamt die →*Handlung* von Dramen mit einheitlicher Handlung (im Sinne der →*drei Einheiten*) bzw. in →*geschlossener Form*, wie sie in der Antike und in der Folge durch die Nachahmung der antiken Vorbilder und im Rahmen der Aristoteles-Rezeption lange Zeit üblich waren. Sie sind zudem idealtypisch aufeinander bezogen:

In der Anagnorisis erkennen sich zwei (oder mehr) Dramenfiguren in ihrer wahren Identität, die ihnen vorher (nicht unbedingt auch dem Publikum) verborgen gewesen ist.

Dieses Wiedererkennen kann dann – wie natürlich auch andere Handlungen oder Geschehnisse – zu einem wesentlichen Umschwung des Handlungsverlaufs insgesamt führen, wenn etwa der vermeintliche Freund als intriganter Feind entlarvt wird – oder der unbekannte Fremde als Blutsverwandter oder Geliebter. Der Umschwung der Handlung ist insofern zwar kausal bedingt, aber nicht unbedingt zu erwarten gewesen – und so kehrt sich ein Geschehen, das auf ein böses Ende hinzustreben schien, um und endet gut (in der →*Komödie*); oder ein Dramengeschehen, das vermeintlich einem guten Ende zulief, wendet sich und endet in der Katastrophe (in der →*Tragödie*).

Diese besteht im Scheitern, Untergang oder eben im Tod des Haupthelden oder Protagonisten der Tragödie. In ihr manifestiert sich die →*Tragik* des Tragödiengeschehens und aus ihr vor allem resultieren die entsprechenden Affekte des Tragödienpublikums. Der Held (oder die Heldin) kommt hier ums Leben, er leidet über die Maßen, er muß von allen Zielen, Grundsätzen, Freunden, seiner Familie oder Heimat lassen oder erleidet anderes Schlimmes und erregt so das Publikum, das ihn dabei beobachtet und hört.

Beispiel

Die drei hier vorgestellten Bauelemente der Dramenhandlung wurden
in der „Poetik" des Aristoteles – anhand von Beispielen aus der klassischen attischen Tragödie – eingeführt. Diese Dramenpoetik und die
antiken Modelltexte dienten lange Zeit als Orientierungspunkte für
die europäische Dramenproduktion.

So erläutert Aristoteles etwa die Anagnorisis anhand des „Ödipus" von Sophokles: Dort durchschaut Ödipus, der aus eigener Initia-
tive die Nachforschungen eingeleitet hat, daß er selbst der gesuchte
Vatermörder ist (und damit auch der Gatte seiner Mutter): Das vermeintlich einer abschließenden Aufklärung (und der Erwartung eines
daran anschließenden Glückszustandes) zustrebende Geschehen wendet sich urplötzlich und (zumindest für die Hauptfigur) völlig unerwartet zur Katastrophe: Ödipus blendet sich selbst und geht ins Exil.

Als solcher „Umschlag von Unkenntnis in Kenntnis" (Aristoteles)
ist die Anagnorisis so am besten, d.i. effektivsten eingerichtet, da sie
hier „zugleich mit der Peripetie" (A.) eintritt, die wiederum fast
zwangsläufig in der Tragödie zur Katastrophe führt.

Bekanntlich ist uns Aristoteles' Behandlung der Komödie nicht
erhalten. Der umgekehrte Fall kann aber leicht konstruiert werden –
und ist in zahlreichen Komödien so auch realisiert: Der junge Mann,
der (etwa durch die Intrigen des Nebenbuhlers) scheinbar nicht für
die Ehe mit der Heldin in Frage kommt (mangels Geld, Charakter,
Ansehen usw.), entpuppt sich unerwartet als tadelloser Hochzeitskan-
didat, und so kann es am Ende zum glücklichen Ehebund kommen.

8.2.7 Teichoskopie – Botenbericht

(griech.: *teíchos* = Mauer; *skopía* = Wacht, Umschau)

Teichoskopie / Mauerschau – dramatisches Bauelement: zeitglei-
cher Bericht von einem handlungsrelevanten Geschehen, das
nicht gezeigt wird, durch eine Person auf der Bühne

Botenbericht – dramatisches Bauelement: nachträglicher Bericht von einem handlungsrelevanten Geschehen, das nicht gezeigt wird, durch eine Person auf der Bühne

Mauerschau und Botenbericht werden mitunter unter dem Terminus →'verdeckte Handlung' zusammengefaßt:

Das Geschehen, von dem der Posten (auf der Mauer), Beobachter, Späher oder Bote berichtet oder erzählt, ist für die fiktive →*Dramenhandlung* von Bedeutung, etwa weil es den weiteren Fortgang der Handlung prägt, weil es Handlungsumschwünge (→*Peripetien*) einleitet oder Wiedererkennungen (→*Anagnoriseis*) ermöglicht. So kann sich zum Beispiel in einer per Mauerschau wiedergegebenen Schlacht das Schicksal eines der Protagonisten entscheiden oder in einem per Boten übersandten Bericht eine ganz neue Sachlage für die beteiligten Personen ergeben.

Das Geschehen selbst kann aber oder soll nicht gezeigt werden. Es kann nicht auf der Bühne selbst gezeigt werden, wenn bzw. weil es die bühnenpraktischen oder -technischen Möglichkeiten des Theaters (und der an der Aufführung Beteiligten) übersteigt – und es soll nicht gezeigt werden, also verdeckt bleiben, wenn bzw. weil es (insbesondere bei Greueltaten) dem Publikumsgeschmack (aus ästhetischen und/oder moralischen Gründen) nicht zuzumuten ist. Es sind natürlich auch weitere Gründe für das Verdecken von Handlungen denkbar.

Der wichtigste von diesen dürfte wohl in einem effektiven dramaturgischen Vorteil der verdeckten Handlung bestehen, sind doch nur so die Reaktionen der betroffenen Personen auf das Berichtete auf der Bühne darzustellen. Die Berichte und Erzählungen der Boten und Posten unterscheiden sich daher grundlegend vom vermittelten →*Erzählen*. Denn sie selbst sind als Berichterstatter auch handelnde (und leidende) Figuren, vor allem aber wendet sich ihr Bericht an solche, so daß die Berichterstattung selbst voll in das Dramengeschehen einbezogen ist.

Abgesehen von dem je typischen Szenario (hier der Späher auf der Burgzinne, dort der herankommende Bote) unterscheiden sich die

beiden Modi der verdeckten Handlung dadurch, daß das per Teichoskopie Berichtete zeitgleich wiedergegeben wird (der Späher sagt,
was er sieht), während der Botenbericht nachträglich bereits Vergangenes vermittelt (der Bote sagt, was er sah oder was man ihm auf-
trug).

Beispiel 1

Eine (proto-)typische Mauerschau findet sich in den „Phoinikierin-
nen" des Euripides (um 410 v. Chr.). Antigone und ihr „Erzieher" er-
klimmen das Hausdach und beobachten die entscheidende Schlacht
um ihre Heimatstadt Theben, an der die beiden Brüder Antigones auf
den verschiedenen Seiten beteiligt sind. Kein Wunder also, daß sie
neugierig alles beobachtet und aufgeregt würdigt. Der Zuschauer be-
kommt durch diesen dramaturgischen Kniff also nicht nur – vermittelt durch die Worte der Beobachter – vor dem 'geistigen Auge' zu
sehen, was ihm die Bühne der Zeit niemals zeigen könnte, sondern
lernt so auch die beteiligten Figuren und ihre Reaktionen besser kennen:

> ERZIEHER *erscheint auf dem Dach des Palastes; in das Innere des*
> *Gebäudes gewandt.* [...]
> ANTIGONE *aus dem Inneren.* Streck hin doch, streck hin deine
>   Greisenhand
> der Jungfrau, herab von der Leiter,
> hilf meinem Schritte hinauf!
> ERZIEHER. Da, Mädchen, faß! Zur rechten Zeit bist du gekommen;
> denn in Bewegung setzt sich das Pelasgerheer,
> sie ziehen auseinander die Abteilungen.
> ANTIGONE *tritt auf das Dach.* Ehrwürdige Tochter der Leto,
>   Hekate,
> vom Erze funkelt das ganze Feld!
> ERZIEHER. Jawohl, mit starker Macht rückt Polyneikes an,
> umdröhnt von vielen Rossen, ungezählten Waffen.
> ANTIGONE. Sind fest die Tore verschlossen – die ehernen Riegel
> dem steinernen Mauerbau Amphions eingefügt?

ERZIEHER. Getrost! Die Stadt behütet fest ihr Inneres.
Doch auf den ersten schau, willst du ihn kennenlernen!
ANTIGONE. Wer ist denn der mit dem leuchtenden Helmbusch,
der vorn, an der Spitze des Heeres, dahinzieht,
leicht schwingend den ehernen Schild auf der Schulter?
ERZIEHER. Ein Hauptmann, Herrin.
ANTIGONE. Wer ist's? Und wo stammt er her?
So sag mir, Alter: Welchen Namen trägt er denn?
ERZIEHER. Der stammt, so heißt es, aus Mykenai, und wohnt am
lernaischen Gewässer, Fürst Hippomedon.
ANTIGONE. Ach, ach! Wie stolz, wie furchtbar zu schauen,
dem erdgeborenen Riesen ähnlich,
mit Augen wie Sterne, wie aufgemalt,
so gar nicht entsprechend dem Eintagsgeschlecht! [...]

Beispiel 2

In der „Antigone" des Sophokles (442 v. Chr.) wird die eigentliche
Dramenhandlung durch einen Botenbericht initiiert: Kreon, der neue
Herrscher Thebens nach dem Tod der beiden Prinzen, hat verboten,
den 'Vaterlandsverräter' Polyneikes zu bestatten. Der Bote vom
Schlachtfeld berichtet aber nun, daß genau dies geschehen ist, ver-
sucht die Tat – aus Angst – noch zu verharmlosen, zieht sich aber
nur umso mehr den Zorn Kreons zu, der seine eben gewonnene
Macht untergraben fühlt, wie sich später herausstellt durch seine
Nichte, die Titelheldin:

DER BOTE. Mein König, diesmal plaudr ich nicht, wie mich
Die othemlose Schnelle bring und wie
Sich leicht gehoben mir der Fuß. Denn öfters
Hielt mich die Sorg und wendet auf dem Wege
Mich um zur Rückkehr. Denn die Seele sang
Mir träumend viel. Wo gehst du hin, du Armer!
Wohin gelangt, gibst du die Rechenschaft?
Bleibst du zurück, Unglücklicher? so aber
Wird Kreon es von einem andern hören.
Wie kümmerst du deswegen denn dich nicht?

Derlei bedenkend, ging ich müßig langsam,
Und so wird auch ein kurzer Weg zum weiten.
Zuletzt hat freilich dies gesiegt, ich soll
Hieher, und wenn mein Sagen auch für nichts ist,
So sprech ich doch. Denn in der Hoffnung komm ich,
Es folge nur, dem, was ich tat, was not ist.
KREON. Was gibt's, warum du so kleinmütig kommest?
DER BOTE. Ich will dir alles nennen, was an mir ist,
Denn nicht getan hab ich's; weiß auch nicht, wer es tat.
Und nicht mit Recht würd ich in Strafe fallen.
KREON. Du siehst dich wohl für. Hüllest ringsherum
Die Tat und scheinst zu deuten auf ein Neues.
DER BOTE. Gewaltiges macht nämlich auch viel Mühe.
KREON. So sag es itzt, und gehe wieder weiter!
DER BOTE. Ich sag es dir. Es hat den Toten eben
Begraben eines, das entkam, die Haut zweimal
Mit Staub bestreut und, wie's geziemt, gefeiert.
KREON. Was meinst du? wer hat dies sich unterfangen?
DER BOTE. Undenklich. Nirgend war von einem Karst
Ein Schlag; und nicht der Stoß von einer Schaufel,
Und dicht das Land; der Boden ungegraben;
Von Rädern nicht befahren. Zeichenlos war
Der Meister, und wie das der erste Tagesblick
Anzeigte, kam's unhold uns all an, wie ein Wunder.
Nichts Feierlichs. Es war kein Grabmal nicht.
Nur zarter Staub, wie wenn man das Verbot
Gescheut. [...]

8.3 Bauformen des Dramas

Dramen und die in ihnen zur Darstellung kommenden Handlungen
weisen – nicht nur in verschiedenen Traditionen, Gattungs- oder
Funktionszusammenhängen – häufig eine identifizierbare (Gesamt-)
'Konstruktion' mit identifizierbaren Einzelteilen auf, die man gerne
mit Hilfe der Metapher vom 'Bauen' bezeichnet.

Somit sind bestimmte Bauformen und →*Bauelemente* isolierbar,
die einzeln betrachtet werden können. Die folgenden dramatischen

Bauformen und ihre Grundlage, der Handlungsbegriff, werden hier näher erläutert:

→*(dramatische) Handlung*
→*geschlossene Form*
→*offene Form*
→*analytisches Drama* (versus →Zieldrama, →Entfaltungsdrama)
→*Stationendrama*

8.3.1 Handlung / dramatische Handlung

unmittelbar dargestelltes Geschehen des Dramas (insoweit es handlungsfähigen Figuren zugeschrieben werden kann)

Fast alle der hier zur Sprache kommenden dramatischen →*Bauelemente* und Bauformen stützen sich auf einen Begriff der (dramatischen) Handlung.

Dieser kann *eng* als (dramenspezifische, also unmittelbare) Darstellung eines Komplexes von Geschehnissen und Handlungen, die von individuellen, identifizierbaren und handlungsfähigen Figuren ausgehen, aufgefaßt werden. Er kann aber auch so *weit* gedehnt werden, daß alles dramatische Geschehen miteinbezogen wird, auch wenn es nicht mehr in irgendeinem Sinn als fiktives Äquivalent zu einer üblichen Handlung angesehen werden kann. Die Ausweitung betrifft dabei wohl in erster Linie bestimmte Entwicklungen moderner und postmoderner Dramatik, die sich stark vom griechischen Ursprung des Wortes 'dráma' (= Handlung) entfernen und insofern nur mehr einen Grenzfall von →*Dramatik* darstellen.

Für gewöhnlich – also für Großteile der Dramengeschichte – gilt jedoch, daß die Handlung des Dramas tatsächlich als Handlung aufzufassen ist – oder zumindest Handlungselemente umfaßt. Dies betrifft natürlich insbesondere die Tradition, die auf der Einheit der Handlung (im Sinne der →*drei Einheiten*) besteht, aber auch die meisten anderen Dramen-→*Bauformen* und -Ausprägungen.

Dramatische Handlung besteht also im Kern darin, daß fiktive Dramenfiguren etwas tun, egal weshalb sie dies tun (etwa aus freiem

Willen, aus Überzeugung, aus Zwang, aus einem inneren Antrieb, als Reaktion usw.). Dieses Tun ist dabei häufig mit dem Tun anderer Figuren verbunden (etwa als Reaktion darauf), und es ist in einen allgemeinen Geschehens- und Bedingungszusammenhang eingebettet, der mehr als alles Handeln der beteiligten Figuren umfassen kann, etwa sachliche Gegebenheiten, Vorgaben der (physischen) Natur, göttliche Eingriffe, Zwänge des Schicksals, Wunder und dergleichen mehr.

Kennzeichnend für dramatisches Handeln ist dabei wiederum die für alle →*Dramatik* typische 'Verdopplung' des Dargestellten, das als →*fiktives* und dargestelltes Geschehen einerseits und als (von Schauspielern vor einer Kulisse) gespieltes Darstellen andererseits aufzufassen ist. Insofern ist die (fiktive) Handlung eines Dramas immer auch ein (vom Autor) 'konstruiertes', 'gebautes' Ganzes, das gegebenenfalls mit identifizierbaren Bauformen und -elementen arbeitet.

Kennzeichnend für dramatisches Handeln, insbesondere das Handeln in literarischen Dramen, ist natürlich auch, daß das Sprechen (oder Singen, Schreien usw.) der Figuren als Handlung anzusehen ist, also auch in seiner Performativität von Bedeutung ist: Eine Figur zum Beispiel weigert sich etwas zu tun, indem sie sagt, daß sie sich weigert – und sie entschließt sich zu einer Handlung, indem sie es sagt (und sei es – im →*Monolog* – nur zu sich selbst).

8.3.2 geschlossene Form

idealtypische dramatische Bauform (versus offene Form): dramatische Präsentation eines in sich geschlossenen, also ganzen Handlungszusammenhangs aus strikt aufeinander bezogenen Elementen als exemplarisches Geschehen

Die geschlossene Bauform des Dramas besteht im wesentlichen in der Realisierung der →*drei Einheiten* des Dramas, insbesondere der Einheit der Handlung – und dabei wiederum im Aspekt der Geschlossenheit der →*Handlung*: Die Handlung des Dramas der geschlossenen Form ist also ganz und geschlossen in dem Sinne, daß sie einen erkennbaren Anfang hat, mit dem sie einsetzt, und ein entsprechend gestaltetes Ende, dem nichts mehr folgt. Sie ist üblicherweise einsträngig, auf das Ende (als Ziel) hin ausgerichtet und als kausale, von den unterschiedlichen Interessen und Zielen der Akteure abhängige Abfolge von Handlungen und Geschehnissen aufgebaut, die sich möglichst an einem Ort und innerhalb eines begrenzten Zeitraums abspielen.

Diese Gesamthandlung weist zudem idealerweise einen symmetrischen Aufbau auf, der einen mit der →*Exposition* einsetzenden Handlungsbeginn und eine Intensivierung bzw. Steigerung der Handlung umfaßt, die sich zu einem Höhepunkt hin entwickelt, an dem die Handlung in einer →*Peripetie* umschlägt und sich – womöglich mit zusätzlichen Verwicklungen und Verzögerungen – ihrem Ende entgegenneigt, einer →*Katastrophe* in der →*Tragödie*, einem guten Ende in der →*Komödie*. Diese Geschlossenheit des Aufbaus unterstreicht somit die Rede von den →*'Bau'-Formen* und →*-Elementen*.

Insofern stellt die Handlung des Dramas der geschlossenen Form ein in sich abgeschlossenes Ganzes dar, das gleichwohl nur einen 'Ausschnitt' der Welt (insgesamt) umfaßt, der durch diese Darstellung jedoch repräsentativ (für die dargestellte Welt bzw. die Auffassung von ihr) wird. Insofern korrespondiert die geschlossene Dramenform einem geschlossenen Weltbild.

Als Idealtypus ist die geschlossene Form des Dramas sicherlich nur selten in allen ihren Aspekten vollgültig realisiert. Mit Sicherheit ist sie jedoch vor allem in der traditionellen, auf die Vorbilder der griechischen und römischen Antike und ihrer Poetik bezogenen Dramatik, die in der Neuzeit bis weit ins 18. Jahrhundert hinein dominierte, bevorzugt verwirklicht.

Dieser 'klassischen' oder 'klassizistischen' Dramen-Poetik in ihrer historischen Ausprägung entsprechen einige weitere, zweitrangige Merkmale, die man zuweilen mit dem Drama der geschlossenen Form verbindet. So führt die in der Frühen Neuzeit übliche Akteinteilung etwa dazu, den symmetrischen Handlungsaufbau auf ein drei- oder fünfaktiges Schema zu beziehen oder die damals und in der Antike übliche gehobene Verssprache als typisch auch für die geschlossene Form anzusehen.

Diese 'klassizistische', einem geschlossenen Weltbild korrespondierende Dramen-Poetik verliert spätestens mit dem Sturm und
Drang (in Deutschland) jedoch ihre universale Gültigkeit. Diesem
historischen Wandlungsprozeß entspricht somit auch die Durchsetzung eines neuen, von der geschlossenen Form mehr oder minder
bewußt abweichenden Formtyps, des Dramas der →*offenen Form*
nämlich, das in grundsätzlicher Opposition zum Drama der geschlossenen Form steht.

Beispiel

Mit Ausnahme der symmetrischen Aufteilung der fünf Akte, die vor
allem in der 'klassizistischen' Regelpoetik der französischen Klassik
ihre absolute Gültigkeit beanspruchte, erfüllt die Tragödie „König
Ödipus" (wohl 425 v. Chr.) von Sophokles geradezu vorbildlich die
Anforderungen an ein Drama (bzw. eine Tragödie) der geschlossenen
Form:
   Die Handlung ist einsträngig, zielorientiert, kausal und vor allem
in sich geschlossen. Sie findet zudem an einem einzigen Schauplatz
und innerhalb weniger Stunden statt: Ödipus will die vom Unglück
heimgesuchte Stadt Theben, die er regiert, retten, indem er den Mörder seines Vorgängers ausfindig macht: Die Handlung hat begonnen
– die Untersuchung des 'Falls' und die hoffentlich daraus resultierende Rettung der Stadt. Er zieht Erkundigungen ein, er stellt Fragen, in deren Verlauf das Unglaubliche zwar schon angesprochen
wird, aber noch nicht glaubhaft ist: Daß nämlich er selbst der gesuchte Mörder ist. Die Indizien kommen zwar langsam ans Licht,
überbracht von Boten, Zeugen und Orakelkundigen, sie weisen jedoch zunehmend darauf hin, daß Ödipus gerade nicht als Täter in
Frage kommt. Dies ändert sich schlagartig, als – schon nach der
Mitte des Stücks allerdings – klar wird, daß Ödipus nicht der ist, für
den er sich hielt. Auf diesem neuen Informationsstand zeigen die
Indizien plötzlich in eine ganz andere Richtung: auf Ödipus, den
Inquisitor, als gesuchten Täter. Seine Frau und Mutter Iokaste bringt
sich um, er selbst blendet sich und verläßt die Stadt.

Hier wird also nur ein Handlungsstrang verfolgt, der – wie im →*analytischen Drama* üblich – die Vorgeschichte aufrollt und am Ende zu Konsequenzen in der Handlungsgegenwart führt. Dieser eine Handlungsstrang wird zu Beginn der Dramenhandlung motiviert und ausgelöst: durch die Not der Stadt. Er erfährt einen entscheidenden Höhe- und Wendepunkt, als Ödipus, die übrigen Dramenfiguren und das Publikum endlich seine wahre Identität erkennen. Und er hat einen Abschluß, der keine Fragen mehr offen läßt, im Selbstmord Iokastes und der Selbstblendung Ödipus, der zudem den Ort seines Schicksal, das sich nunmehr erfüllt hat, verläßt. Zudem ist diese Entwicklung so zustandegekommen, daß die einzelnen Handlungs- oder besser: Kenntnisstufen kausal auseinander hervorgehen, indem Ödipus ausgehend von vorliegenden Informationen immer weitere Fragen stellt, neue Antworten erhält usw.

So bildet die Handlung dieser Tragödie ein in sich geschlossenes Ganzes, dem – nicht zuletzt durch das tragische und in göttlicher Vorsehung vorweggenommene Ende – ein geschlossenes, vom Walten göttlicher Kräfte durchzogenes Weltbild unterliegt.

Als reines Fragegeschehen ist es zudem leicht, die gesamte Handlung auf einen Ort und einen eng begrenzten Zeitraum zu konzentrieren. Die Boten, Zeugen und Berichterstatter müssen nur zur rechten Zeit zur Verfügung stehen.

Daß die Tragödie zudem – wie es die Konventionen der attischen Tragödie vorsahen – in reglementierten und ansprechenden Sprech- (und Sing-)Versen realisiert ist, ist selbstverständlich.

8.3.3 offene Form

idealtypische dramatische Bauform (versus geschlossene Form): dramatische Präsentation eines unabgeschlossenen Geschehens in nicht wesentlich miteinander verknüpften Einzelsequenzen, die keinen Gesamtzusammenhang bilden

Die offene Bauform des Dramas besteht im wesentlichen in der Aufkündigung der Gültigkeit bzw. der bewußten Durchbrechung der

Doktrin von den →*drei Einheiten*, insbesondere der Einheit der
Handlung – und dabei wiederum des zentralen Aspekts der Geschlos -
senheit der Handlung. Sie steht insofern der →*geschlossenen Form*
diametral gegenüber.

Die →*Handlung* (bzw. das Geschehen) des Dramas der offenen
Form ist also gerade nicht geschlossen, sondern offen in dem Sinne,
daß sie keinen eindeutig erkennbaren Anfangspunkt hat, vor allem
aber ein offenes Ende, das keinen echten Abschluß der Dramenhandlung bietet und zahlreiche Fragen offen läßt, auch die nach der
Bewertung dieses 'Endes'. Sie ist darüber hinaus nicht auf einen einzigen Haupthandlungsstrang verpflichtet, womöglich sind einzelne
Handlungsstränge gar nicht zu identifizieren. Die einzelnen Hand-
lungs- oder Geschehenssequenzen sind nicht kausal miteinander verknüpft, sondern als beliebig erscheinende und vertauschbare Reihe
'aufgebaut', die folglich weder Höhe-, Wende- oder Zielpunkte kennt.
Diese Offenheit entspricht also dem 'Bau'-Prinzip der Reihung mit
iterier- und vertauschbaren Einzelelementen. Dem korrespondiert eine Viel- oder Mehrzahl von Schauplätzen des Geschehens und die
Möglichkeit, diese über eine größere Zeitspanne hinweg zu verteilen.

Im Gegensatz zum Drama der geschlossenen Form, das auf ein
funktionales und kausales Netz zwischen den einzelnen Handlungs-
elementen und -trägern ausgerichtet ist, betont das Drama der offenen Form die jeweiligen Situationen und Bedingungen der einzelnen
Geschehenssequenzen und Figuren. Diese erscheinen somit eher als
passiv-reaktive Spielbälle der sie bedingenden Umstände denn als
autonom handelnde Figuren (wie die 'Helden' des Dramas der geschlossenen Form). Diese (etwa sozialen) Umstände sind somit das
eigentliche Darstellungsobjekt solcher Dramatik.

Insofern stellt die Handlung (bzw. das Geschehen) des Dramas
der offenen Form kein (repräsentatives) Ganzes dar, sondern eine beliebige (bzw. so erscheinende) Menge von 'Ausschnitten' eines noch
offenen 'Ganzen' der Welt. Insofern korrespondiert die offene Dramenform keinem geschlossenen Weltbild mehr.

Als Idealtypus ist die offene Form des Dramas sicherlich nur selten in allen ihren Aspekten vollgültig realisiert. Mit Sicherheit domi-

niert sie jedoch in der Dramatik seit und nach dem Sturm und Drang bzw. der europäischen Romantik, in der sich die Literatur bewußt von der klassizistischen (Dramen-)Poetik löste, deren Regeln man zum Teil absichtlich unterlief.

Weitere Merkmale des Dramas der offenen Form unterstützen sein Darstellungsziel, etwa der Verzicht auf das hergebrachte (Fünf-) Akt-Schema zugunsten einer Reihung einzelner Szenen, die der Reihung einzelner Geschehenssequenzen entspricht, oder die Einführung von Prosa – oder gar 'authentischer' mündlicher (etwa Dialekt-) Rede – für die Figurenrede.

Beispiel

J.M.R. Lenz' bezeichnenderweise nicht mehr als Komödie oder Tragödie klassifizierbares Stück „Die Soldaten" (1776) mag als Beispiel für das Drama der offenen Form dienen, unterläuft der Autor mit diesem Stück doch offensichtlich bewußt eine ganze Reihe von Anforderungen, die man zu seiner Zeit an das Drama (der geschlossenen Form) richtete:

Das Thema des Stücks ist ein zeitgenössischer Mißstand und seine negativen Auswirkungen: Soldaten und Offiziere waren im 18. Jahrhundert zur Ehelosigkeit verpflichtet. Ließen sich Frauen dennoch mit ihnen ein, drohte ihnen nicht nur die Zerstörung ihres Rufs, sondern auch ihrer Existenz. Genau dies geschieht der Bürgerstochter Marie, die vom Offizier Desportes verführt und danach natürlich prompt im Stich gelassen wird.

Diese Handlung wird aber nicht als repräsentativer Konflikt zwischen Marie (oder ihrem Vater) und dem Offizier präsentiert (und damit als geschlossene Handlung), sondern wird erweitert um zahlreiche, über einige Jahre verteilte Handlungssequenzen, die in keinem kausalen Zusammenhang mit der Zentralhandlung, wohl aber in einem thematischen Zusammenhang mit dem Thema stehen. Diese werden in vielen, oft extrem kurzen Szenen aneinandergereiht. Sie spielen an den unterschiedlichsten Orten und Schauplätzen. Somit steuert die Handlung nicht auf ein erkennbares Ende oder gar Ziel hin, bis zuletzt ist es vor allem der 'Zufall', der die Handlung führt. Somit erscheinen die beteiligten Figuren, insbesondere natürlich Marie, als Spielbälle der soziokulturellen Umstände. Das Ende des Handlungsstrangs um Marie (die nach ihrem 'Fall' zufällig ihrem Vater wieder begegnet), dem zudem eine weitere, damit nicht verbundene Szene folgt, ist offen in dem Sinne, daß verschiedene weitere Lebensverläufe denkbar sind.

8.3.4 analytisches Drama

dramatische Bauform: die dramatische Handlung besteht in der Aufklärung eines abgeschlossenen, aber noch wirksamen Geschehenszusammenhangs

Das analytische Drama bzw. die Präsentation und Organisation seiner Handlung stellt im Prinzip eine Abweichung von einer Normalform dar, die mitunter als →'Zieldrama' oder →'Entfaltungsdrama' bezeichnet wird. Damit sind Dramen gemeint, in denen das Geschehen 'entfaltet' wird in dem Sinne, daß es, beginnend im Anschluß an eine Vorgeschichte, auf ein Ende oder 'Ziel' zuläuft, wobei dieses Geschehen auch auf der Bühne zu sehen ist.

Im analytischen Drama hingegen stehen zwei Geschehens- oder Handlungszusammenhänge einander gegenüber und sind doch stark aufeinander bezogen. Der eine – wenn man so will: die Vorgeschichte – wird nicht unmittelbar als Bühnengeschehen präsentiert, sondern im Verlauf des zweiten Geschehens 'enthüllt', aufgedeckt oder ermittelt, und zwar meist gegenläufig zu seinem zeitlichen Verlauf. Es liegt – bezogen auf das Präsens der Bühnenhandlung – in der (fiktiven) Vergangenheit und kommt natürlich nicht zur unmittelbaren theatralen Darstellung.

Das auf der Bühne dargestellte Enthüllungsgeschehen verläuft dagegen in gewöhnlicher (und zumeist schneller) zeitlicher Abfolge und rekonstruiert das Vergangene.

Doch nicht nur die analysierende Aufdeckung der Vergangenheit verbindet die beiden gegenläufigen Handlungsebenen miteinander, sondern auch eine kausale Verknüpfung: Das Vergangene wirkt sich noch auf die Gegenwart aus, insofern es sie – vor allem als Vor-Geschichte einer oder mehrerer Figuren – bedingt. Und so führt die Aufdeckung der Vergangenheit zu einer Veränderung der Gegenwart, was natürlich in der eigentlichen Bühnenhandlung zur Darstellung kommen kann.

Beispiel

Die Tragödie „König Ödipus" (wohl 425 v. Chr.) von Sophokles ist nicht nur das bekannteste, sondern auch das älteste (erhaltene) analytische Drama der Weltliteratur, das folglich als Prototyp dieser eigenwilligen Bauform anzusehen ist.

Das Enthüllungsgeschehen dieses Dramas, also die (fiktive) Gegenwart erfüllt paradigmatisch die Anforderungen der →*drei Einheiten* und der →*geschlossenen Form*. Dies ist sicherlich kein Zufall (und auch bezeichnend für andere analytische Dramen), aber begrifflich doch davon zu unterscheiden.

Ödipus will die vom Unglück heimgesuchte Stadt Theben, die er regiert, retten, indem er den Mörder seines Vorgängers ausfindig macht: Die Handlung hat begonnen – die Untersuchung des 'Falls' und die hoffentlich daraus resultierende Rettung der Stadt. Im Verlauf der Ermittlungen erweist es sich, daß er selbst, der Ermittler, der gesuchte Mörder (und der Gatte seiner Mutter) ist. Er zieht die Konsequenz, blendet sich und geht ins Exil.

Das Ermittlungsgeschehen mit seinem schockierenden und überraschenden und Ergebnis wird also in der Gegenwart ausgelöst. Es vollzieht sich als kumulierende Einholung von Informationen, die somit ein immer deutlicheres Bild von der Vergangenheit entwerfen. Sobald dieses Bild vollständig, das Ermittlungsgeschehen also abgeschlossen ist, wirkt sich diese Vergangenheit bzw. genauer: die neue Kenntnis von ihr existentiell – und in diesem Fall: tragisch bedrohlich – auf die Hauptfigur Ödipus aus.

8.3.5 Stationendrama

dramatische Bauform: szenische Reihung von einzelnen Handlungssequenzen ('Stationen'), die in erster Linie durch die Identität der darin auftretenden (Haupt-)Figur verbunden sind

Diese vor allem in der klassischen Moderne beliebte, aber auch in
ganz anderen kultur-, literatur- und dramengeschichtlichen Kontex-
ten brauchbare Bauform – etwa in den geistlichen (Passions-)Spielen
des Mittelalters oder in frühneuzeitlichen Märtyrerdramen – steht in
engem Zusammenhang mit der →*offenen Form* des Dramas.

Im Stationendrama ist die Vereinzelung und Reihung der
→*Handlungs-* oder Geschehenssequenzen ('Stationen') der offenen
Dramenform, verteilt auf einzelne Szenen (oder 'Bilder'), die zeitlich
und räumlich stark divergieren können, das zentrale Prinzip. Dadurch wird insbesondere die Finalität des Handlungsverlaufs unter-
bunden, so daß jede einzelne gleichrangige 'Station' des dramatischen Geschehens von gleichem Interesse ist.

Häufig sind die einzelnen Sequenzen aber durch eine (mehr oder
minder ausschließliche) Konzentration auf eine zentrale Figur, die in
allen Szenen 'vorkommt', miteinander verknüpft.

Diese Organisation der dramatischen Darstellung eignet sich
demnach besonders, den Entwicklungs-, Lebens- und/oder Reiseweg
einer Figur (über einen längeren Zeitraum) hinweg in einzelnen
markanten oder signifikanten 'Stationen' zur Darstellung zu bringen.

Beispiel

Die aus drei Teilen bestehende Dramenserie „Nach Damaskus"
(1898-1904) von August Strindberg nimmt in Inhalt und Form bewußt die Tradition des mittelalterlichen Passionsspiels auf und wurde
selbst zum Vorbild für zahlreiche Stationendramen des deutschen Expressionismus. Nicht zuletzt deshalb soll es hier als Beispiel für die
Bauform des Stationendramas genannt werden.

Zwar gibt es in allen drei Dramen der Trilogie noch eine Akteinteilung, tatsächlich dominiert aber die Organisation in Szenen bzw.

'Bildern'. Diese repräsentieren den Lebens- und Leidensweg der zentralen Figur, dem 'Unbekannten' (einem Dichter und alter ego des Autors), in 'Ausschnitten'. Dieser Weg führt zwar über die unterschiedlichsten 'Stationen' zu einem (durchaus offenen) Ende (in der Selbsttranszendierung), aber nicht über eine (kausale oder finale) Ereigniskette. Statt dessen stehen die einzelnen 'Stationen' des 'Unbekannten' bzw. seine jeweiligen Auseinandersetzungen mit der Gesellschaft, der 'Dame', dem Schicksal und verschiedenen Versuchern im Zentrum des Interesses und vermitteln eine entsprechend desillusionierte Weltsicht.

8.4 Klassifikationen von Dramatik

Die verschiedenen Möglichkeiten, dramatische Texte, →*Dramen* oder ihre Aufführungen im →*Theater* zu klassifizieren, sind – schon wegen der Plurimedialität des Theaters – nicht systematisch aufeinander bezogen, sondern gehen meist von historischen Entwicklungen in der Geschichte der Literatur, der Dramatik oder eben des Theaters aus.

Die hier versammelten Klassifikationsbegriffe konzentrieren sich auf die literarischen Aspekte der Dramatik und beziehen sich zumeist auf mehr oder minder stark historisch begrenzte Ausprägungen literarischer Dramatik, so daß theaterhistorische oder andere Ausdrucksmedien (Musik-Theater, Tanz-Theater etwa) unberücksichtigt bleiben. Die hier vorgestellte Auswahl umfaßt

→*absurdes Theater*	→*Komödie*
→*Bürgerliches Trauerspiel*	(und →*alte attische Komödie*)
→*commedia dell'arte*	→*Märtyrerdrama*
→*Dokumentartheater*	→*Tragikomödie*
→*episches Theater*	→*Tragödie*
(und →V-Effekt)	→*Typenkomödie*
→*Geschichtsdrama*	(→Charakterkomödie,
→*heroische Tragödie*	→Situationskomödie)

8.4.1 absurdes Theater

Ausprägung moderner Dramatik: ausgerichtet auf die Darstellung der Absurdität der menschlichen Existenz durch groteske Dramenhandlungen, unkommunikative Figurensprache und a-mimetische Darstellungsstrategien

Für gewöhnlich faßt man mit dem Ausdruck 'absurdes Theater' (oder: 'Theater des Absurden') Dramen der 50er Jahre des 20. Jahrhunderts vor allem aus dem französischen Sprachraum, die – im Anschluß an Avantgarde-Bewegungen der klassischen Moderne – radikal mit tradierten →*Bauformen* und Darstellungsstrategien herkömmlicher →*Dramatik* brechen.

Kennzeichnend für das Theater des Absurden ist vor allem folgendes:

Es gibt keine kausale, psychologisch erklärbare oder auf einen Sinn zurückführbare dramatische Handlung – und dementsprechend keine Figuren, die üblichem menschlichen Verhalten entsprechen. Statt dessen wird ein →*groteskes* Geschehen präsentiert, bei dem die Figurenidentität mitunter ebenso aufgelöst ist wie eine Chronologie des Geschehens.

Dem entspricht auch die Sprache der 'Figuren', die ihren kommunikativen Charakter zumeist völlig verloren hat: Man redet aneinander vorbei. Diese Sprache ist gleichwohl – unter poetischen Gesichtspunkten – sorgfältig gestaltet. Das gilt insbesondere für den →*Neben*text (und dessen Umsetzung auf der Theaterbühne).

Insofern zielt das absurde Theater *nicht* auf eine →*mimetische* Abbildung der Welt ab, zu abstrakt ist das Dargestellte. Es scheint aber sehr wohl – als →*parabolisches* Geschehen etwa – die conditio humana zu meinen, die somit als absurd und sinnentleert gedeutet wird.

Beispiel

Samuel Becketts Schauspiel „En attendant Godot" („Warten auf Godot") von 1953 ist wohl das bekannteste absurde Theaterstück. Es besteht aus zwei Geschehenssequenzen (und Akten), die aber nicht als kausale Entwicklung auseinander zu verstehen sind, auch nicht unbedingt im Sinne einer linearen Chronologie aufeinander zu folgen scheinen, in denen aber einzelne Handlungs- oder Sprachsequenzen variierend wiederholt werden – so daß dies im Prinzip ewig fortgesetzt werden könnte. Die Sprache der Figuren führt dabei erkennbar ein poetisches Eigenleben und ist kaum auf die Situation des jeweiligen Sprechers oder seinen Charakter zurückzuführen.

Die wenigen dramatischen Figuren sind dementsprechend unausgeprägt, ja fast identitätslos. Die Hauptfiguren Estragon und Wladimir, die „auf Godot warten", haben auch andere Namen, wechseln schon mal die Ansichten und Sätze untereinander, und sind ansonsten nur schwach charakterisiert. Diesem weitgehend gleichberechtigten Paar steht ein (in beiden Akten deutlich unterschiedenes) Herr-Diener-Paar Pozzo und Lucky gegenüber. Man begegnet sich auf der Landstraße, einem Ort ohne jegliche zeitliche oder räumliche Orientierungsmöglichkeit. Und auch eines greifbaren Ziels sind die Figuren beraubt, wenngleich sie die Form noch wahren: Sie warten auf Godot, wissen aber weder, weshalb noch zu welchem Zweck noch wer dieser Godot eigentlich ist usw.

Das Dramengeschehen – und mit ihm die Situation des Menschen überhaupt – erscheint somit als weitgehend zielloser Zeitvertreib oder sinnloses Spiel, das lächerliche und komische Momente ebenso umfaßt wie Ernst und (scheinbaren?) Tiefsinn.

8.4.2 Bürgerliches Trauerspiel

dramatische Gattung: Tragödie mit einem Personal, einer Konfliktstruktur und einer Handlung, die geprägt sind von der Privatheit und der Moral der bürgerlichen Welt des 18. Jahrhunderts

Das Bürgerliche Trauerspiel, das im England und Deutschland der zweiten Hälfte des 18. Jahrhunderts entwickelt worden ist, beerbt die bis dato die Tragödie dominierende, auf ein adliges Personal und entsprechende öffentlich-politische Handlungen festgelegte →*heroische Tragödie*, indem es erstmals auch (aber nicht nur) bürgerliche Personen zuläßt, vor allem aber, indem es private, von bürgerlicher Moral und individuellen Anschauungen, Vorlieben, Zielen usw. geprägte Charaktere, Konflikte und Handlungen →*tragik*-fähig macht. Dies entspricht der Emanzipation des Bürgertums im 18. Jahrhundert.

Diese schließt jedoch, gerade in Deutschland, politische Verantwortung und Macht aus, so daß der Standeskonflikt zwischen Adel und Bürgertum zum zentralen Thema des Bürgerlichen Trauerspiels wird, so daß die Macht des Adels der privaten Moralität des Bürgertums gegenübersteht.

Das Bürgerliche Trauerspiel thematisiert also – anders als die vorausgegangenen →*Tragödien* der Neuzeit – auch gesellschaftliche Problemkonstellationen und Lebensbedingungen.

Im Zentrum der Handlung, die im allgemeinen der →*geschlossenen Form* entspricht, stehen Individuen mit psychologisch ausgestalteten Charakteren, subjektiven Zielvorstellungen, Emotionen (insbesondere empfindsame Liebe und Freundschaft) und zum Teil rigiden moralischen Ansprüchen. Diese werden auch durch ihre individuelle Figurenrede, die sich zudem (innovativ) der Prosa bedienen kann, charakterisiert. Sie sind verstrickt in ein →*Handlungsgefüge*, das ausschließlich auf den Beziehungen zwischen den Figuren beruht. Im Verlauf dieser →*geschlossenen Handlung* kommt es zu Konflikten zwischen einzelnen Figuren, die auf ihre unterschiedlichen Ziele, Gefühle und Moralvorstellungen zurückzuführen sind, an deren Ende der tragische Untergang oder Tod der (die Sympathie des Publikums tragenden) Hauptfigur steht. Diese erregt somit nicht nur das Mitleid des Publikums, sondern verweist durch ihr Scheitern auch auf die für dieses Scheitern verantwortlichen Bedingungen.

Beispiel

In G.E. Lessings Bürgerlichem Trauerspiel in Prosa „Emilia Galotti", das – wohl auch als Reflex auf die römische Virginia-Legende – in Italien spielt, ist der Konflikt zwischen moralisch integrem, tugendhaftem Bürgertum hier und verderbtem Adel dort besonders stark ausgeprägt.

Die Handlung, die sich an einem Tag, aber an mehreren Schauplätzen abspielt, führt genau aus diesem Konflikt heraus zu ihrem tragischen Ende, das in der Tötung der Titelheldin durch ihren eigenen Vater Odoardo besteht. Dieser abstrakte Gegensatz wird jedoch in einen konkreten Konflikt um widerstrebende Gefühle und Ansprüche überführt, in dem vor allem die engen emotionalen Bande der bürgerlichen Familie zum Ausdruck kommen.

Emilia ist ebenso tugendsam wie verliebt in den Grafen Appiani. Am Tag der Hochzeit wird sie aber entführt von dem launenhaften Prinzen des Fürstentums, der sich ebenfalls in die schöne Emilia verliebt hat (und deshalb seine Geliebte Orsina verläßt). Er läßt sie entführen (wobei Appiani umkommt) und nähert sich ihr. Sie befürchtet offensichtlich, dem Charme des Bösewichts zu erliegen, und bittet den Vater, der hinzugekommen ist, ihr ein Messer zu überlassen, um sich umzubringen und so der Schande einer Affäre zu entgehen. Odoardo jedoch, der seine Tochter über alles liebt, ersticht sie selbst, um ihre Tugend und Ehre zu retten.

Durch dieses Ende kommen nicht nur die moralischen Mängel zur Sprache, die man dem selbstherrlichen Adel gerne unterstellte, sondern auch die Probleme der bürgerlichen Ideologie der Zeit in ihrer Verbindung hoher moralischer und emotionaler Ansprüche.

8.4.3 commedia dell'arte

(ital.: *commedia* = Lustspiel, Komödie; *arte* = Kunst, Gewerbe)

dramatische Gattung: italienisch(-französische) Stegreifkomödie des 16. und 17. Jahrhunderts mit standardisierten Typen, Szenarien und Handlungsmustern, die improvisatorisch ausgestaltet und angereichert werden, dargeboten von professionellen Ensembles

Die commedia dell'arte, die im 16. Jahrhundert in Italien aufkam, ist als dramatische →*Gattung* eng verbunden mit einer bestimmten Aufführungspraxis: Umherziehende professionelle (und eben 'kunst'-voll) agierende Schauspieler-Ensembles (mit etwa einem Dutzend Mitgliedern) präsentieren vor unterschiedlichem Publikum eine Komödienhandlung, die nur im Kern durch verschiedene Handlungsmuster, Szenenfolgen und Typen-Figuren festgelegt ist. Dieses Gerüst wird dann – in mehr oder minder freier Improvisation und nach eingeübten oder bekannten Mustern – ausgestaltet (insbesondere durch die eigentliche, meist gebärdenstarke Figurenrede) und mit zusätzlichen Details angereichert (etwa mit Gesangs- oder Tanzeinlagen, Scherzen, akrobatischen Nummern usw.).

Die commedia dell'arte ist als →*Drama* eine Art der →*Typenkomödie* (und geht auf die Typenkomödie der Antike zurück). Sie kennt eine Reihe von feststehenden, im allgemeinen durch Alter, Stand, Charakter und Herkunft geprägte Typen, so etwa den venezianischen Kaufmann und Schürzenjäger Pantalone, den gerissenen Diener Arlecchino aus Bergamo, den prahlerischen Militär Capitano u.e.m. Sie sind durch Kostüme und Masken bekannt und erkennbar. Diese Typen sind – durch ihre Eigenheiten, aber auch durch Intrigen und Zufälle – in einen einfachen Handlungszusammenhang eingebunden, in dessen Zentrum im allgemeinen ein Liebespaar steht und das komödientypisch einen glücklichen Ausgang nimmt.

Die commedia dell'arte ist als Improvisationstheater mit verschiedenen anderen Formen des →*komischen*, scherzenden oder →*satiri-*

schen Stegreifspiels in Antike, Mittelalter und Neuzeit verwandt. Vor allem aber ist sie – nicht nur im 17. und 18. Jahrhundert – einflußreich für die europäische →*Komödie* überhaupt und ihre Entwicklung geworden.

8.4.4 Dokumentartheater

Ausprägung moderner Dramatik: dramatische Aufarbeitung von Zeitgeschichte unter Verwendung authentischer Fakten, Gestalten und vor allem Texten ('Dokumenten') mit politisch-aufklärerischer Absicht

Das Dokumentartheater steht durch seine maßgeblichen Verfahrensweisen und mit seiner grundsätzlichen Zielsetzung in engem Zusammenhang mit dokumentarischen Verfahren in anderen →*Textsorten*, →*Gattungen* und Medien, etwa dem Dokumentarfilm oder dokumentarischen Textmontagen, wie sie mit der sogenannten 'Neuen Sachlichkeit' in den 20er Jahren des 20. Jahrhunderts aufkamen. Sie alle sind nicht (wesentlich) →*fiktional*.

Das eigentliche Dokumentartheater etablierte sich in der deutschen Literatur vor allem in den 60er Jahren – und diente vornehmlich der Aufarbeitung der Zeitgeschichte: des Dritten Reiches, des Zweiten Weltkriegs und der unmittelbaren Nachkriegszeit. Diese Zeitgeschichte und ihre Wirkungen auf die (politische) Gegenwart und Zukunft sollte bekannt gemacht, kritisch analysiert und beleuchtet werden. Es erhob somit – wie andere ähnliche Formen dokumentarischen Theaters – Anspruch auf Authentizität und geht in dieser Hinsicht deutlich über die meisten →*Geschichtsdramen* hinaus.

Dieser Anspruch auf Authentizität wird eingelöst durch die starke Orientierung an bekannten, oft erst zu ermittelnden oder zumindest zu sammelnden Fakten und originalen Textmaterialien oder Dokumenten. Die Dramenhandlung selbst beruht auf den bekannten Fakten (und den entsprechenden Personen), die (dem Anspruch nach) zwar ergänzt, nicht aber verfälscht werden. Die Figurenrede (und andere für die Dramenhandlung verwendete Texte) besteht demzu-

folge zum Teil aus authentischen Texten, die – mit dem Verfahren
der →*Montage*, allerdings meist ohne deren erkennbare Brüche – ein-
gebaut werden.

Als ideales Handlungsmodell hat sich dabei – wohl wegen ihrer
aufführungspraktischen Anspruchslosigkeit und der ihr innewohnenden 'Dramaturgie' – die Gerichtsverhandlung erwiesen, in der Fakten, ihre unterschiedlichen Bewertungen und Konsequenzen im Rahmen eines oder im Anschluß an einen Ermittlungsprozeß präsentiert
und diskutiert werden können.

Beispiel

Das 1965 an mehreren Orten in Ost und West gleichzeitig uraufge-
führte Dokumentarstück „Die Ermittlung" von Peter Weiß etwa präsentiert den gerade erst abgeschlossenen sogenannten 'Auschwitz-
Prozeß' als „Oratorium in elf Gesängen" (so der Untertitel). Es beruht auf authentischen Dokumenten und Gedächtnisprotokollen vom
Prozeß selbst, läßt zum Teil die 'originalen' Personen auftreten,
konzentriert die Gerichtshandlung (und das Personal) aber zu einer
dramatischen Handlung (insbesondere durch die 'Oratorien'-→*Chöre*
aus Zeugen, also Auschwitz-Opfern), mit der gleichwohl der Anspruch erhoben wird, den Prozeß im wesentlichen wiederzugeben. So
trägt es – ähnlich wie und wohl stärker als der Prozeß selbst – zur
kritischen Aufarbeitung des wohl verwerflichsten Kapitels der deutschen Geschichte bei.

8.4.5 episches Theater

Ausprägung moderner Dramatik: auf objektivierende und kritische Distanz des Publikums zum Dramengeschehen und insofern
dessen Belehrung abzielende theatrale Präsentation und Organisation des Dramengeschehens

Der Ausdruck 'episches Theater' wird üblicherweise nicht im Sinne
einer allgemeinen Verbindung der →*Naturformen* Epik und Drama-

tik verwendet, sondern für eine bestimmte, vor allem mit dem Namen Bertolt Brecht verbundene Dramen-Poetik und ihre Umsetzung.

Diese ist begründet im Marxismus und zielt mit ihm auf kritische Aufklärung und Belehrung des Publikums über die (gesellschaftlichen) Verhältnisse ab, was letztlich zur Veränderung dieser Verhältnisse (im Sinne des Sozialismus) führen soll. Deshalb wendet sich das epische Theater in erster Linie gegen einen zentralen Aspekt der Dramentradition, die (→*tragische*) Wirkungsästhetik, die das Drama darauf hinwirken läßt, beim Publikum – dessen einfühlende Identifikation mit dem Geschehen (bzw. den Akteuren) vorausgesetzt – Emotionen (Sympathie, Angst, Mitleid usw.) auszulösen. Denn nur so kann dem Publikum ein kritischer und auch die objektiven (gesellschaftlichen) Bedingungen des Dramengeschehens einschließender Blick auf dieses Geschehen ermöglicht werden. Dieses ist wiederum als exemplarische (bzw. →*parabolische*) Darstellung realer Verhältnisse angelegt, die freilich – so die Ausgangsposition – als veränderbar zu gelten haben bzw. verändert werden sollen.

Das epische Theater ist demzufolge darauf aus, diese einfühlende Identifikation zu unterlaufen und durch eine objektive und kritische Distanz des Publikums zum Dramengeschehen zu ersetzen. Dabei setzt es vor allem auf Momente der objektivierenden Vermittlung (was den Namen →'*episch*' erklärt), die somit der unmittelbaren Gegenwärtigkeit des →*Theaters* entgegenstehen, aber gleichwohl auf dieser basieren.

Denn realisiert wird diese Vermittlung durch unmittelbar gegenwärtige Momente der Bühnenpräsentation des Geschehens, die allesamt darauf abzielen, die Fiktionalität des Geschehens zu betonen, seinen inneren Zusammenhang und seine 'Natürlichkeit' oder 'Zwangsläufigkeit' zu durchbrechen und ihm so seine illusionäre Wirkung zu nehmen. Sie zielen also auf eine →'*Verfremdung*' des Dramengeschehens ab – und heißen dementsprechend →Verfremdungs- oder kurz: V-Effekte.

So wird etwa das auf der Bühne zu Sehende unterbrochen durch und erweitert um erkennbar fremde Elemente im Bühnenbild, durch Filmsequenzen, durch Anzeigetafeln, durch den Auftritt von Ansa-

gern, Erzählern oder Moderatoren, durch das (von Instrumenten begleitete) Singen von Liedern (bzw. 'Songs'), durch sprachliche Ver-
fremdungen (etwa Anachronismen) usw. Dies ist zum Teil explizit,
zum Teil prinzipiell in den Text- oder Arbeitsfassungen der Stücke
vorgesehen. Ersteres gilt natürlich besonders für alle Textelemente.
Hinzu kommt eine spezifische Anforderung an die Schauspieler, die
erkennbar nicht mit ihrer Rolle übereinstimmen und so den Kontrast
zwischen Schauspieler und Rolle deutlich machen sollen. Dementsprechend können sie – ebenfalls ein V-Effekt – prinzipiell aus ihrer
jeweiligen Rolle heraustreten.

Beispiel

Im finnischen Exil schrieb Brecht 1941 das „Parabelstück" vom „auf-
haltsamen Aufstieg des Arturo Ui", vordergründig eine Gangsterge-
schichte, leicht aber erkennbar als eine →*Parabel* auf den Nationalso-
zialismus und dessen 'Obergangster' Adolf Hitler.

Die parabolische Handlung des Stücks wird – im Prolog – von einem „Ansager", der sich direkt ans Publikum wendet („Ruhe dort
hinten, Leute!"), im Stil eines Jahrmarktschreiers angekündigt, also
'episiert'. Der Vorhang, vor dem dieser Ansager steht, ist – so der
Nebentext – voll von fingierten Zeitungsmeldungen über das fiktive
Geschehen um den „Gangster aller Gangster" Arturo Ui. Die Figuren
werden im Laufe des Prologs vorgestellt, indem sie bzw. ihre Schauspieler aufgerufen werden und hervortreten. Das Ganze ist untermalt
von „Bumsmusik" und endet mit einem expliziten Hinweis auf die
Wirklichkeitstreue des zu Zeigenden und auf seine eigentliche Bedeutung:

> Was wir hier zeigen, weiß der ganze Kontinent:
> Es ist das Gangsterstück, das jeder kennt!

Und – der Titel zeigt es schon an – dieses Gangsterstück bzw. solche
Usurpation von Macht durch gezielten und mafiös organisierten Einsatz von Geld und Gewalt ist nicht, wie man meinen könnte, eine Na-
turnotwendigkeit, sondern prinzipiell „aufhaltsam". Diese Botschaft

will das Parabelstück – bezogen auf die Zeitläufte – vermitteln. Dafür benötigt es aber einen Zuschauer, der sich nicht in Abscheu vor dem Titelhelden oder Mitleid mit den unter ihm Leidenden ergeht, sondern ein Publikum, das die Mechanismen und Bedingungen eines solchen „Aufstiegs" durchschaut (um derlei in Zukunft unmöglich zu machen).

8.4.6 Geschichtsdrama / historisches Drama

Klasse der Dramatik: dramatische Präsentation eines historischen Geschehens (derart, daß diese Bezugnahme auf die Realgeschichte von Bedeutung ist)

Vielen Bestimmungen der beiden weitgehend übereinstimmenden und insofern austauschbaren Ausdrücke 'Geschichtsdrama' und 'historisches Drama' zufolge wird ein →*Drama* nicht unbedingt alleine dadurch zum Geschichtsdrama, daß es einen historischen Stoff als (mehr oder minder →*fiktives*, immer aber exemplarisches) Dramengeschehen präsentiert. Dies ist aber natürlich eine notwendige – und mitunter auch als hinreichend erachtete – Bedingung.

Als historisches Drama im engeren Sinne gilt es erst dann, wenn diese Bezugnahme auf einen historischen Stoff für die Bedeutung (und Deutung) des Dramas von Belang ist, wenn also insbesondere das Verhältnis von historischen Fakten (oder dem, was man zeitgenössisch darüber weiß oder glaubt) und dramatischer Gestaltung signifikant ist.

So kann nämlich eine bestimmte Geschichtsauffassung in dem Drama zum Ausdruck kommen und dem zeitgenössischen Publikum vermittelt werden, die mit den übrigen Gehalten des Dramas in Verbindung zu sehen ist: durch positive Darstellung der Vergangenheit etwa eine Verklärung dieser als heroische Vorgeschichte; durch markierte Ähnlichkeiten der dargestellten Geschichte mit der Gegenwart die Hypothese einer Wiederholung oder Kontinuität der Verhältnisse; durch Betonung nationaler oder ethnischer Momente an der Geschichte ein nationales Geschichtsbild; oder eben verschiedene andere Geschichtsauffassungen wie Schicksalsglaube, Fortschrittsglaube usw. Insofern können historische Dramen immer auch die Geschichtsauffassungen ihrer Zeit widerspiegeln.

Natürlich gibt es aber zahlreiche andere Gründe dafür, einen historischen Stoff für ein Drama zu wählen: seine Bekanntheit, seine Vorgeformtheit und seine Exotik können darunter sein.

Beispiel

Friedrich Schiller hat mit dem „Wilhelm Tell" von 1804 nicht nur ein Geschichtsdrama geschrieben, in dem das freiheitliche Selbstverständnis der Schweizer gebündelt, neu codiert (und belebt) worden ist. Sein historisches Drama, das eigenen Aussagen zufolge eher „po - etische Wahrheit" als „historische Richtigkeit" anstrebt, steht auch – nicht zuletzt in seiner Abweichung von der tatsächlichen Gründungsgeschichte der Eidgenossenschaft bzw. zum Wissen um diese von 1800 – in einem engen Beziehungsverhältnis zur Gegenwart Schillers und ihren vielfältigen politischen und moralphilosophischen Problemen.

Denn es präsentiert im Unterschied zur französischen Revolution und der sich anschließenden Herrschaft Napoleons einen nicht nur der Ausgangsmotivation nach, sondern auch den verwendeten Mitteln und den Resultaten nach gerechtfertigten Freiheitskampf einer unterdrückten Bevölkerung. Insofern stellt das dramatische Geschehen um Wilhelm Tell mehr noch als das reale exemplarisch eine gerechtfertigte Revolution und einen gelungenen Freiheitskampf dar.

8.4.7 heroische Tragödie

dramatische Gattung: Tragödie mit einem Personal und einer Handlung, die geprägt sind von öffentlichen Machtträgern und ihren Leidenschaften und die auf Indifferenz gegenüber irdischem Leid oder die Vermittlung christlicher Moralvorstellungen abzielen

Die heroische Tragödie des 17. Jahrhunderts stellt – insbesondere neben dem →*Märtyrerdrama* – eine der zentralen →*Gattungen* des barocken Trauerspiels dar. Sie ist eng verwandt mit und bezogen auf ältere und gleichzeitige Tragödienformen, etwa die →*Tragödie* der französischen Klassik oder die Tragödien Senecas.

Sie ist stark von der →*imitatio veterum*, also eine Anlehnung an antike Mustertexte und deren Tradition, geprägt. Dies betrifft insbesondere die Orientierung an den →*drei dramatischen Einheiten* von Ort, Zeit und Handlung bzw. den Vorgaben der →*geschlossenen Form*, die – durch Zwischenspiele und →*allegorische* Szenen aufgelockerte – Fünfaktigkeit, eine am →*genus grande* ausgerichtete Sprache (in heroischen →*Alexandrinern*) und die Konzentration auf Personen von hohem Stand und entsprechender Machtfülle. Insofern ist sie beeinflußt von den politischen und staatsrechtlichen Auffassungen des beginnenden Absolutismus.

Die dramatische →*Handlung* ist – im Unterschied zu der des barocken Märtyrerdramas – geprägt von den Gefühlen und Leidenschaften der Figuren, die ihnen mit rhetorischem Pathos Ausdruck verleihen, durch sie in Mord und Totschlag verwickelt werden und so das Publikum an diesen Leidenschaften teilhaben lassen. Durch diese und konfligierende Ziele und Ansprüche kommt es dann auch zuverlässig zur (→*tragischen*) →*Katastrophe*, zum Untergang (meist Tod) des Helden bzw. der Heldin.

Somit zielt die heroische Tragödie – ganz ihrem Zeitalter, dem Barock mit seiner christlichen Heilserwartung und Tugendlehre entsprechend – vornehmlich darauf ab, die übermäßigen Leidenschaften der Herrscherfiguren darzustellen, um so dem Publikum Indifferenz bezüglich diesseitigem Leid (dem die Erlösung im Jenseits gegenübersteht) und/oder christliche Moralvorstellungen und Tugenden (Gottesfurcht und -liebe, Mäßigung usw.) zu vermitteln.

Die heroische Tragödie steht ganz in der Tradition literarisch-rhetorischer Kunstfertigkeit – und ist dementsprechend ein beliebtes Schuldrama des 17. Jahrhunderts, das eher in repräsentativen Schulaufführungen als an den Fürstenhöfen gegeben wurde.

Beispiel

Die heroische Tragödie „Sophonisbe" von Daniel Caspar von Lohenstein, der der sogenannten Schlesischen Dichterschule angehörte, die sich vor allem durch die Produktion barocker Trauerspiele auszeichnete, wurde 1669 am Breslauer Magdalenäum uraufgeführt. Ebenso bezeichnend ist, daß es Corneilles gleichnamige Tragödie zum Vorbild nimmt und sich einem antiken Stoff widmet:

Sophonisbe ist die Königin eines nordafrikanischen Reiches, das von Feinden bedroht wird. Um ihr Reich zu retten, ist Sophonisbe bereit alles zu tun: ihre Kinder zu opfern und den Anführer der Feinde, Massinissa, der sie leidenschaftlich liebt, zu heiraten. Dieser jedoch wird von den verbündeten Römern unter Druck gesetzt, die bekannte Römerhasserin nicht durch Heirat zu retten. Der Heldin bleibt nur der Selbstmord, und auch Massinissa kann nur schwer davon abgehalten werden.

Diese Dramenhandlung ist angereichert um Szenen mit allegorischen Figuren, die einen Bezug zum aktuellen Kaiser (dem Herrscher des 'Heiligen Römischen Reiches' also) herstellen und insofern die zeitgenössischen Machtverhältnisse untermauern.

Das Scheitern der Heldin an ihrer Gier verweist den zeitgenössischen Zuschauer schon auf die Verderblichkeit übermäßiger Leidenschaften. Zudem steht den von Machterhalt und Liebe getriebenen afrikanischen Figuren mit dem römischen Befehlshaber Scipio eine leidenschaftslose Figur gegenüber, die positiv für das (normative) Herrscherideal des Römischen Reiches einsteht.

8.4.8 Komödie

(griech.: *kómos* = trunkener Festumzug; *o(i)dé* = Gesang)

Klasse (Familie von Klassen) der Dramatik: der Handlung angemessene dramatische Präsentation einer komischen Handlung, die das Publikum zum Lachen bringt

Die Komödie, die heute noch lebendig ist und wie die →*Tragödie* auf eine kontinuierliche Tradition zurückblicken kann, die bis zu den Ursprüngen europäischer →*Dramatik* in der griechischen Antike reicht, ist – innerhalb dieser Tradition – von vielfältigen Wandlungen und Veränderungen geprägt. Sie hat somit im Verlauf ihrer Geschichte verschiedene Formen und →*Gattungen* ausgebildet wie etwa die →*Typenkomödie*, die →Situationskomödie, die →Charakterkomödie, die →*commedia dell'arte* oder die alte attische Komödie.

All die unterschiedlichen Ausprägungen der Komödie zielen jedoch darauf ab, mit ihren dramatischen Handlungen und deren entsprechender Präsentation beim Publikum eine →*komische* Wirkung zu erzielen. Dabei können natürlich weitere Wirkungsabsichten wie etwa reine Unterhaltung, kritische Unterrichtung, Verspottung von Zuständen und Personen und verschiedenes mehr hinzukommen.

Die →*Handlung* der Komödien neigt dementsprechend dazu, eher unbedeutend und privat als von inhaltlicher oder politischer Bedeutsamkeit zu sein. Ihre Figuren sind eher überzeichnete Typen als individuelle, problematische Charaktere, eher lächerliche Gestalten als bewunderungswürdige Heroen, eher arme Diener als reiche Herren. Ihre Sprache ist entsprechend: eher derb, witzig und einfach als hochgestochen, ernst und komplex. Von all diesen Tendenzen sind aber in einzelnen Komödien, Komödientypen und -gattungen Ausnahmen möglich.

So besteht etwa die →alte attische Komödie des 5. Jahrhunderts v. Chr. nicht nur aus einer →*fiktiven* Handlung, sondern auch in einer direkten Publikumsansprache (der →*Parabase*). Und ihre Handlung ist zwar komisch und satirisch überspitzt, aber sehr wohl auf politische und öffentliche Vorgänge bezogen. Die neue griechische Komödie, die ihr folgt, ist hingegen eher als Vorläufer der Typenkomödie anzusehen.

Was die Komödien jedoch – neben ihrer Wirkungsabsicht, vor allem aber um dieser Willen – noch auszeichnet, ist der gute, erfreuliche Ausgang ihrer dramatischen Handlung, auch wenn gerade moderne Komödien darauf nicht mehr eindeutig festgelegt werden können (bzw. die Kriterien dafür unsicher geworden sind). Insofern steht die Komödie, deren Handlung ein erfreuliches Ende nimmt, so daß sie das Publikum erheitern kann, der Tragödie gegenüber. Der in der Frühen Neuzeit eingeführte deutsche Name der Komödie, 'Lustspiel', hat also durchaus seine Berechtigung, wird aber zum Teil für Komödien mit weniger aggressiver Komik verwendet.

Die Wirkungsabsicht der komödienspezifischen Handlung mit gutem Ende wird dabei häufig von dramenspezifischen Mitteln unterstützt: von (Wort-)→Witzen, komischen Kostümen, →grotesken Masken, Slapstick-Einlagen u.v.m. Nicht nur diese verweisen auf die Nähe und Verwandschaft der Komödie zu weniger kunstvollen, der Volkskultur aber näheren Klassen komischer Dramatik wie dem Schwank, der Posse usw.

8.4.9 Märtyrerdrama

dramatische Gattung: Tragödie mit einer Handlung, die vom ungerechtfertigten Untergang ihres Helden geprägt ist und so die christliche Heilserwartung im Jenseits illustriert

Das Märtyrerdrama des 17. Jahrhunderts stellt – insbesondere neben der →heroischen Tragödie – eine der wesentlichen →Gattungen des barocken Trauerspiels dar. Es ist verwandt mit und bezogen auf ältere und gleichzeitige Kunstdramen, aber auch auf spezifisch christliche Ausprägungen frühneuzeitlicher Dramatik, etwa das lateinische Jesuitendrama oder ältere dramatische Gestaltungen von Märtyrerstoffen (die mitunter als Klasse der Märtyrerdramen zusammengaßt werden).

Die Orientierung des Kunstdramas an der →imitatio veterum verlangt vom Märtyrerdrama des Barockzeitalters eine Orientierung an den →drei dramatischen Einheiten von Ort, Zeit und Handlung ebenso wie am Modell der (fünfaktigen) →geschlossenen Form, eine am →genus grande ausgerichtete Sprache (in heroischen →Alexandrinern) und die Konzentration auf Personen von hohem Stand und entsprechender Machtfülle.

Die dramatische →*Handlung* ist – im Unterschied zur heroischen Tragödie – ganz vom Konflikt eines positiven, im Sinne zeitgenössischer christlicher Moralvorstellungen tugendhaften Helden mit einer tyrannischen Herrschergestalt gekennzeichnet. Dieser in mitunter blutigen Szenen und pathetischen Reden zur Darstellung kommende Konflikt führt zum ungerechtfertigten (und insofern nur bedingt →*tragischen*) Untergang dieses Helden in der (tödlichen) →*Katastrophe*, durch die er zum Märtyrer und damit Repräsentanten seiner Moral und seines Glaubens wird.

Somit stellt das Märtyrerdrama – ganz ihrem Zeitalter, dem Barock mit seiner christlichen Heilserwartung und Tugendlehre entsprechend – die Quintessenz dieses Weltbildes dar: Im nichtigen Diesseits der Welt mag der Held untergehen, im Jenseits warten auf ihn – wie auf jeden wahren Christen – Heil und Erlösung.

Das Märtyrerdrama des Barock steht ganz in der Tradition literarisch-rhetorischer Kunstfertigkeit – und ist dementsprechend ein beliebtes Schuldrama des 17. Jahrhunderts, das eher in repräsentativen Schulaufführungen als an den Fürstenhöfen gegeben wurde.

Beispiel

Das Märtyrerdrama „Ermordete Majestät oder Carolus Stuardus König von Gross Britannien" (kurz: „Carolus Stuardus") von Andreas Gryphius, der zur sogenannten Schlesischen Dichterschule gehörte, die sich vor allem durch die Produktion barocker Trauerspiele auszeichnete, entstand etwa 1650, also direkt nachdem sich ihr (historischer) Stoff, die Hinrichtung des britischen Königs durch Cromwells Umsturz, ereignet hatte und bekannt werden konnte. (Insofern kann das Drama auch als →*Geschichtsdrama* aufgefaßt werden).

Karls Schicksal und Untergang durch den Revolutionär Cromwell und die Seinen im englischen Bürgerkrieg wird – vor allem in der zweiten, überarbeiteten Fassung von 1663 – in der dramatisch-literarischen Bearbeitung des Stoffes durch Gryphius (etwa in der Figurenkonstellation) erkennbar auf den Leidensweg Christi (dem prototypischen christlichen Märtyrer) bezogen, so daß der säkulare Held, nicht zuletzt dank seiner durch die Cromwell-Partei kontrastierten Vortrefflichkeit, hier nicht nur das Schicksal Jesu imitiert, sondern auch auf die durch ihn repräsentierte Heilserwartung im Jenseits verweisen kann.

8.4.10 Tragikomödie

Klasse(n) der Dramatik: (bewußte) Verbindung von spezifischen Elementen (insbesondere der Handlung) von Tragödie und Komödie

Die traditionellen, auf antike Vorbilder und Poetiken bezogenen →*Tragödien* und →*Komödien* schließen sich üblicherweise durch Unterschiede bei den dramatischen →*Handlungen* (insbesondere Handlungsabschlüssen und typischen Szenen), beim Personal, dessen Sprachebene und anderen Modi der dramatisch-theatralen Darstellung gegenseitig aus. Dennoch kam es im Verlauf der Geschichte der →*Dramatik* schon vor der zweiten Hälfte des 18. Jahrhunderts (d.h. unter der weitgehenden Gültigkeit der Normativität der →*geschlossenen Form*) mitunter zur Vermischung der Elemente, also zu komischen Figuren in Tragödien, zu Enden, die nicht eindeutig als gut oder schlimm bewertet werden konnten und dergleichen mehr. Im nachhinein kann man diese (nicht seltenen) Ausnahmen somit einem (ahistorischen) Begriff von Tragikomödie zuordnen.

Das bewußte Konzipieren und Realisieren von Hybriden aus Tragödie und Komödie setzt jedoch im Prinzip erst mit dem Sturm und Drang und der Romantik ein – und ist insofern eng mit der Möglichkeit dramatischer Handlung in einer →*offenen Dramenform* verbunden. Diese läßt einen offenen und damit kaum mehr als gut oder schlimm bewertbaren Schluß der Dramenhandlung zu, so daß diese kaum mehr der Tragödie bzw. Komödie eindeutig zuzuordnen ist. Zudem haben sich zwischenzeitlich auch zahlreiche Normen der Sprachebene, der Figuren und der Darstellungsmodi relativiert, so daß Tragödie und Komödie auch in diesen Hinsichten kaum mehr zu unterscheiden sind.

Unter diesen Voraussetzungen kann als Tragikomödie insbesondere diejenige (moderne) Dramatik gelten, deren dramatische Handlung insgesamt oder deren überwiegende Teile als tragisch und komisch zugleich anzusehen sind; dies umso deutlicher, wenn sie (dramatisch und sprachlich) auch dementsprechend präsentiert werden.

Diese Verbindung von →*Tragik* und →*Komik* gleicht insofern dem ähnlich komplexen Wirkungspotential der →*Groteske* und beruht im wesentlichen auf dem modernespezifischen Verlust einer universal gültigen Sinngebung (religiös und/oder philosophisch), die einem Pluralismus von Wert- und Ordnungsangeboten gewichen ist und typisch moderne Phänomene wie die Selbstentfremdung des Subjekts, eine universale Skepsis gegenüber der Sprache und dergleichen mehr nach sich zieht. Insofern erscheinen die Tragikomödien des Sturm und Drang, der Goethezeit, des 19. Jahrhunderts, des Expressionismus und vor allem die der Nachkriegszeit als geeignete Ausdrucksmodi dieser Grunderfahrungen des modernen Menschen, der einer Welt ausgesetzt ist, die ihn ständig mit Erfahrungen konfrontiert, die tragisch und komisch zugleich sind.

Beispiel

Friedrich Dürrenmatts Tragikomödie vom „Besuch der alten Dame" wurde 1956 uraufgeführt und gilt als eine der besten Tragikomödien der Nachkriegszeit.

Das Drama nimmt zum Teil erkennbar Bezug auf antike Tragödien, mit denen es eine Handlung teilt, die sich um Schuld, Sühne und Läuterung dreht: Die kleine (und exemplarische) Stadt mit dem schönen Namen Güllen erwartet eine der Ihren, die im Ausland zu einer reichen Frau geworden ist, und mit ihr einen dringend benötigten Geldsegen zurück. Die alte Dame ist – wie sich zeigen wird – an der Not der Stadt nicht ganz unschuldig. Sie sinnt auf Vergeltung, da sie vor langer Zeit von einem der Stadtbürger, dem Krämer Ill, mit einem Kind 'sitzengelassen' worden ist, und schlägt folgenden Deal vor: Die Bürger töten Ill und bekommen ihr Geld.

Ill, der seine Schuld anerkennt, nimmt dieses Opfer für die Stadt auf sich – und so kommt es zu einem vordergründig guten Ende für die Stadt. Dieses steht jedoch im Zeichen eines einseitigen und somit wiederum skrupellosen Materialismus, dem die Bürger Güllens huldigen: Die Käuflichkeit der Moral der Bürger wird somit exemplarisch (→*satirisch*) entlarvt und in einem →*grotesk* anmutenden Handlungszusammenhang eingebunden, der ständig zu komischen Szenen und Momenten führt, in denen vor allem die um ihr Geld fürchtenden Güllener der Lächerlichkeit preisgegeben werden.

Schuld und Sühne heben sich hier also gegenseitig immer wieder auf und fordern sich neu heraus. Dies scheint das tragikomische Los des modernen Menschen zu sein.

8.4.11 Tragödie

(griech.: *tragodía* = Tragödie, Trauerspiel)

Klasse (Familie von Klassen) der Dramatik: der Handlung angemessene dramatische Präsentation einer ernsten, tragischen Handlung, die beim Publikum entsprechende Affekte auslöst

Die Tragödie, die heute sicherlich weniger lebendig ist als die →*Komödie*, aber auf eine ähnlich lange Tradition zurückblicken kann, die bis zu den Ursprüngen europäischer →*Dramatik* in der griechischen Antike reicht, ist – innerhalb dieser Tradition – von vielfältigen Wandlungen und Veränderungen geprägt. Sie hat somit im Verlauf ihrer Geschichte verschiedene Formen und →*Gattungen* ausgebildet wie etwa die (ursprüngliche) klassische attische Tragödie, die →*heroische Tragödie* des Barock oder das →*Bürgerliche Trauerspiel* der Aufklärung.

All die unterschiedlichen Ausprägungen der Tragödie zielen jedoch darauf ab, mit ihren dramatischen →*Handlungen* und deren entsprechender Präsentation beim Publikum eine →*tragische* Wirkung zu erzielen. Diese wird zwar zu unterschiedlichen Zeiten unterschiedlich aufgefaßt, basiert aber immer auf der Erregung starker

Affekte und Emotionen, die (eigenes und anderer) Wohl und Leid betreffen: Angst, Mitleid, Entsetzen usw.

Die Handlung der Tragödien neigt dementsprechend dazu, eher bedeutend, ernst und von öffentlicher oder gar politischer Relevanz zu sein (oder sich so zu geben) als klein, lächerlich und privat. Ihre Figuren sind zwar mitunter repräsentativ, aber eher als individuelle Charaktere denn als lächerliche Typen gestaltet. Sie sind eher bewunderungswürdige Heroen oder reiche Herren als deren Diener. Ihre Sprache ist entsprechend: eher ausgefeilt, ernst und komplex als einfach, derb und witzig. Von all diesen Tendenzen sind aber in einzelnen Komödien, Komödientypen und -gattungen Ausnahmen möglich.

So weicht etwa das barocke →*Märtyrerdrama*, das in der Tradition der Tragödie steht, vom tragischen Wirkungsmodell signifikant ab. Das Bürgerliche Trauerspiel reduziert hingegen ganz bewußt die Öffentlichkeit der Konflikte und Figuren.

Was die Tragödien jedoch – neben ihrer Wirkungsabsicht, vor allem aber um dieser Willen – noch auszeichnet, ist der tragödientypische Ausgang ihrer dramatischen Handlung, auch wenn gerade jüngere Tragödien darauf kaum mehr festgelegt werden können bzw. die entsprechende Tradition der Tragödie im 19. und 20. Jahrhundert 'ausläuft'. Insofern steht die Tragödie, deren Handlung in der →*Katastrophe* ein schlimmes und unerfreuliches Ende nimmt, so daß sie das Publikum ängstigen, rühren, schockieren und zu Mitleid anregen kann, der →*Komödie* gegenüber. Die übliche deutsche Übersetzung von 'Tragödie' mit 'Trauerspiel' hat also durchaus auch der Sache bzw. Wirkung nach ihre Berechtigung.

Die Wirkungsabsicht der tragödienspezifischen Handlung mit schlimmem Ende wird dabei mitunter von dramenspezifischen Mitteln unterstützt: von Musik und →*Chören* (etwa in tragischen Opern), von einer Sprache im →*genus grande* und entsprechender Deklamation usw.

8.4.12 Typenkomödie

Klasse oder Ausprägung der Komödie: Komödie, deren komische Handlung von überzeichneten und/oder standardisierten überindividuellen Figuren-Typen getragen wird

Die dramatische →*Handlung* der (typischen) Typenkomödie wird – im Unterschied zur →Charakterkomödie, die auf individuellen Charakteren beruht – von Figuren getragen, die erkennbar nicht individuell angelegt sind, sondern als Repräsentanten eines bestimmten Typs von Menschen. Insofern sind die Figuren der Typenkomödie immer auch überzeichnete (karikierte) überindividuelle Figuren, deren 'typische', erkennbare Merkmale betont werden. Unter diesen Merkmalen sind insbesondere Stand, Beruf/Funktion, Alter, Geschlecht und dergleichen zu nennen.

Dabei ist – insbesondere natürlich in bestimmten historischen Ausprägungen dieses Komödientyps wie etwa der →*commedia dell' arte* – auch die →*topische* Standardisierung von bestimmten, aus der Wirklichkeit bekannten Klischeevorstellungen und/oder anderen Typenkomödien bekannten Figuren-Typen festzustellen: Der freche und bauernschlaue Diener gehört zu vielen Komödien ebenso wie etwa der gehörnte Alte, der Geizhals oder der Hypochonder.

Nicht zuletzt diese konventionalisierten Momente und Elemente erklären die Beliebtheit der Typenkomödie in wenig artifiziellen und eher volkstümlichen Zusammenhängen, wo sie besonders beliebt war.

Im Unterschied zur →Situationskomödie, die ihre →*Komik* vor allem aus komplexen Situationsverwicklungen im dramatischen Handlungsgeflecht gewinnt, aber natürlich mit den Figuren-Typen der Typenkomödie verbunden werden kann, gewinnt die Typenkomödie ihre Komik in erster Linie aus ihren Figuren: Diese sind als überzeichnete Gestalten lächerlich, werden als solche dargestellt (auch durch Masken, Kostüme usw.) und in entsprechende Handlungen verwickelt. Und sie sind als Repräsentanten eines bestimmten Menschentyps lächerlich, der somit von der Komik ebenso betroffen und der Lächerlichkeit preisgegeben wird.

9 zur erzählenden Literatur

Dieses Kapitel befaßt sich mit zentralen →*Grundbegriffen der Epik*, führt in die fundamentalen Kategorien und Konzepte der →*Erzähltextanalyse* ein und stellt einige der wichtigsten →*Klassifikationen von erzählender Literatur* vor.

9.1 Grundbegriffe der Epik

An dieser Stelle sollen einige grundlegende Begrifflichkeiten näher bestimmt werden, die man dem Themenbereich der erzählenden Literatur (kurz: Epik) zuordnen kann. Diese sind:

→*Epik*   →*story*
→*episch (das Epische)*   →*plot*
→*Erzähler*

9.1.1 Epik – episch

Epik / episches Gedicht / erzählende Literatur – Klasse oder Gruppe von Klassen von Texten, die dadurch gekennzeichnet sind, daß eine Handlung oder ein Geschehen durch eine vermittelnde Instanz (den Erzähler) verbal dargestellt wird

Epik / das Epische – Grundbegriff/Naturform: vermittelte Präsentation (Erzählung) von Handlungen oder Geschehnissen

episch – Adjektiv zu 'Epik' in einem der beiden Sinne

Epik – mögliche Bezeichnung für die Klasse der Epen

Der Begriff der Epik ist weniger problematisch im Hinblick auf die fundamentalpoetische Einteilung der Dichtung nach der →*Gattungstrias* und die zugehörigen →*Grundbegriffe* als etwa der der →*Lyrik*. Denn sowohl die literaturwissenschaftliche Auffassung von Epik als Sammelbegriff für erzählende Literatur als auch die fundamentalpoetische Fundierung stimmen mit der poetologischen Tradition im Grunde darin überein, daß die in ihrer Mittelbarkeit spezifische, durch einen →*Erzähler* (oder verwandte Darstellungsverfahren) vermittelte Darstellung von Handlungen oder Geschehnissen für erzählende Texte kennzeichnend sind.

Daran anschließende Festlegungen der Inhalte von erzählender Literatur (etwa auf Abbildungen eines repräsenativen Ausschnitts der Wirklichkeit), ihres Umfangs (etwa auf umfangreiche und komplexe Handlungszusammenhänge) oder ihrer Verwandtschaft mit dem ursprünglichen, namengebenden →*Epos* bleiben hingegen problematisch.

Einzig die Vermitteltheit der Darstellung (durch einen Erzähler) charakterisiert Epos und erzählende Literatur insgesamt. Insofern ist erzählende Literatur jeder Form des (etwa alltäglichen) Erzählens verwandt. Mit ihr gemein hat sie die zentrale Bedeutung der Erzähl- bzw. Vermittlungsinstanz, die letztlich für alles verantwortlich zu machen ist, was die Auswahl des Erzählten und die Art und Weise des Erzählens betrifft. Im Unterschied zu alltäglichen Erzählsituationen ist die vermittelnde Instanz der erzählenden Literatur aber keine reale Person, sondern eine Instanz oder Funktion des (fiktionalen) Erzähltextes. Aus der zentralen Bedeutung des Vermittlers oder Erzählers rührt auch die enorme Flexibilität von erzählender Literatur, die in keiner Weise auf bestimmte Themen, Inhalte, Umfänge usw. festzulegen ist.

Durch die Kommunikationssituation des (vermittelten) Erzählens ist erzählende Literatur tendenziell darauf ausgerichtet, Handlungen und Geschehnisse von einer gewissen Bedeutung in einer erkennbaren Chronologie (der Ereignisse) zu präsentieren. Davon wird jedoch – zumindest in der Erzählliteratur der letzten Jahrhunderte – mindestens ebenso häufig abgewichen wie diesen Tendenzen entsprochen wird.

9.1.2 Erzähler

zentrale Instanz der Vermittlung von (fiktiven) Geschehnissen und Handlungen in erzählender Literatur

Ebenso wie in alltäglichen Erzählsituationen erzählte Geschehnisse und Begebenheiten von den Rhapsoden des →*Epos*, dem Sänger einer →Moritat, dem Redner bei seiner →narratio oder der tratschsüchtigen Nachbarin – also von realen 'Erzählern' –das je Erzählte ausgewählt und in einer je spezifischen Art und Weise aufbereitet, geformt und verbal präsentiert werden, so kann in (zumeist →*fiktionalen*) Erzähltexten eine Instanz angenommen oder konstruiert werden, die dasselbe für die vom Erzähltext präsentierten Geschehnisse leistet.

Dieser Erzähler im literaturwissenschaftlichen Sinne ist also ein Konstrukt der Literaturwissenschaft und einzig auf die (spezifisch →*epische*) Kommunikationssituation des Textes bezogen, d.h. als Instanz oder Funktion erzählender Literatur zu begreifen. Er ist kein realer Erzähler. Und er ist auch nicht mit dem Autor zu identifizieren, auch und gerade wenn beide starke Ähnlichkeiten aufzuweisen scheinen.

Welche unterschiedlichen Möglichkeiten und Weisen, Geschehnisse erzählend zu präsentieren, dieser Erzähler (qua Textinstanz) zur Verfügung hat, ist Gegenstand der →*Erzähltextanalyse* bzw. ihrer zentralen Kategorien der →*Erzählform*, der →*Erzählperspektive*, des →*Erzählverhaltens*, des Erzählstandpunkts (→*point of view*) und der →*Darbietungsweise*. Diese geht somit immer von der Vorannahme der Existenz bzw. Konstruierbarkeit einer solchen Textinstanz erzählender Literatur aus.

9.1.3 story – plot

(engl.: *story* = Geschichte; *plot* = [ursprünglich] Plan, 'Komplott')

story – aspektuelle Ebene eines literarisch präsentierten Geschehens: die Reihe einzelner Ereignisse, Geschehens- und Handlungssequenzen ohne verknüpfenden Zusammenhang (im Gegensatz zu plot)

plot – aspektuelle Ebene eines literarisch präsentierten Geschehens: die Verknüpfung der einzelnen Ereignisse, Geschehens- und Handlungssequenzen zu einem Zusammenhang (im Gegensatz zu story)

Die Dichotomie von story und plot erlaubt es der Literaturwissenschaft, an *erzählten* Geschehenszusammenhängen, aber auch an →*dramatischen Handlungen* zwei (möglicherweise nur graduell) unterscheidbare Aspekte oder Ebenen zu unterscheiden:

Auf der einen Seite steht die *story*: Sie umfaßt zwar alle einzelnen Ereignisse, Geschehnisse und Handlungen, betrachtet diese aber als unverknüpft und unverbunden, so daß unter dieser Betrachtungsweise die einzelnen Elemente nur als (chronologische) Reihe angesehen werden können. Dieser Ebene entspricht eine reihende (vor allem mit „... und dann ..." operierende) Inhaltswiedergabe.

Dem steht die Ebene des *plots* gegenüber: Diese umfaßt dieselben Einzelelemente, allerdings in einer je spezifischen Verknüpfung. Diese Betrachtungsebene ist für die Literaturwissenschaft vor allem deshalb von Belang, als sich diese gerade für die Art und Weise der Präsentation von Geschehnissen besonders interessiert. Die (literarische) Organisation der story macht wiederum den plot aus oder zumindest bedingt sie ihn mit. Arten solcher plot-Verknüpfungen sind unter anderem kausale Zusammenhänge, aber auch Motivationen von Handlungen aus dem Charakter von Figuren, Modi der Variation oder Wiederholung, symbolische Verbindungen und dergleichen mehr. Besonders sinnvoll ist es – dem ursprünglichen Wortsinn von *plot* entsprechend – diese Ebene dann in Betracht zu ziehen, wenn das literarisch präsentierte Geschehen gerade auf dieser Ebene komplex gestaltet ist (etwa in handlungs- und verwicklungsorientierten →*Dramen*, in →*Novellen* oder Kriminalromanen). Als deutscher Ausdruck für plot wird mitunter „Fabel" verwendet, was jedoch zu Verwechslungen mit der →*Fabel* (im Sinne einer Gattung oder Klasse erzählender Literatur) führen kann.

9.2 Erzähltextanalyse[1]

Die Erzähltextanalyse ist, da sie auf erzählende Literatur bezogen ist, natürlich konzentriert auf deren Besonderheit, also die (spezifisch →*epische*) Vermittlung der erzählten Geschehnisse durch einen →*Erzähler* (qua Textinstanz).

Ihr Gegenstand sind somit insbesondere die unterschiedlichen Möglichkeiten und Weisen der Präsentation durch diesen Erzähler, die sich nach verschiedenen (auf komplexe Weise miteinander korre-

---

[1] Dieses Kapitel zur „Erzähltextanalyse" bezieht sich hauptsächlich auf die mit den Namen Franz K. Stanzel und Jürgen H. Petersen verbundene deutschsprachige Tradition der Erzähltextanalyse oder Narratologie. Dieser steht eine andere, internationale, vor allem mit dem Namen Gérard Genette verknüpfte Tradition der Narratologie gegenüber, die sehr viel stärker von strukturalistischen Konzepten ausgeht. Ich habe hier die deutschsprachige Tradition gewählt, weil das Online-Basislexikon ursprünglich für die Lehre an der FernUniversität entwickelt worden ist, die wiederum dieser Tradition verpflichtet ist. Ich habe mich aus drei Gründen dazu entschlossen, dies auch hier in der Buchfassung beizubehalten: a) um die Einheitlichkeit von Buch und Online-Version zu gewährleisten; weil es b) seit Kurzem eine hervorragende deutschsprachige Einführung in die 'internationale' Erzähltheorie gibt: Matias Martinez, Michael Scheffel: Einführung in die Erzähltheorie. München 1999; und weil c) derzeit eine Online-Einführung in diese Erzähltheorie von Fotis Jannidis und mir entwickelt und bald allen Studierenden der Literaturwissenschaft zur Verfügung stehen wird. Die URL dazu wird auf der Homepage des Lehrgebiets Europäische Literatur der Neuzeit an der FernUniversität Hagen zu finden sein: http://www.fernuni-hagen.de/EUROL/welcome.html.

lierten) Kategorien differenzieren lassen. Von diesen werden hier die wichtigsten eingeführt:

→*Erzählform* (→Ich-Form, →Er-Form)

→*Erzählperspektive* (→Innensicht, →Außensicht)

→*Erzählverhalten* (→auktorial, →neutral, →personal)

→*point of view* (→intern, →extern)

→Darbietungsweise (spezifisch: →*erlebte Rede*, →*innerer Monolog*, →stream of consciousness)

Hinzu kommen drei Termini, die sich auf die Analyse von Zeit in erzählender Literatur beziehen:

→*episches Präteritum*

→*Erzählzeit* und →*erzählte Zeit* (→Erzähltempo)

Die hier erläuterten Kategorien der Erzähltextanalyse stellen sicherlich einen gewissen Standard der (deutschsprachigen) Literaturwissenschaft dar. Es gibt jedoch zahlreiche andere Beschreibungs-, Analyse- und Begriffssysteme mit ähnlicher Zielsetzung, aber anderen Ausprägungen.

9.2.1 Erzählform

Kategorie der Erzähltextanalyse: Ausdruck des Beteiligungsverhältnisses, in dem der Erzähler zum Erzählten steht: War/ist er beteiligt oder nicht?

Die Erzählform betrifft also in erster Linie die Frage, ob der Erzähler (von) etwas erzählt, was ihm selbst passiert ist (oder passiert), was er getan hat (oder tut) oder woran er zumindest beteiligt war (oder ist), und sei es nur als Beobachter – oder ob er etwas erzählt, was einem oder mehreren Dritten passiert ist (oder passiert), was er oder sie getan haben (oder tun) usw.

Dieses jeweilige Verhältnis zum Erzählten ist natürlich – wie der Erzähler selbst – eine literaturwissenschaftliche Konstruktion, die aber einem eindeutigen und leicht erkennbaren Ausdruck an der Oberfläche des jeweiligen Textes entspricht: Der Erzähler spricht entweder (unter anderem) von sich oder von anderen. Dementsprechend wird das erste Verhältnis als Ich-Form, das zweite als Er-Form bezeichnet.

Dem Erzähler in →Er-Form (oder kurz: →Er-Erzähler) kommt also in dem erzählten Geschehen keine Rolle zu, gleichwohl kann er – beschreibbar vor allem in den Kategorien der →*Erzählperspektive*, des →*Erzählverhaltens* oder des →*point of view* – dieses Geschehen unter diesen Hinsichten auf recht unterschiedliche Arten und Weisen präsentieren.

Der Erzähler in →Ich-Form (oder kurz: →Ich-Erzähler) spielt hingegen im erzählten Geschehen eine mehr oder minder große Rolle, er ist beteiligt und verwickelt, er hat einen bestimmten Charakter, eigene Ansichten und Interessen – und diese können innerhalb des Geschehens ebenso wie bei seiner Darstellung zum Vorschein kommen. Demzufolge ist er – im Hinblick auf die erwähnten drei weiteren Kategorien – in gewisser Weise durch seine Beteiligung festgelegt. Dies kann sich jedoch zum Teil sehr unterschiedlich gestalten – und so sind zwei Grundtypen des Ich-Erzählers zu unterscheiden:

Der erste Ich-Erzählertyp erzählt ohne einen zeitlichen Abstand und damit ohne ein Mehr-Wissen (etwa um den Ausgang der Geschichte). Das 'erzählende' und das 'erlebende Ich' sind hier also weitgehend identisch. Dementsprechend hat dieser Ich-Erzählertyp im allgemeinen (außer in Bezug auf sich selbst) nur →Außensicht zur Verfügung, er hat einen sehr internen →*point of view* und sein Erzählen entspricht für gewöhnlich personalem →*Erzählverhalten*.

Der zweite Typ des Ich-Erzählers erzählt mit einem erkennbaren zeitlichen Abstand und daher mit einem erkennbaren Mehr-Wissen (etwa um den Ausgang der Geschichte). Das – wie in einer Autobiographie schreibende – 'erzählende Ich' ist also weit von dem 'erlebenden Ich' entfernt. Dementsprechend hat dieser zweite Ich-Erzählertyp zwar ebenfalls (außer in Bezug auf sich selbst und auf ermitteltes und erschlossenes Wissen um Dritte) nur →Außensicht zur Verfügung, sein Erzählstandpunkt ist aber im allgemeinen der eines externen →*point of view* und sein →*Erzählverhalten* demzufolge durchaus auch neutral oder sogar auktorial.

Beispiel 1

Goethes Roman „Die Wahlverwandtschaften" von 1809 setzt erkennbar als Er-Erzählung ein: Der Erzähler gibt sich zwar in dem einleitenden „wir" ansatzweise als Instanz des Textes zu erkennen, konzentriert sich aber hier und im folgenden ganz auf das Wahlverwandtschaftsgeschehen, über das er – wenngleich unbeteiligt –, ebenso wie über die beteiligten Personen bestens Bescheid weiß:

> Eduard – so nennen wir einen reichen Baron im besten Mannesalter – Eduard hatte in seiner Baumschule die schönste Stunde eines Aprilnachmittags zugebracht, um frisch erhaltene Pfropfreiser auf junge Stämme zu bringen.
> Sein Geschäft war eben vollendet; er legte die Gerätschaften in das Futteral zusammen und betrachtete seine Arbeit mit Vergnügen, als der Gärtner hinzutrat und sich an dem teilnehmenden Fleiße des Herrn ergötzte.
> „Hast du meine Frau nicht gesehen?" fragte Eduard, indem er sich weiterzugehen anschickte.
> „Drüben in den neuen Anlagen", versetzte der Gärtner.

Beispiel 2

Den entscheidenen Aspekt des ersten Ich-Erzählertyps, bei dem erzählendes und erlebendes Ich weitgehend identisch sind, nutzen viele Kriminalromane zur Spannungserzeugung: Denn der Ich-Erzähler und Detektiv ist – genau wie der Leser – während der Ermittlung bzw. der Lektüre – weder über die Hintergründe des aufzuklärenden Verbrechens (und die Identität des Täters) informiert noch über die zukünftigen Entwicklungen (und Gefahren), die sich auftun. Weder kennt er das 'Innere' der anderen Figuren noch hat er – zumindest in guten Krimis – frühzeitig eine Vorstellung von der 'Lösung' des 'Falls'.

Der Detektiv muß sich somit oft genug auf seine 'Nase' verlassen, denn er weiß nicht mehr als das, was er selbst 'erschnüffelt' hat – wie zum Beispiel der Ermittler in Raymond Chandlers Erzählung „The big sleep" von 1939:

The apartment house lobby was empty this time. No gunman waiting under the potted palm to give me orders. I took the automatic elevator up to my floor and walked along the hallway to the tune of a muted radio behind a door. I needed a drink and was in a hurry to get one. I made straight for the kitchenette and brought up short in three or four feet. Something was wrong. Something on the air, a scent. The shades were down at the windows and the street light leaking in at the sides made a dim light in the room. I stood still and listened. The scent on the air was a perfume, a heavy cloying perfume.

Beispiel 3

Der Ich-Erzähler des zweiten Typs eignet sich insbesondere zur (an die Autobiographie angelehnten) Erzählung des eigenen Lebens gegen dessen Ende. Von hier aus erst kann man manche Entwicklungen des eigenen Lebens beurteilen, kann Fehler eingestehen, ja man kann sich von sich selbst (bzw. einem 'früheren Ich') leicht distanzieren.

Grimmelshausens →*Schelmenroman* „Der Abenteuerliche Simplicissimus Teutsch" aus dem Jahr 1669 geht genau so vor, auch wenn der Ich-Erzähler – schon um der Spannung willen – nicht immer mit seinem nun vorhandenen Wissen prahlt. Mitunter läßt er es aber doch erkennen – oft um sich selbst und seine (frühere) Einfalt oder „bäurische Grobheit" bloßzustellen, so etwa im 9. Kapitel des ersten Buchs, wo der Waisenknabe auf einen Einsiedler im Wald stößt:

Ich fing an zu essen und höarete auf zu papplen, welches nicht länger währete, als bis ich nach Notdurft gefuttert hatte, und mich der Alte fortgehen hieß: Da suchte ich die allerzartesten Worte hervor, die mir mein bäurische Grobheit immermehr eingeben konnte, welche alle dahin gingen, den Einsiedel zu bewegen, daß er mich bei sich behielte: Ob es ihm nun zwar beschwerlich gefallen, meine verdrießliche Gegenwart zu gedulden, so hat er jedoch beschlossen, mich bei sich zu leiden, mehr, daß er mich in der christlichen Religion unterrichtete, als sich in seinem vorhandenen Alter meiner Dienste zu be-

dienen, seine größte Sorg war, mein zarte Jugend dürfte eine
solche harte Art zu leben in die Länge nit ausharren mögen.

9.2.2 Erzählperspektive

Kategorie der Erzähltextanalyse: Verhältnis des Erzählers zu den
(anderen) Figuren des Erzählten: Kennt er Fremdpsychisches
oder nicht?

Die Erzählperspektive betrifft also in erster Linie die Frage, ob der
→*Erzähler* die Gedanken, Wünsche, Sehnsüchte, Ziele, Grundein stel-
lungen, Träume usw. der anderen Figuren, also die verschiedenen
Elemente und Momente ihres 'Inneren', ihrer 'Psyche' kennt – genauer: ob er diese Kenntnis erkennbar bei seiner Erzählung verwendet – oder ob er keine solche Kenntnis hat bzw. sie nicht verwendet.

Zu bedenken ist freilich, daß sowohl der Erzähltext als auch der
Erzähler Konstrukte (des Autors bzw. des Literaturwissenschaftlers)
sind, das Gleiche gilt womöglich auch für die Annahme einer 'Psyche' oder eines 'Inneren' – und mit Sicherheit für die Annahme, daß
man 'in anderer Leute Kopf hineinschauen' könne. An der Textoberfläche zu unterscheiden ist aber sehr wohl, ob der Erzähler die Gedanken Dritter wiedergibt oder ob er dies unterläßt.

Im ersten Fall spricht man ihm →Innensicht zu, andernfalls hat er
(nur) →Außensicht.

Beides verhält sich nicht ganz symmetrisch zueinander, denn Au -
ßensicht muß wohl jedem Erzähler zugeschrieben werden, während
Innensicht ein zusätzliches Vermögen bestimmter Erzähler darstellt.
Die Opposition stellt sich also eher als eine von *nur* Außensicht hier
und Innensicht dort dar.

Die Unterscheidung von Außen- und Innensicht kann aber natürlich nur dann von Belang sein, wenn überhaupt von Figuren erzählt
wird, die nicht mit dem →(Ich-)Erzähler identisch sind. Denn dieser
hat natürlich für gewöhnlich Zugriff auf sein eigenes 'Inneres' (ob er
diesen in der Erzählung verwendet, ist dann eine andere Frage).

Oft dürfte die Unterscheidung von Außen- und Innensicht aber zu einem gewissen Grade relativ ausfallen, mindestens dreier Momente wegen: Gelegentlich verteilt sich die Innensicht-Kompetenz des Erzählers ungleich auf verschiedene Figuren (oder Figurengruppen). Sie kann zudem unterschiedlich intensiv und extensiv ausfallen. Und mitunter kann der Erzähler natürlich auch Einschätzungen und Vermutungen über Fremdpsychisches abgeben, das er aus deren (erzähltem) Verhalten und Reden erschlossen hat.

Die Erzählperspektive ist leicht zu verwechseln mit dem Erzähl(er)standpunkt oder →*point of view*, doch gilt es beides zu unterscheiden. In der beiden Termini innewohnenden Metaphorik des Blickes gesprochen: Die Erzählperspektive betrifft das Ziel des Blickes (das Fremdpsychische), der Erzählstandpunkt oder -blickpunkt hingegen den Ausgangspunkt des Blickes. Daraus lassen sich wiederum verschiedene Zusammenhänge dieser beiden Kategorien erhellen, etwa diese: Ein Erzähler, der bezüglich aller Figuren Innensicht hat, verfügt offensichtlich über einen sehr 'hohen', externen →*point of view*. Umgekehrt ist von einem Erzähler mit internem →*point of view* kaum detaillierte Innensicht zu erwarten.

Beispiel 1

Da der Begriff der Innensicht auf den Annahmen der Existenz, der Erkennbarkeit und der Darstellbarkeit von (Fremd-)Psychischem beruht, findet sich überall dort in der Literatur, wo man diese Annahmen nicht teilt, auffallend strikte Außensicht.

Das antike →*Epos* etwa kennt im Grunde kein Psychisches, das verborgen in einem 'Inneren' wäre: Alles ist aussprechbar und kann so als Außensicht-Dialog oder gar als Gespräch mit einer Gottheit – wie hier im ersten Gesang der Homerischen „Ilias" – dargestellt werden. Achill ist ernsthaft 'sauer' auf Agamemnon, von dem er sich übervorteilt fühlt, und er sinnt auf Rache, wird aber von der Göttin Athene vorerst besänftigt:

Als er solches erwog in des Herzens Geist und Empfindung,
Und er das große Schwert schon hervorzog; naht' ihm vom Himmel
Pallas Athen', entsandt von der lilienarmigen Here,
Die für beide zugleich in liebender Seele besorgt war.
Hinter ihn trat sie, und faßte das bräunliche Haar des Peleiden,
Ihm allein sich enthüllend; der anderen schaute sie keiner.
Staunend zuckte der Held und wandte sich: plötzlich erkannt' er
Pallas Athenens Gestalt, und fürchterlich strahlt' ihm ihr Auge.
Und er begann zu jener, und sprach die geflügelten Worte:
Warum, o Tochter Zeus des Ägiserschütterers, kamst du?
Etwa den Frevel zu schaun von Atreus Sohn Agamemnon?
Aber ich sage dir an, und das wird wahrlich vollendet:
Sein unbändiger Stolz wird einst noch das Leben ihm kosten!
Drauf antwortete Zeus blauäugige Tochter Athene:
Deinen Zorn zu stillen, gehorchtest du, kam ich vom Himmel;
Denn mich sendete Here, die lilienarmige Göttin,
Die für beide zugleich in liebender Seele besorgt ist.

Beispiel 2

Da der Begriff der Innensicht auf den Annahmen der Existenz, der
Erkennbarkeit und der Darstellbarkeit von (Fremd-)Psychischem be-
ruht, findet sich besonders häufig dort in der Literatur, wo man diese
Annahmen teilt, deutlich erkennbare Innensicht.

Und tatsächlich gibt es Stoffe, die nur zu erzählen sind, wenn
dem Leser auch mitgeteilt werden kann, was bestimmte Figuren glauben. Dies ist (zumindest in Bezug auf die Hauptfigur) etwa nötig in
der berühmten Kalendergeschichte „Kannitverstan" von Johann Peter
Hebel (um 1800), da hier Mißverstehen, also falsches Glauben pointiert thematisiert wird:

> Aber auf dem seltsamsten Umweg kam ein deutscher Hand-
> werksbursche in Amsterdam durch den Irrtum zur Wahrheit
> und zu ihrer Erkenntnis. Denn als er in diese große und rei-
> che Handelsstadt voll prächtiger Häuser, wogender Schiffe
> und geschäftiger Menschen gekommen war, fiel ihm sogleich
> ein großes und schönes Haus in die Augen, wie er auf seiner
> ganzen Wanderschaft von Tuttlingen bis nach Amsterdam

noch keines erlebt hatte. Lange betrachtete er mit Verwunderung dies kostbare Gebäude, die sechs Kamine auf dem Dach, die schönen Gesimse und die hohen Fenster, größer als an des Vaters Haus daheim die Tür. Endlich konnte er sich nicht entbrechen, einen Vorübergehenden anzureden. „Guter Freund", redete er ihn an, „könnt Ihr mir nicht sagen, wie der Herr heißt, dem dieses wunderschöne Haus gehört mit den Fenstern voll Tulipanen, Sternenblumen und Levkojen?" – Der Mann aber, der vermutlich etwas Wichtigeres zu tun hatte und zum Unglück geradeso viel von der deutschen Sprache verstand als der Fragende von der holländischen, nämlich nichts, sagte kurz und schnauzig: „Kannitverstan", und schnurrte vorüber. Dies war nur ein holländisches Wort oder drei, wenn man's recht betrachtet, und heißt auf deutsch soviel als: Ich kann Euch nicht verstehn. Aber der gute Fremdling glaubte, es sei der Name des Mannes, nach dem er gefragt hatte. Das muß ein grundreicher Mann sein, der Herr Kannitverstan, dachte er und ging weiter.

9.2.3 Erzählverhalten

Kategorie der Erzähltextanalyse: Verhältnis des Erzählers zum Erzählten: Hat er einen erkennbaren eigenen Standpunkt, hat er keinen erkennbaren Standpunkt oder hat er einen, der erkennbar an dem einer (oder mehrerer) Figur(en) orientiert ist?

Das Erzählverhalten betrifft also vor allem zwei Fragen:

1. In welchem allgemeinen Verhältnis steht der →*Erzähler* zum Erzählten, wie bezieht er sich auf das Erzählte? Dabei sind natürlich auch die anderen Kategorien der →*Erzähltextanalyse* von großer Bedeutung, insbesondere der →*point of view* und die →*Erzählperspektive*, die sich spezifisch (und an der Textoberfläche erkennbar) auf den Standpunkt bzw. das Wissen des Erzählers beziehen.

2. Ist der Erzähler als eigene Person erkennbar – oder zumindest als Instanz mit einem erkennbar eigenen Verhältnis zum Erzählten? Diese Frage ist vergleichsweise unabhängig von den anderen Kategorien. Doch trotz der Tatsache, daß der Erzähler, seine 'Verhältnisse'

oder gar seine personale Identität literaturwissenschaftliche Konstrukte sind, lassen sich gewisse Indizien für die Beantwortung dieser Frage ebenfalls an der Textoberfläche finden: Der Erzähler kann sich mehr oder minder deutlich als sprechende Instanz zu erkennen geben, indem er etwa (in der Er-→*Erzählform*) als Ich auftritt, indem er eigenmächtig das Erzählen unterbricht (um etwa eigene Exkurse einzuschieben) oder indem er das Erzählte (etwa ironisch oder herablassend) kommentiert und dergleichen mehr.

Beide Teilfragen zusammen ergeben eine Dreier-Typologie von Erzählverhalten. Diese Typologie läßt Übergänge und Grenzfälle zu, ist in Details aber durchaus auch umstritten:

→Auktoriales Erzählverhalten liegt idealtypisch dann vor, wenn sich der Erzähler im eben skizzierten Sinne als eigenständige Person oder Instanz zu erkennen gibt, die in einem Verhältnis großer Distanz zum Erzählten steht, und wenn er auf der Grundlage eines externen →*point of view* ein umfassendes 'olympisches' Wissen um das Erzählte, das →Innensicht, Detailwissen, Wissen um Vorgeschichte und zukünftige Entwicklungen und dergleichen einschließt, offenbart.

→Neutrales Erzählverhalten liegt idealtypisch dann vor, wenn sich der Erzähler gerade nicht als eigenständige Instanz zu erkennen gibt, sein Verhältnis zum Erzählten insgesamt also unspezifisch und somit 'neutral' ausfällt. Dieses Erzählverhalten neigt zum externen →*point of view*, aber nicht notwendig zur →Innensicht. Im Vordergrund steht die 'ungefilterte' Wiedergabe des Erzählten selbst von einem (vermeintlich) neutralen Standpunkt aus.

→Personales Erzählverhalten liegt idealtypisch dann vor, wenn sich der Erzähler nicht als eigenständige Instanz zu erkennen gibt, wenn er sich vielmehr erkennbar dem Standpunkt der (jeweils) erzählten Figur annähert. Dies gilt insbesondere dann, wenn er sich auf den (je figurenspezifischen) internen →*point of view* einer Figur beschränkt, nur über →Außensicht verfügt und die Darbietungsweise der →*erlebten Rede* verwendet.

Beispiel 1

Nicht immer muß ein auktorialer Erzähler seine Macht über die Erzählung und das Erzählte so deutlich machen, wie der auktoriale
quasi-autobiographische →Ich-Erzähler in Laurence Sternes „Trist-
ram Shandy" (1760 ff.), der – aus lauter Freude am Erzählen – hin
und wieder über die Stränge schlägt, ganze Kapitel mutwillig ausläßt,
und vor lauter Einschüben und Digressionen mit der Erzählung seines „Lebens" in neun Büchern nicht über die Kindheit hinauskommt.

Man kann es auch sehr viel dezenter anfangen, wie etwa der auktoriale →Er-Erzähler Jean Pauls in seiner Erzählung vom „Leben des
vergnügten Schulmeisterlein Maria Wutz in Auenthal" aus dem Jahr
1793. Er setzt ein mit einer Bewertung und Deutung des zu erzählenden Lebens seiner Titelfigur, das er offensichtlich ebenso deutlich
überschaut wie er dieser zugeneigt ist, bevor er sich selbst als behag-
liche Erzählergestalt in einer konkreten Erzählsituation präsentiert,
ja inszeniert. Erst dann geht er – nach einem kurzen Überblick über
die Vor- und Familiengeschichte – zur eigentlichen Erzählung über:

> Wie war dein Leben und Sterben so sanft und meerstille, du
> vergnügtes Schulmeisterlein Wutz! Der stille laue Himmel
> eines Nachsommers ging nicht mit Gewölk, sondern mit Duft
> um dein Leben herum: deine Epochen waren die Schwankun-
> gen und dein Sterben war das Umlegen einer Lilie, deren
> Blätter auf stehende Blumen flattern – und schon außer dem
> Grabe schliefest du sanft!
> Jetzt aber, meine Freunde, müssen vor allen Dingen die
> Stühle um den Ofen, der Schenktisch mit dem Trinkwasser
> an unsre Knie gerückt und die Vorhänge zugezogen und die
> Schlafmützen aufgesetzt werden, und an die grand monde
> über der Gasse drüben und ans Palais royal muß keiner von
> uns denken, bloß weil ich die ruhige Geschichte des ver-
> gnügten Schulmeisterlein erzähle – und du, mein lieber Chri-
> stian, der du eine einatmende Brust für die einzigen feuerbe-
> ständigen Freuden des Lebens, für die häuslichen, hast, setze
> dich auf den Arm des Großvaterstuhls, aus dem ich herauser-
> zähle, und lehne dich zuweilen ein wenig an mich! Du
> machst mich gar nicht irre.

Seit der Schwedenzeit waren die Wutze Schulmeister in Auenthal, und ich glaube nicht, daß einer vom Pfarrer oder von
seiner Gemeinde verklagt wurde. Allemal acht oder neun
Jahre nach der Hochzeit versahen Wutz und Sohn das Amt
mit Verstand - unser Maria Wutz dozierte unter seinem Vater
schon in der Woche das Abc, in der er das Buchstabieren er-
lernte, das nichts taugt. Der Charakter unsers Wutz hatte, wie
der Unterricht anderer Schulleute, etwas Spielendes und Kin-
disches; aber nicht im Kummer, sondern in der Freude.
Schon in der Kindheit war er ein wenig kindisch.

Beispiel 2

Neutrales Erzählverhalten ist gemeinhin weniger auffällig als ein
ausgeprägt personales oder auktoriales. Und doch weist es erkennbare
Eigenheiten auf – wie etwa der folgende Abschnitt aus Theodor Fon-
tanes Roman „Irrungen Wirrungen" (1888): Hier wird – ohne deutliche Wertungen oder Kommentare und ohne ein allzu spezifisches
oder umfassendes Wissen – eine Szenerie präsentiert. Ähnlich sind
die ebenfalls gerne von Fontane benutzten detailreichen Beschrei-
bungen von Landschaften oder Personen. Typisch für neutrales Erzählen ist aber vor allem die direkte, durch wenig mehr als Anführungszeichen vermittelte Wiedergabe von Dialogen, wie sie der Erzähler hier anfügt:

Es war die Woche nach Pfingsten, die Zeit der langen Tage,
deren blendendes Licht mitunter kein Ende nehmen wollte.
Heut' aber stand die Sonne schon hinter dem Wilmersdorfer
Kirchturm, und statt der Strahlen, die sie den ganzen Tag
über herabgeschickt hatte, lagen bereits abendliche Schatten
in dem Vorgarten, dessen halb märchenhafte Stille nur noch
von der Stille des von der alten Frau Nimptsch und ihrer
Pflegetochter Lene mietweise bewohnten Häuschens übertrof-
fen wurde. Frau Nimptsch selbst aber saß wie gewöhnlich an
dem großen, kaum fußhohen Herd ihres die ganze Hausfront
einnehmenden Vorderzimmers und sah, hockend und vorge-
beugt, auf einen rußigen alten Teekessel, dessen Deckel,
trotzdem der Wrasen auch vorn aus der Tülle quoll, beständig

hin und her klapperte. Dabei hielt die Alte beide Hände gegen die Glut und war so versunken in ihre Betrachtungen und
Träumereien, daß sie nicht hörte, wie die nach dem Flur hi-
nausführende Tür aufging und eine robuste Frauensperson
ziemlich geräuschvoll eintrat. Erst als diese letztre sich ge-
räuspert und ihre Freundin und Nachbarin, eben unsre Frau
Nimptsch, mit einer gewissen Herzlichkeit bei Namen genannt hatte, wandte sich diese nach rückwärts und sagte nun
auch ihrerseits freundlich und mit einem Anfluge von Schel-
merei: „Na, das is recht, liebe Frau Dörr, daß Sie mal wieder
rüberkommen. Und noch dazu vons 'Schloß'. Denn ein
Schloß is es und bleibt es. Hat ja 'nen Turm. Un nu setzen
Sie sich... Ihren lieben Mann hab' ich eben weggehen sehen.
Und muß auch. Is ja heute sein Kegelabend."
Die so freundlich als Frau Dörr Begrüßte war nicht bloß eine
robuste, sondern vor allem auch eine sehr stattlich aussehen-
de Frau, die, neben dem Eindruck des Gütigen und Zuverläs-
sigen, zugleich den einer besonderen Beschränktheit machte.
Die Nimptsch indessen nahm sichtlich keinen Anstoß daran
und wiederholte nur: „Ja, sein Kegelabend. Aber, was ich sagen wollte, liebe Frau Dörr, mit Dörren seinen Hut, das geht
nicht mehr. Der is ja schon fuchsblank und eigentlich
schimpfierlich. Sie müssen ihn ihm wegnehmen und einen
andern hinstellen. Vielleicht merkt er es nich... Und nu rük-
ken Sie ran hier, liebe Frau Dörr, oder lieber da drüben auf
die Hutsche... Lene, na Sie wissen ja, is ausgeflogen un hat
mich mal wieder in Stich gelassen."
„Er war woll hier?"
„Freilich war er. Und beide sind nu ein bißchen auf Wil-
mersdorf zu; den Fußweg lang, da kommt keiner. Aber jeden
Augenblick können sie wieder hier sein."
„Na, da will ich doch lieber gehn."
„O nich doch, liebe Frau Dörr. Er bleibt ja nich. Und wenn er
auch bliebe, Sie wissen ja, der is nicht so."
„Weiß, weiß. Und wie steht es denn?"
„Ja, wie soll es stehn? Ich glaube, sie denkt so was, wenn
sie's auch nich wahr haben will, und bildet sich was ein."

Beispiel 3

Ein Erzähler mit personalem Erzählverhalten ist natürlich als →Er-Erzähler nicht mit der Figur, die (oder von der) er erzählt, identisch. (Und als →Ich-Erzähler ist er zumindest theoretisch als erlebendes und erzählendes Ich unterscheidbar.) Diese Nicht-Identität wird deutlich dadurch, daß er sich mit „er" (oder „sie") auf die Figur bezieht. Und doch kann er so erzählen, daß er nur das erzählt, was die Figur wahrnehmen, denken und wissen kann, und vor allem so, wie sie es wahrnimmt, denkt und weiß. Diese Möglichkeit der Darstellung der spezifischen Sichtweise einer Figur häuft sich – wie die für personales Erzählen so typische →*erlebte Rede* – deutlich in der Literatur der Moderne.

So gewinnt etwa Kafka die eigentümliche Bedrohlichkeit und Unverständlichkeit der von ihm dargestellten Welt auch durch das strikt personale Verhalten seines Erzählers, der etwa im „Prozeß" von 1925 wie folgt anhebt:

> Jemand mußte Josef K. verleumdet haben, denn ohne daß er etwas Böses getan hätte, wurde er eines Morgens verhaftet. Die Köchin der Frau Grubach, seiner Zimmervermieterin, die ihm jeden Tag gegen acht Uhr früh das Frühstück brachte, kam diesmal nicht. Das war noch niemals geschehen. K. wartete noch ein Weilchen, sah von seinem Kopfkissen aus die alte Frau, die ihm gegenüber wohnte und die ihn mit einer an ihr ganz ungewöhnlichen Neugierde beobachtete, dann aber, gleichzeitig befremdet und hungrig, läutete er. Sofort klopfte es und ein Mann, den er in dieser Wohnung noch niemals gesehen hatte, trat ein. Er war schlank und doch fest gebaut, er trug ein anliegendes schwarzes Kleid, das, ähnlich den Reiseanzügen, mit verschiedenen Falten, Taschen, Schnallen, Knöpfen und einem Gürtel versehen war und infolgedessen, ohne daß man sich darüber klar wurde, wozu es dienen sollte, besonders praktisch erschien. „Wer sind Sie?" fragte K. und saß gleich halb aufrecht im Bett. Der Mann aber ging über die Frage hinweg, als müsse man seine Erscheinung hinnehmen, und sagte bloß seinerseits: „Sie haben geläutet?" „Anna soll mir das Frühstück bringen", sagte K.

und versuchte, zunächst stillschweigend, durch Aufmerksamkeit und Überlegung festzustellen, wer der Mann eigentlich
war. Aber dieser setzte sich nicht allzulange seinen Blicken
aus, sondern wandte sich zur Tür, die er ein wenig öffnete,
um jemandem, der offenbar knapp hinter der Tür stand, zu
sagen: „Er will, daß Anna ihm das Frühstück bringt."

9.2.4 point of view

(engl.: *point of view* = Standpunkt, Blickpunkt)

Kategorie der Erzähltextanalyse: Verhältnis des Erzählers zum
Erzählten in Bezug auf seine Sichtweise: Hat er einen distanzier-
ten Überblick über das Erzählte oder hat er den beschränkten
Blickpunkt einer (oder mehrerer) Figur(en)?

Der point of view des →*Erzählers* (deutsch: Erzähl- oder Erzähler-
standpunkt) betrifft also in erster Linie die Frage, ob der Erzähler
dem Erzählten, das er aus einer gewissen 'Entfernung' überblickt, distanziert und 'objektiv' gegenübersteht – oder ob er sich einschränkt
(oder: beschränkt ist) auf den Standpunkt einer (oder mehrerer) der
am erzählten Geschehen beteiligten Figuren.

Wie die anderen erzähltextanalytischen Kategorien ist natürlich
auch der point of view (und mit ihm die metaphorische Redeweise
von 'Blick-' und 'Standpunkt') ein literaturwissenschaftliches Konstrukt. Der point of view läßt sich aber durch zahlreiche Indizien an
der Textoberfläche ermitteln. Diese beziehen sich vor allem auf das
Wissen des Erzählers, die Art und Weise, wie er auf das Erzählte Bezug nimmt, und wie er es präsentiert.

Dabei sind verschiedene Graduierungen möglich. Am einen Ende
dieser Skala steht der →externe (oder: external) point of view: Der
Erzähler, der von diesem Standpunkt aus erzählt, steht in einer erkennbar großen Distanz dem Erzählten gegenüber. Er hat womöglich
ein umfassendes, 'olympisches' Wissen vom Erzählten, das alle Details, Vorgeschichte und weitere Entwicklungen und die →Innensicht
bezüglich vieler Figuren einschließen kann. Und er bezieht sich auf

die Elemente und Aspekte des Erzählten in einer Art und Weise, die mit keiner Figur in Verbindung zu bringen ist. Demzufolge ist dieser point of view eng mit dem auktorialen →*Erzählverhalten* verbunden und dem quasi-autobiographischen →Ich-Erzähler verwandt.

Am anderen Ende der Skala steht der →interne (oder: internal) point of view: Der Erzähler, der von diesem Standpunkt aus erzählt, steht dem Erzählten nicht (deutlich) gegenüber und weist keine Distanz zu ihm auf. Er ist auf das Wissen und die Wahrnehmungen einer Figur (oder im Wechsel: mehrerer Figuren) beschränkt, so daß er allen anderen Figuren nur mit →Außensicht begegnen kann. Und er bezieht sich auf die Elemente und Aspekte des Erzählten so, wie sich diese fokussierte Figur auf sie bezieht oder beziehen würde. Dies gilt natürlich für den Typus des Ich-Erzählers, bei dem erzählendes und erlebendes Ich eng miteinander verknüpft sind. Dies gilt aber auch für →Er-Erzähler, die sich – etwa durch →*erlebte Rede* – durch ihr personales →*Erzählverhalten* auszeichnen.

Zwischen diesen beiden Skalenenden sind jedoch auch zahlreiche Zwischenstufen möglich. Dies gilt insbesondere im Hinblick auf zwei Aspekte: Denn zum einen ist die (auf Textoberflächen-Indizien basierende) Einschätzung des point of view, gerade bei kürzeren Textausschnitten, problematisch. Zum anderen ist man mitunter auf solche kürzeren Textpassagen angewiesen, da sich der point of view eines Erzählers natürlich prinzipiell immer (wieder) im Verlaufe eines erzählenden Textes verändern kann.

Beispiel 1

Einen geradezu 'olympischen Blick' auf das zu Erzählende weist Heinrich von Kleists Erzähler in seiner Erzählung „Das Erdbeben in Chili" von 1807 aus. Dieser Erzähler gibt seinen externen point of view deutlich zu erkennen: Er bezieht sich erkennbar distanziert auf Zeit, Ort und Figuren des Geschehens. Er weiß alles, was zur Geschichte gehört, von den Verwicklungen der Vorgeschichte bis hin zum Seelenleben der Hauptfiguren. Und er gibt all dies auch zu er-

kennen – etwa indem er mit eher Allgemeinem einsetzt, um zum
Besonderen überzugehen usw.:

> In St. Jago, der Hauptstadt des Königreichs Chili, stand gera-
> de in dem Augenblicke der großen Erderschütterung vom
> Jahre 1647, bei welcher viele tausend Menschen ihren Unter-
> gang fanden, ein junger, auf ein Verbrechen angeklagter Spa-
> nier, namens Jeronimo Rugera, an einem Pfeiler des Gefäng-
> nisses, in welches man ihn eingesperrt hatte, und wollte sich
> erhenken. Don Henrico Asteron, einer der reichsten Edelleute
> der Stadt, hatte ihn ungefähr ein Jahr zuvor aus seinem Hau-
> se, wo er als Lehrer angestellt war, entfernt, weil er sich mit
> Donna Josephe, seiner einzigen Tochter, in einem zärtlichen
> Einverständnis befunden hatte. Eine geheime Bestellung, die
> dem alten Don, nachdem er die Tochter nachdrücklich ge-
> warnt hatte, durch die hämische Aufmerksamkeit seines stol-
> zen Sohnes verraten worden war, entrüstete ihn dergestalt,
> daß er sie in dem Karmeliterkloster unsrer lieben Frauen vom
> Berge daselbst unterbrachte.
> Durch einen glücklichen Zufall hatte Jeronimo hier die Ver-
> bindung von neuem anzuknüpfen gewußt, und in einer ver-
> schwiegenen Nacht den Klostergarten zum Schauplatze sei-
> nes vollen Glückes gemacht. Es war am Fronleichnamsfeste,
> und die feierliche Prozession der Nonnen, welchen die Novi-
> zen folgten, nahm eben ihren Anfang, als die unglückliche
> Josephe, bei dem Anklange der Glocken, in Mutterwehen auf
> den Stufen der Kathedrale niedersank.
> Dieser Vorfall machte außerordentliches Aufsehn; man
> brachte die junge Sünderin, ohne Rücksicht auf ihren Zu-
> stand, sogleich in ein Gefängnis, und kaum war sie aus den
> Wochen erstanden, als ihr schon, auf Befehl des Erzbischofs,
> der geschärfteste Prozeß gemacht ward. Man sprach in der
> Stadt mit einer so großen Erbitterung von diesem Skandal,
> und die Zungen fielen so scharf über das ganze Kloster her,
> in welchem er sich zugetragen hatte, daß weder die Fürbitte
> der Familie Asteron, noch auch der Wunsch der Äbtissin
> selbst, welche das junge Mädchen wegen ihres sonst untadel-
> haften Betragens liebgewonnen hatte, die Strenge, mit wel-
> cher das klösterliche Gesetz sie bedrohte, mildern konnte.

Alles, was geschehen konnte, war, daß der Feuertod, zu dem sie verurteilt wurde, zur großen Entrüstung der Matronen und Jungfrauen von St. Jago, durch einen Machtspruch des Vizekönigs, in eine Enthauptung verwandelt ward.

Man vermietete in den Straßen, durch welche der Hinrichtungszug gehen sollte, die Fenster, man trug die Dächer der Häuser ab, und die frommen Töchter der Stadt luden ihre Freundinnen ein, um dem Schauspiele, das der göttlichen Rache gegeben wurde, an ihrer schwesterlichen Seite beizuwohnen.

Jeronimo, der inzwischen auch in ein Gefängnis gesetzt worden war, wollte die Besinnung verlieren, als er diese ungeheure Wendung der Dinge erfuhr. Vergebens sann er auf Rettung: überall, wohin ihn auch der Fittig der vermessensten Gedanken trug, stieß er auf Riegel und Mauern, und ein Versuch, die Gitterfenster zu durchfeilen, zog ihm, da er entdeckt ward, eine nur noch engere Einsperrung zu. Er warf sich vor dem Bildnisse der heiligen Mutter Gottes nieder, und betete mit unendlicher Inbrunst zu ihr, als der einzigen, von der ihm jetzt noch Rettung kommen könnte.

Beispiel 2

Ein strikt interner point of view erlaubt nur die Erzählung von Gedanken, Wahrnehmungen und Wissen, die der gerade fokussierten Figur zuzusprechen sind – im Fall des Er-Erzählers allerdings so, daß durch diese Erzählform die erlebende Figur und der Erzähler grammatisch getrennt bleiben. Vor allem aber versucht der Erzähler, sich so auf das Erzählte zu beziehen, wie man es auch von dieser annehmen würde. Gerhart Hauptmanns Er-Erzähler in „Der Apostel" (1890) etwa verfolgt den Weg seiner Titelfigur durch und aus Zürich und gibt nur wieder, was diese auf dem Weg wahrnimmt, fühlt und denkt:

Auf der Straße war noch niemand. Einsamer Sonnenschein lag darauf. Hie und da der lange, ein wenig schräge Schatten eines Hauses. Er bog in ein Seitengäßchen, das bergan stieg, und klomm bald zwischen Wiesen und Obstgärten hin aufwärts.

Bisweilen ein hochgiebliges altväterliches Häuschen, ein enges, mit Blumen vollgepfropftes Hausgärtchen, dann wieder eine Wiese oder ein Weinberg. Der Ruch des weißen Jasmins, des blauen Flieders und des dunkelbrennenden Goldlacks erfüllte stellenweise die reine und starke Luft, daß er sie wohlig in sich sog, wie einen gewürzten Wein.
Er fühlte sich freier nach jedem Schritt.
Wie wenn ein Dorn aus seinem Herzen sich löste, war ihm zu Sinn, als es ihm das Auge so still und unwiderstehlich nach außen zog. Das Dunkel in ihm ward aufgesogen von all dem Licht. Das Köpfchen des gelben Löwenzahns, gleich unzähligen kleinen Sonnen in das sprießende Grün des Wegrandes gelegt, blendeten ihn fast. [...]
Lange ließ er das verzückte Auge umherschwelgen: – über alles hin, zu der Spitze des jenseitigen Berges, dessen schründige Hänge zartes, wohliges Grün umzog; – hinunter, wo die veilchenfarbne Fläche des Sees den Talgrund ausfüllte.

Hier wird zwar durch personales Erzählen und internen point of view der Standpunkt des Erzählers bewußt auf den der Figur bezogen. Zu einer stärkeren Anpassung der Art und Weise der Bezugnahme von Erzähler und Figur kommt es aber insbesondere dann, wenn der Erzähler in den Darbietungsmodus der →erlebten Rede wechselt, wenn er – wie hier, obgleich nur ganz kurz – etwa die Gedanken der Figur unmittelbar wiedergibt:

Er stand still, wieder schauend. Nun war es die Stadt unten, die ihn anzog und abstieß. Wie ein grauer, widerlicher Schorf erschien sie ihm, wie ein Grind, der weiterfressen würde, in dies Paradies hineingeimpft: Steinhaufen an Steinhaufen, spärliches Grün dazwischen. Er begriff, daß der Mensch das allergefährlichste Ungeziefer sei. Jawohl, das stand außer Zweifel: Städte waren nicht besser als Beulen, Auswüchse der Kultur.

9.2.5 erlebte Rede

Darbietungsweise erzählender Literatur: durch den Erzähler vermittelte, aber den point of view einer Figur einnehmende Wiedergabe ihrer Bewußtseinsgehalte

Im Anschluß an die Konstruktion der vermittelnden →*Erzähler*-In-
stanz kann man auch verschiedene Arten und Weisen unterscheiden,
wie dieser Erzähler das Erzählte präsentiert: Neben dem üblichen Erzählerbericht oder dem Kommentar (etwa des auktorialen Erzählers)
sind dabei vor allem →Darbietungsweisen von Interesse, die Psychisches (also Bewußtseinsgehalte, Wahrnehmungen, Gedanken, Gefühle usw.) von Figuren darstellen. Neben der direkten Rede von (ausgesprochenen) Gedanken, der indirekten Rede und dem →*inneren Monolog* kennt die Erzählliteratur eine weitere Form solcher Wiedergabe, die erlebte Rede. Diese wird üblicherweise nur in bestimmten Passagen eingesetzt, die von anderen Darbietungsweisen 'eingerahmt'
ist.

Die erlebte Rede ist signifikant für personales →*Erzählverhalten*.
Sie behält zwar den Erzähler als Äußerungs- bzw. Vermittlungsinstanz bei, dieser schließt sich aber ansonsten komplett dem internen
→*point of view* der gerade fokussierten Figur an. Er gibt also ausschließlich ihre Bewußtseinsgehalte wieder und ist somit fast ohne
Distanz zum Erzählten. Vor allem aber ist er in der Auswahl und in
der Art und Weise der Bezugnahme völlig auf den Standpunkt der
Figur beschränkt.

Er bleibt allerdings – im Unterschied zum inneren Monolog – als
Erzählinstanz vollkommen erhalten, da er sich weiterhin erkennbar
von der Figur, deren Bewußtseinsgehalte er ansonsten direkt wiedergibt, unterscheidet. Diese Unterscheidung, die noch eine gewisse
Vermitteltheit des Erzählten nach sich zieht, beruht für gewöhnlich
auf zwei Momenten, die an der Textoberfläche leicht auszumachen
sind:

1. Als Er-Erzähler bezieht er sich weiterhin in der grammatischen
dritten Person (also als "er" oder "sie") auf die Figur. Demzufolge

kann es problematisch sein, erlebte Rede zu identifizieren, wenn sich die Bewußtseinsgehalte der Figur nicht auf sich selbst beziehen (wenn also die Bezugnahme in dritter Person gar nicht zum Einsatz kommt). Demzufolge ist auch umstritten, ob man radikale Übernahmen des internen point of view eines →Ich-Erzählers, wenn also erlebendes und erzählendes Ich völlig verschmelzen, auch als erlebte Rede ansehen soll. Üblicherweise behält man aus diesem Grunde erlebte Rede der →Er-Erzählform vor.

2. Als Erzähler behält er nicht nur die üblichen Regeln der Syntax (wie im Erzählerbericht) weitgehend bei, sondern auch das übliche Tempus der Erzählung. Da dies gemeinhin das →(epische) Präteritum ist, stehen auch die Passagen in erlebter Rede in diesem Tempus. Insofern wird erlebte Rede mitunter auch über die Beibehaltung des Präteritums definiert, obwohl es – etwa wenn das Tempus der Erzählung ohnehin das Präsens ist – keinen guten Grund gibt, nicht auch erlebte Rede im Präsens zuzulassen.

Ein weiteres Indiz unterstützt die Vermitteltheit erlebter Rede bzw. den Unterschied von Erzähler und Figur: Textpassagen in erlebter Rede gehen meist fließend aus personalem Erzählerbericht hervor und in ihn zurück. Erlebte Rede läßt so sogar (wiederum Distanz erzeugende) Kommentare des Erzählers über das Erzählte zu.

Beispiel

Gerhart Hauptmann setzt in seiner Erzählung „Der Apostel" (1890) einen Er-Erzähler mit strikt internem →*point of view* ein. Durchaus typisch ist nun auch, daß er – innerhalb dieses personalen →*Erzählverhaltens* – immer wieder Passagen einbaut, die darauf abzielen, die Gedanken der Titelfigur möglichst direkt wiederzugeben – und zwar in der Weise, wie sie die Figur wohl denken dürfte. Der Erzähler bleibt aber auch in diesen Abschnitten, die sich kaum merklich aus dem Erzählerbericht heraus entwickeln, immer präsent und erkennbar am Präteritum und dem „er", mit dem er sich auf die Figur bezieht:

> Er haßte diese Bahnen mit ihrem ewigen Gerüttel, Gestampf
> und Gepolter, mit ihren jagenden Bildern; – er haßte sie und
> mit ihnen die meisten anderen der sogenannten Errungen-
> schaften dieser sogenannten Kultur.
> Durch den Gotthard allein ... es war wirklich eine Tortur,
> durch den Gotthard zu fahren: dazusitzen, beim Scheine eines
> zuckenden Lämpchens, mit dem Bewußtsein, diese ungeheu-
> re Steinmasse über sich zu haben. Dazu dieses markdurch-
> schütternde Konzert von Geräuschen im Ohr. Es war eine
> Tortur, es war zum Verrücktwerden! In einen Zustand war er
> hineingeraten, in eine Angst, kaum zu glauben. Wenn das
> nahe Rauschen so zurücksank und dann wieder daherkam,
> daherfuhr wie die ganze Hölle und so tosend wurde, daß es
> alles in einem förmlich zerschlug ... Nie und nimmer würde
> er nochmals durch den Gotthard fahren!

Hier ist – durch das für die direkte Wiedergabe von Bewußtseinsgehalten an sich unpassende Präteritum und durch das „er" – die Trennung von Erzähler und Figur immer noch deutlich markiert.

In der folgenden Textpassage fällt das erste Unterscheidungskriterium allerdings weg, da hier bereits der eigentliche Erzählerbericht
im Präsens steht. Aber in der kleinen Novelle „Sommertod" von Jo-
hannes Schlaf von 1895 geht ohnehin ständig gewöhnlicher Erzählerbericht in erlebte Rede über und umgekehrt, beide sind kaum zu
unterscheiden. Wenn überhaupt, dann kann man hier die Abschnitte
in erlebter Rede nur dadurch erkennen, daß sie in Syntax und Tempo
eher einem 'echten' Gedankengang entsprechen als der sie umgebende Erzählerbericht:

> Es ist Abend. Müde von langer Wanderung sitzt er in seinem
> Zimmer und sieht in die Dämmerung. Ein Wind hat sich auf-
> gemacht und rauscht im Kamin.
> Er fühlt ein Vermissen. Richtig! So ist es immer. Ein Verlan-
> gen, Vermissen.
> Eine Cigarre. Nein! Das ist es nicht. Trotzdem raucht er
> weiter, stöhnt, nimmt ein Buch und setzt sich zum Fenster.
> Eine Seite. Noch eine. Nein: er begreift nicht, was er liest.
> Ein Fiebern ist in ihm, eine Unruhe!

9.2.6 innerer Monolog

Darbietungsweise erzählender Literatur: nicht erkennbar durch den Erzähler vermittelte, den point of view einer Figur radikal einnehmende Wiedergabe ihrer Bewußtseinsgehalte

Im Anschluß an die Konstruktion der vermittelnden →*Erzähler*-Instanz kann man auch verschiedene Arten und Weisen unterscheiden, wie dieser Erzähler das Erzählte präsentiert: Neben dem üblichen Erzählerbericht oder dem Kommentar (etwa des →auktorialen Erzählers) sind dabei vor allem Darbietungsweisen von Interesse, die Psychisches (also Bewußtseinsgehalte, Wahrnehmungen, Gedanken, Gefühle usw.) von Figuren darstellen. Neben der direkten Rede von (ausgesprochenen) Gedanken, der indirekten Rede und der →*erlebten Rede* kennt die Erzählliteratur etwa seit 1900 eine weitere Form solcher Wiedergabe, den inneren Monolog. Diese wird manchmal nur in bestimmten Passagen eingesetzt, die von anderen Darbietungsweisen 'eingerahmt' ist, oft aber sind auch ganze Texte in dieser Darbietungsweise geschrieben.

Der innere Monolog stellt dadurch, daß er die theoretische Konstruktion des vermittelnden Erzählers aussetzt, natürlich einen Grenzfall dar, scheint er doch gerade dem zentralen Kriterium für →*erzählende Literatur* zu widersprechen. Insofern stellt er eine Herausforderung an die Erzähltheorie dar. Freilich kann eine theoretische Konstruktion angenommen werden, in der im inneren Monolog der Erzähler quasi vollständig und in jeder Hinsicht die Bewußtseinsgehalte einer Figur übernimmt oder diesen Platz macht.

Im inneren Monolog ist – im Unterschied zur erlebten Rede – die Erzählinstanz nicht mehr wahrnehmbar: Die sprechende Instanz ist einzig das „Ich" der Figur. Vielmehr wird hier also – in einer radikalen Beschränkung auf den internen →*point of view* einer Figur – nur das wiedergegeben, was sich im Bewußtsein dieser Figur 'abspielt'.

Da das Bewußtsein einer fiktiven Figur wiederum nur Konstrukt ist, muß auch dies an der Textoberfläche erkennbar sein: Es kommt nur zum Ausdruck, *was* die Figur wissen, wahrnehmen, fühlen und denken kann – und zwar so, *wie* sie es wohl wissen, wahrnehmen, fühlen und denken dürfte. Diese Art und Weise der Bewußtseinsgehalte richtet sich somit auf die Art und Weise der Bezugnahme auf die Welt um die Figur herum, die absolut auf deren Standpunkt konzentriert ist. Dementsprechend werden diese Bewußtseinsgehalte auch im Präsens wiedergegeben.

Oft versucht diese Darstellung oder Simulation von Bewußtseinsgehalten im inneren Monolog auch Spezifika ihrer (vermeintlichen) Gehalte und die Struktur ihres Verlaufes abzubilden. Solches Erzählen geht von einem fließenden Bewußtseinsstrom aus, der sich sprunghaft und assoziativ ständig neuen Reizen zuwendet, kaum systematische oder kausale Strukturen aufweist und der somit durch eine weitgehende Auflösung üblicher Syntax nachzubilden ist. Diese radikale Variante des inneren Monologs wird – als →stream of consciousness (engl.: Bewußtseinsstrom) – mitunter vom inneren Monolog abgesetzt.

Beispiel

Einer der ersten und berühmtesten Erzähltexte in deutscher Sprache, der ganz im inneren Monolog verfaßt ist, ist „Leutnant Gustl" von Arthur Schnitzler, der 1900 veröffentlicht worden ist. Die ganzen etwa 30 Seiten der Erzählung wird ausschließlich dasjenige präsentiert, was sich im Bewußtsein der Titelfigur abspielt. Nur wie er sich auf seine Umgebung bezieht, wird deutlich – und dadurch natürlich für den Leser sein Charakter, seine Ideologie, seine Denkweise und die Gründe wie Abgründe seiner 'Seele'. Die in anderen Darbietungsweisen erzählten Aspekte des Geschehens wie Umgebung, Handlung, Figuren, Situation usw. müssen alle erst durch diesen 'Filter' des Figurenbewußtseins erschlossen werden:

> Wie lange wird denn das noch dauern? Ich muß auf die Uhr schauen ... schickt sich wahrscheinlich nicht in einem so ernsten Konzert. Aber wer sieht's denn? Wenn' einer sieht, so paßt er gerade so wenig auf, wie ich, und vor dem brauch' ich mich nicht zu genieren ... Erst viertel auf zehn? ... Mir

kommt vor, ich sitz' schon drei Stunden in dem Konzert. Ich bin's halt nicht gewohnt ... Was ist es denn eigentlich? Ich muß das Programm anschauen ... Ja, richtig: Oratorium? Ich hab' gemeint: Messe. Solche Sachen gehören doch nur in die Kirche. Die Kirche hat auch das Gute, daß man jeden Augenblick fortgehen kann. – Wenn ich wenigstens einen Ecksitz hätt'! – Also Geduld, Geduld! Auch Oratorien nehmen ein End'!

Die Gedanken des Leutnants sind zwar sprunghaft, gehorchen aber doch noch erkennbaren und jederzeit nachvollziehbaren Strukturen, in die sie durch die Syntax der Sprache auch gebracht sind.

Diese ist in der Textpassage, die immer wieder als Muster der stream of consciousness-Technik angeführt wird, zwar nicht völlig aufgelöst, aber doch erkennbar auf die Unterbindung von Trennungen oder Unterbrechungen (etwa durch Satzzeichen) hin ausgerichtet und gehorcht nur noch dem Rhythmus des immer wiederkehrenden „yes". Hier 'fließt' das Bewußtsein – oder gar das Unterbewußtsein – der Molly Bloom ohne strukturelle oder syntaktische Zwänge zum Ende des „Ulysses" (1922) von James Joyce hin:

> [...] and Gibraltar as a girl where I was a Flower of the mountain yes when I put the rose in my hair like the Andalusian girls used or shall I wear a red yes and how he kissed me under the Moorish wall and I thought well as well him as another and then I asked him with my eyes to ask again yes and then he asked me would I yes to say yes my mountain flower and first I put my arms around him yes and drew him down to me so he could feel my breasts all perfume yes and his heart was going like mad and yes I said yes I will Yes.

9.2.7 episches Präteritum

spezifische Tempusverwendung fiktionaler Erzählliteratur: Verwendung des Präteritums nicht zur Darstellung von Vergangenem, sondern von fiktiv Gegenwärtigem

Das epische Präteritum entspricht also der Verwendung eines Vor-
zeitigkeit anzeigenden Tempus bei der Erzählung von Vergangenem
ausschließlich in Bezug auf die grammatische Verwendung des Tempus: das Präteritum als Tempus des Erzählens überhaupt.

Das im epischen Präteritum Erzählte befindet sich aber nicht in
einem Verhältnis der Vergangenheit zur Zeit des Erzählens. Vielmehr ist es eine – wenn auch fiktive, allein durch die Erzählung produzierte – 'Gegenwart', die im epischen Präteritum präsentiert wird.

Das fiktive Geschehen, das Erzählte selbst weist natürlich im allgemeinen eine interne Zeitstruktur auf, so daß wiederum Vor- und
Nachzeitigkeit unterschieden werden können. Wenn dies – etwa
durch Temporaladverbien – indiziert wird, unterscheidet sich das epische Präteritum vom gewöhnlichen (historischen) Präteritum auch erkennbar an der Textoberfläche. Denn nur im epischen Präteritum ist
ein Satz wie der folgende akzeptabel: „Morgen mußte er aufbrechen."
„Morgen" signalisiert Nachzeitigkeit und ist nicht mit einem Prädi-
kat im gewöhnlichen Präteritum verknüpfbar, wohl aber mit dem epi -
schen Präteritum, das sich auf eine (fiktive) Gegenwart bezieht.

Das epische Präteritum kann als das gewöhnliche und die Erzählliteratur dominierende Tempus angesehen werden. Erkennbar – etwa
im eben erläuterten Sinn – ist es aber insbesondere dann, wenn →per-
sonales Erzählen mit einem internen →*point of view* vorliegt, wenn
also die vermeintliche Vergangenheit des Tempus mit dem figuren-
nahen Standpunkt der Figur zu konfligieren scheint.

Das epische Präteritum als gewöhnliches Tempus erzählender Literatur kann aber auch durch (*historisches*) *Präsens* ersetzt oder unterbrochen werden, etwa um die Tempusverwendung zu variieren, die
Spannung oder Bedeutsamkeit der erzählten Handlung zu unterstreichen oder um durch die (nun auch durch das Tempus selbst repräsentierte) 'Gleichzeitigkeit' des erzählten Geschehens dessen Anschau-
lichkeit zu unterstützen.

9.2.8 Erzählzeit – erzählte Zeit

Erzählzeit – reale Zeitspanne: Dauer der Lektüre eines Erzähltextes

erzählte Zeit – fiktive Zeitspanne: Dauer des erzählten Geschehens eines Erzähltextes

Die beiden Begriffe der Erzählzeit und der erzählten Zeit beziehen sich zwar jeweils auf Zeitspannen, allerdings auf sehr unterschiedliche: Denn während die Erzählzeit die etwa zu veranschlagende reale Lektürezeit eines Erzähltextes mißt, schätzt die erzählte Zeit diejenige Zeitspanne ab, die man einem fiktiven Geschehen zuweist, dem erzählten Geschehen eines Erzähltextes.

Die beiden Begriffe sind insbesondere dann für die literaturwissenschaftliche →*Erzähltextanalyse* von Bedeutung, wenn sie miteinander in Beziehung gesetzt werden: Das →*Erzähltempo*, also das Verhältnis von Erzählzeit zu erzählter Zeit, kann so von ganzen Texten ermittelt werden, aber auch von bestimmten Textpassagen, die sich darin womöglich gerade unterscheiden.

Erzählzeit und erzählte Zeit können sich dabei (näherungsweise) decken.

Die Erzählzeit kann aber auch – etwa durch die Digressionen eines →*auktorialen Erzählers* oder durch ein äußerst detailreiches Erzählen – ausgedehnt werden und die erzählte Zeit übertreffen.

Umgekehrt kann die Erzählzeit aber auch – etwa durch Überspringen ganzer Zeiträume oder durch Zusammenfassung sich wiederholender Vorgänge – gerafft werden, so daß die erzählte Zeit die Erzählzeit bei weitem überflügelt.

Das Tempo von Erzähltexten kann in diesem Sinne bedeutend variieren.

Beispiel

Ein ausgesprochen hohes Erzähltempo weisen etwa genealogische
Texte auf, die Stammbäume von Götter- oder Menschengeschlechtern
aneinanderreihen und dabei pro Generation (also geschätzte 30 Jahre
erzählte Zeit) gerade mal eine Zeile (also geschätzte 3 Sekunden Erzählzeit) benötigen. Das Alte Testament umfaßt eine solche Genealo-
gie der Nachkommen Noahs (Mos. I, 10. Kapitel):

> Dies ist das Geschlecht der Kinder Noahs: Sem, Ham, Ja-
> pheth. Und sie zeugten Kinder nach der Sintflut. Die Kinder
> Japheths sind diese: Gomer, Magog, Madai, Javan, Thubal,
> Mesech und Thiras. Aber die Kinder von Gomer sind diese:
> Askenas, Riphath und Thorgama. Die Kinder von Javan sind
> diese: Elisa, Tharsis, die Chittiter und die Dodaniter. Von
> diesen sind ausgebreitet die Inseln der Heiden in ihren Län-
> dern, jegliche nach ihren Sprachen, Geschlechtern und Leu-
> ten. Die Kinder von Ham sind diese: Chus, Mizraim, Put und
> Kanaan. Aber die Kinder von Chus sind diese: Seba, Hevila,
> Sabtha, Ragma und Sabthecha. Aber die Kinder von Ragma
> sind diese: Saba und Dedan.

Doch kann die erzählte Zeit nicht nur extrem gerafft, sondern auch
erkennbar gedehnt werden. So benötigt die homerische „Odyssee"
zwar als →*Epos* mit 24 Gesängen eine erhebliche Erzähl- bzw. Vor-
tragszeit, die erzählte Zeit der Geschehnisse um Odysseus überwiegt
diese aber bei weitem, da sie bekanntlich mehrere Jahre des unfrei-
willigen Exils und Umherirrens umfaßt. Der moderne „Ulysses" von
James Joyce (1922) übertrifft die Erzählzeit des Epos womöglich sogar. Die erzählte Zeit dieses Romans ist jedoch auf etwa 24 Stunden
im Leben des 'Helden' Leopold Bloom in Dublin 'zusammenge-
schrumpft'.

Als offensichtliche und signifikante Strategie verwendet etwa Peter Weiss die Dehnung der Erzählzeit in seinem Text „Der Schatten
des Körpers des Kutschers" (1952), wenn er – wie schon im Titel –
alles Beobachtbare bis ins Detail wiedergibt und beschreibt. Der Text
setzt ein mit dem Blick vom 'stillen Örtchen' aus:

Durch die halboffene Tür sehe ich den lehmigen, aufge-stampften Weg und die morschen Bretter um den Schweine-kofen. Der Rüssel des Schweines schnuppert in der breiten Fuge wenn er nicht schnaufend und grunzend im Schlamm wühlt. Außerdem sehe ich noch ein Stück der Hauswand, mit zersprungenem, teilweise abgebröckeltem gelblichen Putz, ein paar Pfähle, mit Querstangen für die Wäscheleinen, und dahinter, bis zum Horizont, feuchte, schwarze Ackererde. Dies sind die Geräusche; das Schmatzen und Grunzen des Schweinerüssels, das Schwappen und Klatschen des Schlam-mes, das borstige Schmieren des Schweinrückens an den Brettern, das Quietschen und Knarren der Bretter, das Knir-schen der Bretter und lockeren Pfosten an der Hauswand [usw.].

9.3 Klassifikationen von erzählender Literatur

Die verschiedenen Möglichkeiten, erzählende Literatur zu klassifizie-ren, sind nur zum Teil systematisch aufeinander bezogen. In überwie-gendem Maße gehen sie – zumindest auch – von historischen Ent-wicklungen in der Geschichte der Erzählliteratur aus.

Eine (oberflächliche) Möglichkeit der Klassifikation von Erzähl-literatur ist natürlich über die zum Teil sehr unterschiedliche Länge möglich, so daß tendenziell kurze Erzähltextsorten oder -gattungen den Langformen Epos und Roman gegenüberstehen können.

Aus der ersten Gruppe werden hier eingeführt:

→*Erzählung*   →*Novelle*

→*Fabel*   →*Parabel*

→*Kurzgeschichte*

Aus der zweiten werden eingeführt:

→*Epos* und   →*Roman*

sowie dessen Subklassifikationen:

→*Bildungsroman* (implizit: →*Entwicklungsroman*)

→*Briefroman*

→*höfisch-historischer Roman*

→*Schelmenroman* (oder *Picaro-Roman*)

9.3.1 Bildungsroman

Sub-Klasse des →*Romans* bzw. Roman-→*Gattung* des 18. und 19. Jahrhunderts: umfassende Erzählung der 'Bildung' einer Hauptfigur zu einer selbstbestimmten Individualität im Einklang mit seiner (gesellschaftlichen) Umwelt

Das Konzept des Bildungsromans, das ursprünglich im Hinblick auf bestimmte deutschsprachige Romane des ausgehenden 18. und des 19. Jahrhunderts entwickelt worden ist, ist kaum von den verwandten Konzepten des Entwicklungs- und Erziehungsromans abzugrenzen. Im Unterschied zu diesen ist es aber auf ein spätaufklärerisches Konzept der prozessualen Bildung eines Individuums bezogen.

Zur erzählerischen Darstellung kommt diese Bildung oder Entwicklung einer (männlichen) Hauptfigur in Ich- oder Er-→*Erzählform*. Ausgangspunkt dieser Bildungsgeschichte ist im allgemeinen ein unvollkommener Zustand der Jugend oder (naiven) Subjektivität, der sich als unvollkommen vor allem dann zeigt, wenn der Held des Bildungsromans mit der Welt, seiner Umwelt, mit dem anderen Geschlecht, mit einem Beruf und/oder mit der Gesellschaft in Beziehung tritt. Dieser Kontakt, der oft mit Ortsveränderungen und dem Kennenlernen neuer Umstände und Situationen einhergeht, führt zu Krisen, die – überwunden – Grundlage für die (je) weitere Ausbildung oder Entwicklung des Helden werden und insofern einen bildenden oder erzieherischen Effekt haben. Der (von vorneherein zu erreichende) Zielzustand besteht schließlich in einer harmonischen Beziehung von Individuum und Gesellschaft bzw. Welt. Dieser (dreiphasige) Aufbau ist typisch für die Organisation einer solchen Bildungsgeschichte.

Zumeist eng mit dem (aufklärerischen und goethezeitlichen) Bildungskonzept verbunden ist die Thematik des Künstlers, dementsprechend häufig sind die Hauptfiguren des Bildungsromans (angehende) Künstler.

Womöglich von Anfang an in der Entwicklung der Gattung Bildungsroman angelegt, setzten sich im 19. (und daran anschließend im 20.) Jahrhundert dann zunehmend Bildungs- und Entwicklungsgeschichten durch, die nicht als zielorientierter Prozeß zunehmender Bildung, Harmonisierung und Integration beschrieben werden können, aber an der ausgebreiteten Darstellung der Entwicklung einer zentralen Figur festhielten. Diese Romane werden mitunter – in Abgrenzung vom engen Bildungsroman-Konzept – als →Entwicklungsromane bezeichnet. Und noch in der Moderne orientieren sich zahlreiche Romane an diesem Modell, wenn sie – gleichsam als Anti-Bildungsromane – erkennbar das Scheitern der gesellschaftlichen Integration einer Figur oder ihre 'Ver-Bildung' darstellen.

Beispiel

Christoph Martin Wielands „Geschichte des Agathon" (1767, 1773 und 1794) ist der erste deutschsprachige Roman, der konsequent die Darstellung des Bildungsweges einer zentralen Figur unternimmt. Die Bildungsgeschichte des Agathon ist zwar im klassischen Griechenland angesiedelt, realisiert aber erkennbar das Ideal aufklärerischer Bildung, die aus dem 'schwärmerischen' Jüngling in langen Krisen- und Wanderjahren einen voll ausgebildeten und nützlichen Bürger seiner Gemeinde machen.

Zum Modell oder zum (durchaus auch kritisch hinterfragten) Ausgangspunkt der Bildungsromantradition wurden aber „Wilhelm Meisters Lehrjahre" (1794-96). Dieser Roman realisiert zwar abermals auf der Ebene der Handlung einen komplexen Bildungsprozeß. Dieser wird jedoch durch andere, symbolische Ebenen des Romangeschehens oder des Erzählens zunehmend in Frage gestellt, so daß bereits in dem Modell des Bildungsromans die Frage nach dem Gelingen einer solchen Bildung unüberhörbar bleibt.

Diese zentrale Frage nach dem Verhältnis von Individuum und Gesellschaft ist es denn auch, die – im jeweiligen Kontext der gesellschaftlichen und kulturellen Entwicklung – den weiteren Fortgang dieser Gattungs- oder Romantyp-Tradition im 19. und 20. Jahrhundert bestimmt.

9.3.2 Briefroman

Sub-Klasse oder Form-Typ des →*Romans* (des 18. Jahrhunderts): Darstellung des Romangeschehens (fast) ausschließlich durch die Briefe einer oder mehrerer Figuren

Der Briefroman zeichnet sich zwar primär durch eine spezifische Weise der Vermittlung des Geschehens aus, er ist also rein *formal* bestimmt. Diese Vermittlungsweise ist jedoch – de facto – fast völlig auf das (empfindsame) 18. Jahrhundert beschränkt, so daß der Briefroman auch eine *historische* Bestimmung mit sich bringt.

Die spezifische Art der Vermittlung, die das 18. Jahrhundert mit seiner Vorliebe für die neu entdeckte Subjektivität des Menschen bevorzugte, besteht darin, gerade keine →*Erzählinstanz* vermittelnd erzählen zu lassen, sondern die an einem bestimmten, meist sehr privaten und intimen Geschehen beteiligten Figuren direkt, unmittelbar und aus dem vom Geschehen ausgehenden Zustand des Beteiligtseins heraus sich aussprechen zu lassen. Dies geschieht durch die Wiedergabe der (natürlich fiktiven) Briefe einer Hauptfigur (monoperspektivisch) oder einiger weniger zentraler Figuren (polyperspektivisch), die nur selten und nie ausgedehnt von anderen 'authentischen' 'Dokumenten' (etwa Tagebucheintragungen) und einer Herausgeberinstanz unterbrochen oder ergänzt werden.

Das Darstellungsmedium des Briefes läßt dabei das eigentliche Geschehen, das in den Briefen eher vorausgesetzt als explizit erzählt wird, zugunsten der mit diesem Geschehen verknüpften Gefühle und Gedanken zurücktreten. Durch das zeitnahe Schreiben des Briefes unterscheidet sich die 'Erzählweise' des Briefromans dadurch vom (quasi-autobiographischen) →Ich-Erzählen, durch die Adressiertheit des Briefes an einen (mitunter selbst in das Geschehen involvierten) Briefpartner von anderen Formen des Ich-Erzählens. Somit wird durch diese spezifische Darstellungsstrategie unmittelbare und 'authentische' Aussprache eines (fühlenden, empfindsamen) Subjekts möglich.

Die Konzentration auf das Subjekt führt zudem häufig zu Handlungs- und Geschehenszusammenhängen, die geprägt sind von den intimen Gefühlen dieser Subjekte.

Beispiel

Das wohl wirkungsmächtigste Vorbild des europäischen Briefromans stellt Samuel Richardsons „Pamela, or, Virtue Rewarded" (1740) dar, ein strikt monoperspektivischer Briefroman, der – aus der Sicht Pamelas – von der (scheiternden) Verführung des Dienstmädchens Pamela durch ihren Arbeitgeber, Mr. B., 'erzählt'. Ihre Tugendhaftigkeit, die sie nicht zuletzt in ihren Briefen demonstriert, wird schließlich belohnt – durch die Heirat des nunmehr echt liebenden Mr. B.

Einen ähnlich gelagerten →*plot* hat Richardsons „Clarissa, or, The History of a Young Lady", allerdings mit tödlichem Ausgang für die Titelheldin und den Verführer. Die sehr viel komplexeren Beziehungen und Gefühle der beteiligten Personen kommen zudem polyperspektivisch zum Ausdruck, in den Briefen von über zwanzig Briefschreibern.

Der bedeutendste (monoperspektivische) Briefroman wohl nicht nur der deutschen Literaturgeschichte ist aber sicherlich Goethes „Die Leiden des jungen Werthers" (1774). Dem weiter fortgeschrittenen 18. Jahrhundert entsprechend steht hier nicht mehr das Verhältnis von Gefühl und Moral im Vordergrund, sondern das Gefühl der Liebe alleine. Da die unerfüllbare Liebe Werthers zum Tod durch eigene Hand führt, ist Goethe gezwungen, von der ausschließlichen Wiedergabe von Briefen Werthers abzusehen und am Ende einen Erzähler (bzw. fiktiven Herausgeber) einzuschalten. Im Zentrum der Aufmerksamkeit steht gleichwohl weniger das zum Tode führende Geschehen als die radikal subjektive und sich so von allem (gesellschaftlichen) Maß entfernende Selbstaussprache der schwärmerisch liebenden Hauptfigur.

9.3.3 Epos

(griech.: *épos* = Wert, Rede, Geschichte)

Klasse oder Gattung vormoderner erzählender Literatur: gleichmäßig versifizierte, stilistisch und inhaltlich hochstehende, große und umfassende Erzählung von Geschehnissen von zentraler Bedeutung

Das antike Epos ist die älteste (nachweisbare) Realisation groß angelegter Erzählliteratur. Die Epen der griechischen und römischen Antike waren demzufolge bis weit in die Neuzeit hinein der Bezugspunkt und das Modell für kunstvolles Erzählen, das erst im Verlauf der Frühen Neuzeit nach und nach vom →*Roman* verdrängt worden ist. Beide Großformen der Erzählliteratur werden deshalb oft in einem historischen Komplementaritätsverhältnis zueinander gesehen. Dabei gilt der in Prosa geschriebene und über variablere Gestaltungsformen verfügende Roman Zeiten angemessen, in denen kein geschlossenes und auf Transzendentes bezogenes Weltbild mehr vorherrscht, während dies gerade dem Epos zukommt.

Denn dieses realisiert – sprachlich, formal und inhaltlich – eine in sich geschlossene Sinn-Ordnung, die der Kultur, aus der das jeweilige Epos stammt, durch dieses eingeschrieben wird. Dies gilt natürlich gerade in Fällen, wo Epen eher aus (mündlichen) volkstümlichen Erzähltraditionen herrühren als einem individuellen Autor zuzurechnen sind. Insofern kommt dem Epos typischerweise innerhalb solcher Kulturen eine entscheidende einheitsstiftende Funktion zu.

Dementsprechend verwendet das Epos eine Sprache und Verse, die prinzipiell dem →*genus grande* zuzurechnen ist. Im Modellfall der antiken Epen und im Rückgriff darauf auch zahlreicher neuzeitlicher Epen ist das epische Versmaß der →*Hexameter*, doch sind auch andere →*Versmaße* oder →*strophische Organisationsformen* möglich. Entscheidend ist dabei immer die Gleichförmigkeit der Sprache und der Verse.

Diese ist zudem bedeutsam für die epentypische Art und Weise des Erzählens: Das Epos neigt auch hier zur Größe, also zur Ausdehnung, zur Einbindung von Episoden, zur Ausgestaltung von Details und zu einem gleichmäßig fortschreitenden Erzählduktus. Üblich sind ein →neutraler, allwissender und mit einem externen →*point of view* ausgestatter →Er-Erzähler, der sich innerhalb des gesamten Erzählverlaufs ebenfalls unverändert präsentiert.

Das vom Epos erzählte Geschehen ist groß, insofern es – für die jeweilige Kultur – bedeutsam ist. Diese Bedeutung ergibt sich zumeist schon aus dem thematischen Hintergrund oder Ursprung des erzählten Geschehens, das überwiegend aus den Bereichen der Mythologie, Religion oder der (National-)Geschichte stammt. Akteure dieses Geschehens sind dementsprechend zumeist Götter oder göttliche Wesen, Heroen, Nationalhelden und andere historische Gestalten, die allesamt – wie das Geschehen und die mit ihm verknüpften Aktionen und Emotionen – das übliche Maß des Alltäglichen deutlich übersteigen. Eine zweite mögliche Bedeutungsebene des Epos ist damit verbunden, kann es doch als umfassende vorbildliche Gestaltung eines bedeutsamen, mythischen Geschehens – gerade im Rückblick – auch als Ausdruck großer und allgemeiner Menschheitsthemen angesehen werden.

Beispiel

Die Epen, die aus den alten Kulturen der Antike und aus dem Mittelalter überliefert sind, sind oft nicht nur die (mit) ältesten Zeugnisse der betreffenden Sprache und Kultur, sondern häufig auch eng mit den volkstümlichen mündlichen Erzähltraditionen derselben verknüpft. Dies gilt etwa für das babylonische „Gilgamesch"-Epos aus dem 2. Jahrtausend vor Christus. So können aber auch die berühmten homerischen Epen (etwa 730 v. Chr.) bis heute keinem identifizierbaren Autor Homer zugeordnet werden. Statt dessen geht man von einer vorliegenden Erzählungen verbindenden und aufbereitenden Redaktionstätigkeit einer oder mehrerer Personen aus.

Die „Ilias" befaßt sich bekanntlich in 24 Büchern und tausenden von Hexametern zwar mit dem mythischen Stoff des Kampfes der frühzeitlichen Griechen um Troja, behandelt aber tatsächlich nur eine bestimmte Sequenz aus diesem Geschehen, der sich um das Thema dieses Epos, den Zorn Achills rankt. Gleichwohl wird – in 'epischer Breite' – dieses Thema so weit entfaltet, daß nicht nur die späteren antiken Griechen, denen dieser Text zum historischen (!) und sprachlichen Lehrstoff wurde, sondern auch wir einen umfassenden Eindruck von der Götterwelt, dem Welt- und Menschenbild der frühen griechischen Kultur erhalten. Erzählt wird – im Kontext des großen, gesamtgriechischen Unternehmens der Eroberung Trojas (und der Wiederheimholung Helenas) – ein Geschehen, in dem Ehre, Sieg und Macht auf dem Spiel stehen, und in das die olympischen Götter immer wieder aktiv eingreifen.

Neben der homerischen „Odyssee" ist Vergils „Aeneis" (um 20 v. Chr.) das dritte klassisch antike Epos, das zentrale Bedeutung für die weitere Entwicklung des Epos in der abendländischen Kultur gewann. Diesmal gestaltet ein nachweisbarer Autor das sagenhafte Geschehen um den trojanischen Helden Aeneas bewußt zu einer legendären Frühgeschichte des eigenen, römischen Staatswesens um.

Diese „Aeneis" dient, fast 1700 Jahre später, John Milton mit seinem Epos „Paradise Lost" (1667/1674) immer noch als Vorlage bei seiner furiosen Gestaltung der Auseinandersetzung zwischen Gottvater und Satan, die letztlich – der christlichen Tradition zufolge – die Bedingungen und Grundlagen der Welt und der menschlichen Existenz prägen.

9.3.4 Erzählung

als Sammel- oder Oberbegriff weitgehend mit 'erzählende Literatur' identisch

als Klassifikationsbegriff: kaum positiv zu bestimmende Gruppe oder Familie erzählender Texte mittlerer Länge

'Erzählung' kann natürlich alle die Literatur genannt werden, die im Sinne von →*epischer* oder →*erzählender Literatur* ein Geschehen durch eine Erzählinstanz vermittelt darstellt.

Der Begriff hat sich jedoch auch eingebürgert für eine Vielzahl von solchen Erzähltexten, die nicht einer anderen, leichter positiv bestimmbaren Klassifikation erzählender Literatur zuzuordnen sind.

So gilt die Erzählung im allgemeinen als deutlich kürzer und weniger komplex als der →*Roman* (was auch Auswirkungen auf die Möglichkeit einer Einzeltextveröffentlichung hat), aber als umfangreicher als Kurzformen wie etwa die Skizze. Die Erzählung ist auf der anderen Seite weniger straff organisiert als die →*Novelle*, der sie im üblichen Umfang ähnlich ist. Besonders problematisch ist die Abgrenzung von der short story oder →*Kurzgeschichte*, die freilich im allgemeinen einen pointierten Schluß aufweist, was der Erzählung fehlt.

Somit bleibt als Bestimmung der Erzählung ein abgeschlossener erzählender Text mittlerer Länge, der nicht einer anderen Klasse oder Gattung erzählender Literatur angehört.

Nicht nur, weil eindeutige Gattungszuordnungen vor dem 19. Jahrhundert fast verpflichtend sind, gibt es Erzählungen bzw. Texte, die als „Erzählungen" tituliert sind, vor allem im 19. und 20. Jahrhundert.

Beispiel

Bekannt dafür, Erzählungen (und eben nicht nur Romane oder Novellen) geschrieben zu haben, sind in der deutschen Literatur des 19. und 20. Jahrhunderts vor allem zwei Autoren, die mit diesen Texten tatsächlich weniger pointierte und handlungsreiche Geschehnisse, als sie in Novellen üblich sind, präsentieren – und weniger komplexe als in Romanen.

So wird in der Erzählung „Bergkrystall" von Adalbert Stifter (1845) nicht nur die Rettung eines Kinderpaars aus einer Winterwelt erzählt, sondern es werden auch naturphilosophische, metaphysische und moralische Momente in die Erzählung bzw. in das Erzählte miteingeflochten, so daß das Geschehen weniger 'dramatisch' präsentiert wird als in einer Novelle, aber zu wenig komplex ist, um für einen Roman geeignet zu sein. Nicht ungewöhnlich ist allerdings die Tatsache, daß „Bergkrystall" später in eine Sammlung von Erzählungen Stifters („Bunte Steine") aufgenommen worden ist.

Von Thomas Mann, der natürlich in erster Linie durch Romane und Novellen bekannt geworden ist, gibt es eine ganze Reihe von Erzähltexten, die als „Erzählungen" ausgewiesen und veröffentlicht worden sind. Vielleicht ist es zum Beispiel gerade das Typische des Erzählten, das „Herr und Hund" (1919) als Erzählung ausweist, geht es doch um das alltäglich sich zeigende Einverständnis zwischen den beiden.

Auf der anderen Seite ist deutlich, daß die Unterscheidung von Erzählungen und Novellen bei Thomas Mann selbst nicht sonderlich deutlich ist. Denn zahlreiche kürzere Erzähltexte sind erst in einer Sammlung von „Novellen", später erneut in einer Sammlung von „Erzählungen" erschienen.

9.3.5 Fabel

(lat.: *fabula* = Erzählung)

Gattung der Lehrdichtung und Erzählliteratur: Erzählung eines Geschehens mit nicht-menschlichen Akteuren, die aber typische menschliche Eigenschaften aufweisen, zum Zweck der Vermittlung einer (implizit oder explizit formulierten) Lehre

Der Ursprung der Fabel liegt in der Antike, wo auch ihre typischen Gestaltungs- und Funktionsmerkmale ausgebildet worden sind. Verwendung fand diese Gattung freilich auch im Mittelalter und in der Neuzeit.

Die Fabel verbindet ein spielerisches und unterhaltendes Moment (→*delectare*) mit einem belehrenden (→*prodesse*, →*docere*). Das spielerische besteht darin, daß die Geschichte, die erzählt wird, ihre Fingiertheit offenlegt, da sie sich ausschließlich auf nicht-menschliche Akteure beschränkt, zumeist Tiere.

Diese werden jedoch anthropomorphisiert, also mit typischen (und fest mit bestimmten Tieren verbundenen) signifikanten menschlichen Eigenschaften ausgestattet und in – oft auf Oppositionen basierenden – Handlungszusammenhängen als Akteure miteinander verknüpft. Dieses modellhafte Geschehen ist wiederum – im Prinzip per →*Allegorese* – leicht auf menschliches Verhalten zurückzubeziehen und ergibt so eine bestimmte, zumeist moralische oder moralisierende 'Lehre': „fabula docet". Die(se) 'Moral von der Geschicht' wird oft – voran- oder nachgestellt – sogar explizit vorgebracht.

Die Fabel ist somit der →*Parabel*, der →*Allegorie* und anderen →*uneigentlichen Redeweisen* eng verwandt.

Beispiel

Unter dem Namen Aesops – wohl einem thrakischen Sklaven des 6. Jahrhunderts vor Christus, der eine nicht erhaltene Sammlung von Prosa-Fabeln verfaßt haben soll – sind zahlreiche Fabeln der (griechischen) Antike versammelt. Diese bilden den Ursprung und auch das bis weit in die Neuzeit hinein unangefochtene Modell der europäischen Fabeldichtung.

Die folgende Fabel verbindet ganz typisch zwei – in Bezug auf ihre repräsentativen und einzig ausschlaggebenden Eigenschaften (Sanftheit und Aggressivität) – einander gegenüberstehende Tiere in einem einfachen Geschehenszusammenhang und teilt dem Leser die (auf die menschliche Welt bezogene) 'Moral' desselben am Ende explizit mit.

Das Lamm und der Wolf

Ein Lämmchen löschte an einem Bache seinen Durst. Fern von ihm, aber näher der Quelle, tat ein Wolf das gleiche. Kaum erblickte er das Lämmchen, so schrie er: „Warum trübst du mir das Wasser, das ich trinken will?" „Wie wäre das möglich", erwiderte schüchtern das Lämmchen, „ich stehe hier unten und du so weit oben; das Wasser fließt ja von dir zu mir; glaube mir, es kam mir nie in den Sinn, dir etwas Böses zu tun!" „Ei, sieh doch! Du machst es gerade,

wie dein Vater vor sechs Monaten; ich erinnere mich noch
sehr wohl, daß auch du dabei warst, aber glücklich entkamst,
als ich ihm für sein Schmähen das Fell abzog!" „Ach, Herr!"
flehte das zitternde Lämmchen, „ich bin ja erst vier Wochen
alt und kannte meinen Vater gar nicht, so lange ist er schon
tot; wie soll ich denn für ihn büßen." „Du Unverschämter!"
so endigt der Wolf mit erheuchelter Wut, indem er die Zähne
fletschte. „Tot oder nicht tot, weiß ich doch, daß euer ganzes
Geschlecht mich hasset, und dafür muß ich mich rächen."
Ohne weitere Umstände zu machen, zerriß er das Lämmchen
und verschlang es.

Das Gewissen regt sich selbst bei dem größten Bösewichte;
er sucht doch nach Vorwand, um dasselbe damit bei Bege-
hung seiner Schlechtigkeiten zu beschwichtigen.

9.3.6 höfisch-historischer Roman

Sub-Klasse des →*Romans* bzw. Roman-→*Gattung* der Frühen
Neuzeit (des Barock): extrem umfangreiche Erzählung einer ver-
wickelten Liebes- und Abenteuerhandlung mit Figuren von hohem Stand

Der höfisch-historische Roman (des 16. und 17. Jahrhunderts), der
bewußt auf spätantike Roman-Muster zurückgreift, steht ebenso wie
sein Pendant, der →*Schelmenroman*, in der Tradition des Abenteuerromans.

Doch im Unterschied zu diesem wird das Geschehen von einem
→Er-Erzähler vermittelt, der typischerweise medias in res, also unvermittelt, in die extrem komplexe Romanhandlung einsteigt (und
deshalb die Vorgeschichte(n) je nachtragen muß).

Ebenfalls im Gegensatz zum Schelmenroman wird nicht die zeitgenössische Welt in den Blick genommen, vielmehr spielt sich das
Geschehen in einer bewußt →*fiktiven*, oft als (quasi-)historisch ausge-
wiesenen Welt ab. Diese (fiktive) Welt entspricht in ihrer Weltsicht
der (realen) Welt des Absolutismus, die so im höfisch-historischen
Roman repräsentiert wird: Der höfisch-historische Roman ist folglich

Liebes-, Abenteuer- und Staatsroman, galanter und heroischer Roman zugleich. Demzufolge sind die Figuren fast ausnahmslos von hohem Stand und öffentliche Personen, die immer auch (potentielle) Machtträger sind. Die Handlung, in die diese Figuren verwickelt sind, ist gekennzeichnet von großer Komplexität, zahlreichen Umschwüngen und Wendungen und hat (oft) riesigen Umfang. Typisch sind Liebesgeschichten, in der liebende Paare vom Schicksal getrennt werden, aber – nicht zuletzt durch ihre Tugendhaftigkeit – am Ende glücklich wieder zusammengeführt werden und so auf eine 'göttliche Gerechtigkeit' verweisen.

Vor allem die (christlich geprägte) Moralität der Figuren und die damit einhergehende Theodizee sind es daher, die den höfisch-historischen Roman des Barock von seinen (antiken und frühneuzeitlichen) Vorläufern unterscheidet und ihn mit einem didaktischen Potential ausstattet. Dieses wird zudem unterstützt durch die Möglichkeit, politisch-moralische Abhandlungen und Allegorien in den Romantext zu integrieren.

Beispiel

Die beiden wohl bedeutendsten Muster des (barocken) höfisch-historischen Romans stammen von englischen Autoren:

Philip Sidneys (englischsprachige) „Arcadia" (1590) verbindet Ritter- und Schäferroman-Traditionen, indem er eine komplexe Liebes- und Kriegsgeschichte in einer utopisch-arkadischen Landschaft ansiedelt. Erkennbares Ziel des →*plots* und seiner Erzählung ist es, für ein tugendhaftes Leben zu werben.

John Barclays (neulateinische) „Argenis" (1610) ist hingegen in einem pseudohistorischen Sizilien angesiedelt. Doch auch hier sind Liebe und Politik aufs engste miteinander verknüpft – und so entspinnt sich eine verwickelte, sich immer wieder wendende Handlung um beides. Und auch hier wird, durch die (→*allegorische*) Handlung ebenso wie in eingeschobenen moralischen oder politischen Exkursen, die Normenlehre und Weltsicht des (aufgeklärten) Absolutismus vertreten.

Beide Romane wurden bald auch in Deutschland rezipiert und führten im Verlauf des 17. und (frühen) 18. Jahrhunderts zu einer Blüte dieser (populären) Romane in Deutschland, für die etwa Daniel Casper von Lohensteins „Großmüthiger Feldherr Arminius" (1690) stehen kann, nicht zuletzt auch wegen seines Umfangs von zwei Teilen zu neun Büchern.

9.3.7 Kurzgeschichte

Klasse oder Gattung moderner erzählender Literatur: komprimierte und repräsentative Erzählung von weniger als mittlerer Länge

Ähnlich wie die →*Erzählung* ist auch die Kurzgeschichte nur schwer positiv zu bestimmen, zumindest im deutschsprachigen Raum. Denn insbesondere in der amerikanischen Tradition des 19. Jahrhunderts weist die 'short story' eine genuine Identität auf. Im Europa des 20. Jahrhunderts hingegen kann sich die Kurzgeschichte, die sich auch auf ebendiese amerikanischen Vorbilder bezieht, erst langsam gegen andere, ältere Erzähltextarten und -gattungen (wie Novelle, Skizze, Kalendergeschichte) abgrenzen, nicht zuletzt durch 'moderne' Publikationsmedien wie Zeitschriften und Zeitungen, in denen sie vornehmlich veröffentlicht wird.

Dies zeitigt insbesondere in der Nachkriegszeit Erfolg, wo die deutschsprachige Kurzgeschichte ihre zentralen Darstellungsstrategien, Themen und Funktionen entwickelt und sich somit insbesondere von der →*Novelle* unterscheidet: Denn wie diese neigt die Kurzgeschichte zwar zu begrenzten Geschehenszusammenhängen und überschaubarem Personal, aber anders als diese ist sie nicht auf die Erzählung einer unerhörten Begebenheit ausgerichtet, sondern eher auf die Darstellung eines zwar möglicherweise außergewöhnlichen, aber (etwa für die Zeitläufte) doch repräsentativen oder anders sinnfälligen Geschehens. Dessen Darstellung bzw. Erzählung geschieht auf möglichst knappem Raum, so daß die Kurzgeschichte üblicherweise deutlich kürzer ist als Novellen oder →*Erzählungen.* Dies geschieht aber auch mit Hilfe typisch moderner Erzählstrategien (wie etwa extrem →personalen Erzählen oder der Auflösung linearer/kausaler Handlungsstränge) und anderen, nicht aus dem Geschehenszusammenhang, sondern aus dessen Gestaltung hervorgehenden Mitteln. Hinzu kommt der für viele Kurzgeschichten signifikante pointierte und sinngebende Schluß, der gleichwohl die Handlung selbst meist nicht völlig abschließt.

Beispiel

Die (deutschsprachige) Kurzgeschichte ist vielgestaltig und kaum auf einen dominanten Formtypus oder einen spezifischen Inhalt festzulegen. Denoch können vielleicht die direkt nach dem Zweiten Weltkrieg entstandenen Kurzgeschichten Wolfgang Borscherts als exemplarisch gelten, insofern sie – mit Vergangenheitsbewältigung, Aufarbeitung der NS- und Kriegsjahre bzw. deren Folgen – einen zentralen Themenkomplex behandeln.

Die Not der unmittelbaren Nachkriegsjahre ist etwa das Grundthema von „Das Brot". In dieser Kurzgeschichte ertappt eine Ehefrau ihren Mann bei einem Übergriff auf ihre Brotration ... und reagiert mit einem freiwilligen Überlassen derselben. Es wird extrem gerafft, aber linear erzählt: ein wenn nicht alltägliches, so doch leicht denkbares und dennoch eigenwilliges Geschehen, dessen überraschende Schlußwendung dann zwar den hier zur sinnfälligen Darstellung gebrachten Geschehenszusammenhang abrundet, aber nichts über das weitere Leben der Figuren sagt.

Der Titelgegenstand von „Die Küchenuhr" und mit ihr die ganz Kurzgeschichte zielt hingegen auf die Aufarbeitung der Vergangenheit ab, löst die Uhr doch bei ihrem Besitzer Erinnerungen an vergangene Tage aus und verknüpft so auf wenigen Seiten die drei Zeitebenen des Textes.

9.3.8 Novelle

(ital.: *novella* = (kleine) Neuigkeit)

Klasse oder Gattung erzählender Literatur: in sich geschlossene, straffe und kunstvolle Erzählung eines Geschehens mit Überraschungsmoment von mittlerer Länge

Die Novelle ist – im Unterschied zur etwa gleich langen →*Erzählung* – sowohl auf der Ebene des erzählten Geschehens als auch auf der Ebene der künstlerischen Gestaltung positiv spezifiziert, auch wenn – im Verlauf der Geschichte der Novellentradition, die über die Renaissance noch zurückgeht, und in der literaturwissenschaftlichen Reflexion darauf – sich durchaus Novellenbegriffe mit verschiedenen Akzentuierungen herausgebildet haben.

Im Kern geht man aber davon aus, daß die Novelle erkennbar kürzer als etwa ein →*Roman* ist, vor allem aber daß sie erkennbar konzentrierter ist: Dies betrifft sowohl die Darstellung als auch das Dargestellte:

Dieses ist – ähnlich wie die →*dramatische Handlung* als Einheit (im Sinne der →*drei Einheiten*) – ein in sich abgeschlossener und ohne Nebenhandlungen auskommender Handlungs- oder Geschehensverlauf, der oft auch die Struktur einer typisch dramatischen Handlung annimmt, indem er auf einem Grundkonflikt beruht und eine (überraschende) Wende vollzieht. Die dem Namensursprung der Novelle korrespondierende überraschende Neuigkeit des Geschehens wird ebenfalls als eines der zentralen Charakteristika dieser Textklasse angesehen.

Die Gestaltung der Erzählung eines solchen Novellengeschehens unterstreicht diese Konzentriertheit, zielt sie doch darauf ab, dieses straff und in sich geschlossen zu präsentieren: Dazu können verschiedene Straffungstechniken des Erzählers dienen (etwa ein hohes →*Erzähltempo*, das Einschieben von Vorgeschichten, die Auslassung nicht für das Geschehen relevanter Details, die Konzentration auf äußeres Geschehen und dergleichen mehr). Dazu dienen vor allem aber Techniken, welche die Novelle auch auf der Ausdrucksebene in sich abschließen. Unter diesen sind vor allem das sprachliche Leitmotiv und das Dingsymbol (der sogenannte 'Falke' – nach einem exemplarischen Dingsymbol), die jeweils den Text bzw. das erzählte Geschehen wie ein roter Faden durchziehen.

Die Novelle neigt zudem dazu, in einen →Ko- oder →Kontext eingebunden zu sein, in dem das Erzählen selbst und seine geselligkeitsstiftende Funktion thematisiert wird. Dies äußert sich insbesondere dadurch, daß zahlreiche Novellen (oft zusammen mit anderen) in Rahmenerzählungen eingebunden sind, so daß dort auch immer vom Erzählen der Novellen erzählt werden kann. Diese in der Konstitutionsphase der Prosa-Novelle an der Schwelle des Mittelalters zur Neuzeit etablierte Eigenart setzt sich jedenfalls im Zusammenhang mit der weiteren literaturgeschichtlichen Entwicklung der Novelle bis weit in die Neuzeit hinein fort.

Beispiel

Die paradigmatische Novellensammlung ist wohl Giovanni Boccaccios „Decamerone" (etwa 1350): Eine kleine Gruppe von 10 Personen flieht aus der Stadt Florenz aufs Land und unterhält sich an zehn Tagen mit je zehn Novellen, die jeweils eine der Personen den anderen erzählt. In diesen Erzähl-Rahmen sind die einzelnen Novellen, die sich durchaus verschiedenen Themen und Arten von Geschehnissen widmen, aber allesamt 'aus dem Leben gegriffen' sind, dann als erzählte Geschichten eingebunden: eine davon enthält als leitmotivisches Dingsymbol einen Falken, der in der späteren Novellentheorie so bedeutsam werden sollte.

Dieses Modell Boccaccios wurde vielfach repliziert und variiert, unter anderem von Goethe in seinen „Unterhaltungen deutscher Ausgewanderten" von 1795. Doch die Rahmenerzählung einer Novelle, die natürlich oft nur *eine* Novelle 'umrahmt', kann umgekehrt sogar das eigentlich Dominante sein.

So enthält etwa Miguel Cervantes' Roman von „Don Quixote" (1605/1615) mehrere Novellen, die als Erzählungen von Figuren in den Handlungszusammenhang des Romans eingebunden sind. Eine

von diesen ist die berühmte „Novelle vom törichten Vorwitz", die –
was die Reduktion des Geschehens und was die künstlerische Formung desselben betrifft – sicherlich Modellcharakter hat, zumal das
eigentliche abstrakte Thema der Novelle, das komplexe Verhältnis
von Täuschung und Wahrheit, in eine Handlung mit nur drei Personen überführt wird, die sich gegenseitig (als Ehepartner, Freunde und
Geliebte) sehr nahe stehen. Diese Handlung ist (als Aufforderung eines Ehemanns an seinen besten Freund, die eigene Ehefrau auf ihre
Treue hin zu 'testen') für sich eine „unerhörte Begebenheit" und erfüllt insofern den Anspruch der Novelle auf Neuigkeit, sie ist aber
auch reich an unzähligen (kaum zu erwartenden) 'Wendungen' des
Geschehensverlaufs.

Die vom späten Mittelalter bis ins zwanzigste Jahrhundert rei-
chende Geschichte der Novelle ist natürlich auch reich an Novellen,
die ohne Rahmenerzählung auskommen und in Novellensammlungen
oder als Einzelpublikationen veröffentlicht worden sind.

9.3.9 Parabel

(griech.: *para-bállo* = daneben legen; *parabolé* = Vergleich)

kurzer, mitunter unselbständiger Erzähltext eines fiktiven Geschehens mit erkennbarer uneigentlicher Bedeutung (überwiegend zu lehrhaften Zwecken)

Parabeln gehören – von ihrer Aussageweise her – der →*uneigentlichen Rede* zu. Denn ähnlich wie der →*Vergleich*, das →*Gleichnis*
oder die →*Allegorie* meint die Parabel (oder ihr →*Erzähler*) etwas
anderes als sie (oder er) sagt. Dabei sind das Gemeinte und das Gesagte prinzipiell durch Vergleichsaspekte (tertium comparationis)
bzw. durch Analogiebeziehungen miteinander verbunden. Daß diese
im Parabeltext angelegt sind, wird, ex- oder implizit, in der Parabel
selbst oder in ihrem unmittelbaren →*Ko-* und →*Kontext* angezeigt, so
daß dem Leser bewußt wird, daß anderes gemeint ist: Was genau gemeint ist, muß freilich nicht genau bestimmt sein.

Im Unterschied zu Vergleich, Gleichnis und Allegorie handelt es sich bei der Parabel aber – wie bei der →*Fabel* – immer um die in sich geschlossene Erzählung eines fiktiven Geschehens- oder Handlungszusammenhangs, die somit – etwa per →*Allegorese* – nicht unbedingt auf einen einzigen Aussagegehalt fixierbar ist, sondern eher Deutungsangebote macht.

Im Unterschied zur verwandten Fabel ist die Parabel jedoch nicht auf die anthropomorphisierende Gestaltung nicht-menschlicher Akteure verpflichtet.

Parabeln finden sich in ganz unterschiedlichen Äußerungszusammenhängen. So gilt sie etwa in der →*Rhetorik* als (fiktive) Beispielerzählung (→narratio), während sie in der Bibel ähnlich, aber nicht so konventionalisiert wie das Gleichnis fungiert. In der Literatur kann man eingebettete Parabeln von eigenständigen Parabeln unterscheiden. Erstere werden innerhalb eines größeren Textzusammenhangs (etwa von einer Figur) erzählt und können somit noch innerhalb des Textes (aber außerhalb der Parabel) ausgedeutet werden. Letztere hingegen überlassen die Ausdeutung der Rezeption.

Beispiel

Eine eigenständige Parabel ist Lessings – innerhalb seiner „Fabel"-Bücher 1759 publizierte – Parabel „Der Besitzer des Bogens":

> Ein Mann hatte einen trefflichen Bogen von Ebenholz, mit dem er sehr weit und sehr sicher schoß, und den er ungemein wert hielt. Einst aber, als er ihn aufmerksam betrachtete, sprach er: Ein wenig zu plump bist du doch! Alle deine Zierde ist die Glätte. Schade! – Doch dem ist abzuhelfen; fiel ihm ein. Ich will hingehen und den besten Künstler Bilder in den Bogen schnitzen lassen. – Er ging hin; und der Künstler schnitzte eine ganze Jagd auf den Bogen; und was hätte sich besser auf einen Bogen geschickt, als eine Jagd?
> Der Mann war voller Freuden. „Du verdienest diese Zieraten, mein lieber Bogen!" – Indem will er ihn versuchen; er spannt, und der Bogen – zerbricht.

Daß das hier thematisierte Verhältnis von Schmuck und Funktionalität, von Eitelkeit und Leistungsfähigkeit nicht auf eine eindeutige 'Lehre' zu reduzieren ist, ist offensichtlich. Denn anders als etwa Fabel und Allegorie verweist dieser Text zwar darauf, daß er eine andere Bedeutungsebene aufruft, diese ist aber nicht über durchgängige Allegorese zu ermitteln.

Diese Tendenz zur Deutungsoffenheit verstärkt sich natürlich in den modernen Parabeln, etwa Kafkas „Vor dem Gesetz".

Doch schon die wohl berühmteste Parabel der deutschen Literatur, die 'Ringparabel' aus Lessings „Nathan der Weise" (1779), ist in gewisser Hinsicht deutungsoffen: Denn Nathans Parabelerzählung vom Vater mit den drei Söhnen und ihren durch einen Ring symbolisierten Erbschaftsansprüchen ist zwar, etwa durch den Kontext der Dramenhandlung, klar auf den Frage- und Deutungszusammenhang des Verhältnisses der drei Weltreligionen (Judentum, Christentum, Islam) bezogen, doch die Deutung selbst ergibt sich erst im Verlauf des Gesprächs zwischen Nathan und dem Hörer der 'Geschichte' Saladin. Somit ist die Parabel selbst, also auch das in ihr Erzählte, in den Gesamtzusammenhang des Dramas integriert und gewinnt innerhalb dieses Kontextes an Bedeutung.

9.3.10 Roman

In der Moderne vorherrschende Klasse (oder Gattung) erzählender Literatur: umfassende Erzählung in Prosa, die in der Lage ist, die komplexe Fülle der Lebenserfahrungen und Diskurse einer Zeit darzustellen

Der Ausdruck *Roman* geht auf die im 12. Jahrhundert im Altfranzösischen verwendete Bezeichnung *romanz* für in der *lingua romana* (Volkssprache, statt Gelehrtensprache) verfaßte Texte zurück. Seit der Neuzeit ist das deutsche Wort *Roman* zur Bezeichnung von großen Prosaerzählungen etabliert und kann somit auch auf die Prosaromane der Antike bezogen werden. Die Prosaform impliziert dabei aber noch eine gleichzeitige Abwertung gegenüber dem →*Epos* (in

Versform). Erst im Laufe des 18. Jahrhunderts wird der Roman als Medium der Unterhaltung und Unterweisung – und schließlich auch als Kunstform anerkannt.

Heute gilt der Roman als moderne Dichtungsart par excellence. Und obwohl oder gerade weil der Roman die vorherrschende und am weitesten verbreitete Literaturform ist, bleibt seine Definition problematisch.

Als Großform der (überwiegend) →*fiktionalen* Erzählung in Prosa läßt sich der Roman zwar einerseits

- als große Form gegenüber →*Erzählung,* →*Novelle* und anderen kleineren Erzähltexten,
- als fiktionale Erzählung gegenüber Biographie, Autobiographie, Geschichtsschreibung und dergleichen,
- als Prosaerzählung, die in Form, Inhalt und historischem Kontext gerade nicht mit einem geschlossenen Weltbild korrespondiert, gegenüber dem →*Epos,*
- und als (→*epischer*) Erzähltext natürlich gegenüber →*lyrischen* und →*dramatischen* Texten

abgrenzen. Andererseits aber kann der Roman als Großform des Erzählens diese wie die meisten anderen →*Gattungen,* →*Schreibweisen* oder →*Textsorten* integrieren.

Den Roman kennzeichnet in der Tendenz ein Weltmodell, das die Komplexität und Fülle der Lebenserfahrungen und Diskurse einer Zeit abbilden und/oder in sich aufnehmen kann. Als (→*epische*) Erzählung größeren Umfangs ist der Roman zudem in der Lage sehr unterschiedliche räumliche und zeitliche Ausdehnungen auf der Ebene des Geschehens zu gestalten. Somit ist der Roman gerade durch das Fehlen starrer poetologischer Vorgaben gegenüber sich wandelnden Wirklichkeitserfahrungen und -verhältnissen äußerst anpassungsfähig.

Diese Flexibilität und die daraus resultierende Experimentierfreude vieler Autoren bewirken so gleichermaßen vielfältige Form- wie (sich überschneidende) Gliederungsmöglichkeiten, etwa nach (1) Stoffen, Personal oder Geschehen (z.B. Abenteuer-, Kriminal-, Groß-

stadtroman), (2) Themen oder Problemen (z.B. Liebes-, Gesell-
schaftsroman), (3) Darstellungsstrategien (etwa Dialog- Tagebuch-
oder →*Briefroman*), (4) Erzählstrategien, (5) Wirkungsabsichten (etwa →*komischer*, →*satirischer*, politischer Roman), (6) Wertungen
(z.B. Trivialroman, Experimentalroman) u.a.m. Entsprechend viele
historische Form- und Gattungsausprägungen des Romans gibt es, etwa die hier näher erläuterten →*Bildungsroman*, →*Schelmenroman*
und →*höfisch-historischer Roman*.

9.3.11 Schelmenroman

Sub-Klasse des →*Romans* bzw. Roman-Typ bzw. Roman-
→*Gattung* der Frühen Neuzeit: umfassende, episodisch reihende
Erzählung des abenteuerlichen Lebensweges einer ihrer Lebenswelt (kritisch) gegenüberstehenden 'Schelm'-Figur (von niede-
rem Stand) aus der Sicht dieser Figur selbst

Entscheidend für den Schelmenroman, →Picaro-Roman, picarischen
oder pikaresken Roman ist die typische Hauptfigur und ihr Verhältnis
zur Welt. Es handelt sich – dem spanischen Ursprung der Gattung
entsprechend – um einen *pícaro* (span. soviel wie: übler Geselle,
Lump), oder eben, in der deutschen Übersetzung, um einen 'Schelm'.
Dieser ist von niedrigem Stand, er ist trickreich, lebensklug oder
'bauernschlau' (nicht gebildet), er ist witzig und derb, er steht mit
seiner 'naiven' Weltsicht der ihn umgebenden Welt und Gesellschaft
mit ihren Konventionen und Lügen radikal gegenüber, er steht in
keinen festen Verhältnissen, ist ständig in neue Abenteuer verwickelt
und fast immer unterwegs.

Dementsprechend ist der Schelmenroman, der mit der Tradition
des Abenteuerromans verbunden ist, stark episodisch reihend organisiert.

Da nicht nur der Gegensatz von 'Held' und Gesellschaft von Bedeutung ist, sondern vor allem die nichts beschönigende Sicht des
Helden auf diese Welt, in der diese kritisch oder →*satirisch* beleuch-

tet wird, zum Ausdruck kommen soll, ist die für den Schelmenroman bezeichnende Erzählform der (quasi-autobiographische) →Ich-Erzähler: Diese Form erlaubt es dem erzählenden Ich in kritische oder humorvolle Distanz zum Erzählten zu treten und es gleichwohl als 'authentische' Lebensbeichte erscheinen zu lassen.

Denn natürlich ist gerade in der Frühen Neuzeit, in der 'Helden' von einfacher Herkunft ungewöhnlich waren, mit diesem spezifischen Typ des Romanhelden auch ein Anspruch auf 'Realismus' verknüpft, ein Anspruch also, die Welt so zu zeigen, wie sie ist, und sei sie noch so aberwitzig und grotesk. Dadurch unterscheidet sich der Schelmenroman diametral vom anderen bedeutenden Romantyp der Frühen Neuzeit bzw. des Barockzeitalters, dem →*höfisch-historischen Roman*.

Vor allem dieses Potential des Picaro-Romans zur kritisch-realistischen Darstellung machte diesen Romantyp auch und gerade in der Moderne zu einem beliebten, wenn auch nunmehr stark variierten und den Bedingungen der Moderne angepaßten Romanmuster.

Beispiel

Der bis heute keinem Verfasser zuzuordnende, anonym 1554 erschienene Picaro-Roman über „Das Leben des Lazarillo de Tormes" ist sicherlich eines der zentralen Modelle des frühneuzeitlichen Schelmenromans: Es handelt sich um die (natürlich fiktive) 'Lebensbeichte' des Lázaro, in dem zwar das eigene Leben, Handeln und Denken (das hohen moralischen Ansprüchen natürlich nicht genügt) im Vordergrund steht, dabei aber – auch bedingt durch die Verwicklungen und Stationen dieses Lebens – die spanische Kultur und Gesellschaft des 16. Jahrhunderts zu einer umfassenden und nicht eben vorteilhaften Darstellung kommen.

Ähnlich, wenn nicht radikaler in Organisation, Anspruch und In - halt ist *der* deutschsprachige Schelmenroman (des Barockzeitalters), Grimmelshausens „Der Abenteuerliche Simplicissimus Teutsch" (1669), in dem der Titelheld, dem Namen und der Herkunft nach ein bäurischer „Simpel", sich durch ein Leben und eine Welt schlagen muß, die durch den Dreißigjährigen Krieg völlig aus den Fugen geraten ist. Dabei erweist sich sein abenteuerliches Leben, das er rückblickend aus großer (ironisch-humoristischer) Distanz erzählt, als ein zunehmender Desillusionierungsprozeß.

Ein Beispiel für die Wiederaufnahme (oder gar die fortgesetzte Tradition) des Schelmenromans in der Moderne, zumindest aber dessen Heldentyps, ist Günter Grass' Roman „Die Blechtrommel" (1959): Auch hier 'beichtet' und berichtet wieder ein Außenseiter, der schon durch seine körperliche Verwachsung, 'von unten' die große Welt (und ihre Perversionen) in den Blick nimmt.

Register

Diese Liste umfaßt alle hier thematisierten Begriffe in alphabetischer Reihenfolge zusammen mit der Kapitel-Nummer und der Seitenzahl.

Die *kursiv* gedruckten Ausdrücke sind Überschriften einzelner Erläuterungen oder Komponenten von komplexen Überschriften. Die recte gedruckten sind Begriffe, die implizit erläutert werden.